空间与言说：
西南文学的地域镜像

农为平 ◎著

人民出版社

序　言

丁　帆

　　农为平读博期间在选题的问题上是纠结了许多时日的，我以为她最终选择了这个题目来做博士论文是正确的，起先，我还是犹豫这个选题的科学性问题，因为这个概念是近几年才刚刚被一些学者提出来，虽然20世纪80年代就有人提出过"西南文学"的概念，但是正式标举"大西南文学"旗帜，并以"文学地理学"的理论将云、贵、川、渝、藏、桂六省（市、区）的文学创作规划为旗下的宣示，应该是2015年的第一届"大西南文学论坛"，以及后来成立的大西南文学研究所。我是担心这个论题在学术和学理上还不成熟，做起来难度较大，所以一直犹豫这个选题能否做出一定的学术贡献来。但是，她的执着和认真刻苦的学习态度感动了我，且考虑到她身处云南边地，更具有"文学地理"的优渥条件，如果不做第一个吃螃蟹的人，似乎太可惜了。作为既是学术"边地"，又是学术前沿的拓荒者，她拥有执着的信念和刻苦的精神，我相信她会圆满完成这个博士论文的撰写。今天呈现在我们面前的这部著作，虽然还不能够说是臻于完美的著述，但是，作为一部开山之作，它的学术意义和学术贡献是有目共睹的。

　　毋庸置疑，这是一部理论性很强的著述，这对于一个善于感性思维的女性学者来说，是具有极大挑战性的。我原先给她的撰写理路是多融入作家作品的具体分析，以此来印证其理论观点的提出，但是，她选择了难啃的骨头，观点对应的是创作思潮和文学现象，当然也涉及作家作品，但并不是我原先设想的那个样子。如今看来，她的选择自有道理，且显示出了她长于理性思考的能力。

在撰写过程中，她阅读参考了大量的中外文论，尤其是西方文论的旁征博引，让其成为支撑本部著述的理论支点，正如作者所说："在当代，社会的进步，思想的发展，为历史祛魅、文学祛魅提供了机遇与资源，让那些原本被遮蔽的、边缘的群体获得认识自我并展示自我的机会：文化多元主义的盛行，使更多的人正视到差异的存在并给予应有的尊重与重视；福柯对权力关系实质的揭示，德里达'解构主义'（deconstructionist）对逻各斯中心主义（logocentrism）的解构性批判；后殖民主义对西方中心观的质疑批判……利奥塔从总体上表述了后现代转向的一个核心：主体和社会领域的非中心化。他认为，不论我们讲的是自我还是政治，都不存在中心，即不存在秩序、连贯性和目的性的统一基础。后现代的特点是在知识的领域摒弃了确定性和所谓的'神眼观点'（God's eye point of view），摒弃了支配社会及文化优越性和道德一元化标准，摒弃中央集权和组织严密的原则，以及不再那么迷信一个一元的和一致的自我。社会思潮的后现代转向，使传统的中心——边缘社会结构和思维模式受到了前所未有的震荡、冲击而显现松动迹象，从中心观思维中解放出来的人们开始将目光更多地投射到那些长期被忽略、被遗忘的非主流群体、文化之上，驱动了思想观念和社会行为的边缘性转型。"由此而来的许许多多理论的支点，让农为平受到了很大的启迪，让她在理论的"镜像"之中找到了"文学地理"空间中的"自我"，从而获得了被改造过的理论上的"第二自然"。

因此，纵观全书"从空间视角对文学进行考察，既是当代文学研究的开拓与建构，同时也对传统文学时间性研究构成了某种挑战和解构——尤其是对远离主流圈的边缘空间而言更为明显。

我对这本著作戴着镣铐跳舞的精神十分激赏："一部西南文学史，在其隐秘层面上呈现了西南作为文化他者的心理历程，这种历程可以从两个方面来看：一方面是西南各民族被强大的汉文化所排斥、歧视的苦难史（主要通过神话、史诗、叙事诗、传说等承载着民族历史记忆的民族民间文学反映出来），另一方面则是在强权意识支配下，主流世界以及西南自身共同参与的对西南的想象与建构（主要体现在文人文学中）。这两方面像沉重的历史疤痕深深刻印在民族文化心理之中，也渗透进了文学创作之中，即使社会再开化进步，也依然会以集体无意识的形式潜在地发生着作用和影响。这是面对西南这样的'他者'文学时必须把握的一个重点。"无疑，受着种种文化制约的"边地文学"往往是在汉文化的夹缝里生长出来的一朵奇葩，如何给它定性和定位，则是考察这一"文学地理"图卷的重要标准。农为平试图在这个方面做出其学术贡献，我以为，在这一方面，她是一个成功者。

正如她自己所说的那样："总之，探究西南文学的地域特性，必然绕不开这一地域在历史上长期的政治他者、文化他者身份，以及因这样的身份而形成并延续下来的集体无意识心理。这种边缘心理，加上高原山地粗放型农耕文化、相对独立又相互渗透的少数民族文化形态，共同构建起西南独一无二的文化境像，共同滋养也制约着西南文学的发展，使西南文学在当代语境下既努力融入主流大潮，又有意无意地透露出鲜明的地域'身份'基因，以此相区别于其他地域文学。"正是在这样的"文化区分"之中，西南文学才能彰显出它的文化意义和学术意义。虽然对于汉文化浸润和侵袭，"西南自身也不自觉地参与到这种想象之中——即接受预设，并按这种设置去认识自己并界定自己。这实质上是弱势群体在与强势群体遭遇之后，自我主体意识被遮蔽以致丧失的必然结果。"但是，这部著作所要解决的终极问题却是："在空间视域观照下，许多原本为主流话语所遮蔽、排斥的'异质性'边缘书写得以浮出文学地表，显示出因地域环境、历史源流、文化特色等方面的基因而呈现出的个性化差异——而这正是边缘文学最本真的面目与独特价值所在。"我以为，正是在这个意义上，农为平获得了独有个性的理论话语权，让大西南文学在她的理论观照下，显示出了"有意味的形式"。

也许，农为平在总结西南文学研究领域里存在着的弊端，也同样适用于她的研究，"在研究上难免存在偏离纯粹地域文学常轨的倾向，在一些基本问题如西南文学的范围指向、地域特性等诸多方面尚需进一步商榷和深入。另外也有一些零星研究，较为深入地触及西南文学的部分面貌、特性、规范，但惜之缺乏整体性观照，只能'窥斑'而未见'全豹'，这不能不说是西南文学研究的一个遗憾。"这是她提出的问题，同时也是在警醒和鞭策自己不断完善理论建构的动力，我希望农为平能够继续下去，让自己的研究领域更加宽阔，使自己的理论更加深刻丰满。

是为序。

2021 年 10 月 18 日匆匆于南大和园

目　录

绪　论

　　空间研究在 20 世纪后半叶的兴起并日益成为显学，被视为当代知识和政治发展最举足轻重的事件之一。受其影响，众多学科多多少少经历了引人注目的"空间转向"，促进了当代学术研究在思维、视野上的拓展与深入。米歇尔·福柯（Michel Foucault）说："我们必须批判好几个世纪以来对空间的低估……空间被当成了死寂的、固着的、非辩证的、僵滞的；相反，时间则被认为是富饶的、多产的、有生命的、辩证的。"① 另一位当代空间学的重要代表亨利·列斐伏尔（Henri Lefebvre）也一再强调，空间问题是当代人文社会科学必须认真对待的重大问题，空间性与社会性、历史性的思考应该同时成为人文社会科学的内在理论视角②。受空间研究的启发和促进，自 20 世纪 80 年代末 90 年代初开始，我国文学研究领域经历了由传统的"时间"叙事向"空间"关注的扩延，文学的地域性研究正是在这样的背景下蓬勃发展起来的。

　　与传统重视文学的"时间性"研究不同，文学的"空间性"研究将

---

① ［法］米歇尔·福柯：《地理学问题》，引自夏铸九、王志弘编译：《空间的文化形式与社会理论读本》，台湾明文书局 1993 年版，第 392 页。

② 孙全胜：《列斐伏尔"空间生产"的理论形态研究》，中国社会科学出版社 2017 年版，第 23 页。

视域转向长期被冷落的空间，即文学具体生成的物质环境与文化环境，更关注文学与地域环境之间的互动关系，不论是研究理念还是研究场域，都是对传统文学研究的拓展和丰富。迄今为止，中国当代文学研究在空间意义上的探索、掘进，最显著的标志是促生了一门新兴学科——文学地理学[①]。该学科的显在目标是"建立一门与'文学史学'双峰并峙"[②]的学科，这一诉求既宣告了其与传统研究在关注视点、路径走向上的区别，同时也暗示着文学空间领域所蕴含的巨大生机与潜能。确实，经过近三十年的摸索、探究，诚如这一学科的重要倡导者、开拓者之一的杨义所言："文学地理学的学术方法，如今已经逐渐成为古今文学研究的当家重头戏之一"，其主要收获和意义在于"开拓了大量的地方的、民间的和民族的资源，与书面文献构成广泛的对话关系，从而使我们的文学研究敞开了新的知识视域，激活了许多看似冰冷冷的材料所蕴含的生命活力"。[③]其实，文学地理学不仅关注那些在传统文学研究

[①] 文学地理学是研究文学与地理环境之间相互作用所形成的文学事象的分布、变迁及其地域差异的科学，该学科的任务是"通过文学家（包括文学家族、文学流派、文学社团、文学中心）的地理分布及其变迁，考察不同的自然地理环境和人文地理环境对文学家的气质、心理、知识结构、文化底蕴、价值观念、生命倾向、艺术感知、文学选择等构成的影响，以及通过文学家这个中介，对文学作品的体裁、形式、语言、主题、题材、人物、原型、意象、景观等构成的影响，还要考察文学家（以及由文学家所组成的文学家族、文学流派、文学社团、文学中心等）所完成的文学积累（文学作品、文学胜迹等）、所形成的文学传统、所营造的文学风气等，对当地的人文环境所构成的影响"。（引自曾大兴：《文学地理学概论》，商务印书馆 2017 年版，第 1、7 页。）

[②] 曾大兴：《建设与"文学史学"双峰并峙的"文学地理学"》，《中国社会科学报》2011 年 4 月 19 日。

[③] 杨义：《文学地理学会通》序言，中国社会科学出版社 2013 年版。

中长期被遮蔽、被忽视的文学角落和文学边缘地带，其开创性意义更在于开辟了从当代空间科学视角介入文学研究的全新场域，派生出新的阐释话语和研究思路，大大拓展了延续几千年并趋向固化的传统文学研究模式，构建了当代文学研究的新格局。

事实上，对文学的空间性认识，在我国很早就出现了。古代第一部诗歌总集《诗经》中的《国风》以方域为单元来收集和整理；作为文学另一个重要源头的"楚辞"奇谲瑰丽，表现出鲜明的湘楚文化色彩，故而司马迁称"南楚好辞"[①]，宋人黄伯定的《校定楚辞序》中更清楚地指出其中的地域色彩："屈宋诸骚，皆书楚语、作楚声、纪楚地、名楚物，故可谓之《楚辞》。若'些'、'只'、'羌'、'谇'、'蹇'、'纷'、'侘'、'傺'者，楚语也；悲壮顿挫，或韵或否者，楚声也；沅、湘、江、澧、修门、夏首者，楚地也；兰、茝、荃、药、蕙、若、芷、蘅者，楚物也。"[②] 至于历史上以地域冠名的文学创作团体、文学流派，则不可胜数，尤以明清为甚，有研究者指出："清代的文坛基本上是以星罗棋布的地域文学集团为单位构成的……地域文学群体和流派的强大实力，已改变了传统的以思潮和时尚为主导的文坛格局，出现了以地域性为主导的文坛格局。"[③] 近现代，学界兴起了地域文学研究热潮，梁启超、王国维、刘师培、汪辟疆等一批学者纷纷对文学的空间特质予以关注。他们既具深厚的传统文化根柢，同时又浸淫于西方现代思想、知识之洋，因而对地域与文学关系的探析更为自觉和深入。梁启超的《中国地理大势

---

① （汉）司马迁：《货殖列传》，见《史记》第四册，中华书局 2011 年版，第 2831 页。
② （宋）陈振孙：《直斋书录解题》卷十五，引黄伯思：《校定楚辞序》，上海古籍出版社 1986 年版，第 436 页。
③ 蒋寅：《清代诗学与地域文学传统的建构》，《中国社会科学》2003 年第 5 期。

论》、王国维的《屈子文学之精神》、刘师培的《南北文学不同论》、汪辟疆的《汪辟疆说近代诗》等论作，已成为后世地域文学研究的重要理论来源和依据。

不过，近代这一次已经显示出某种空间性探究端倪的文学研究思潮，从某种意义上来说尚处于一种无意识的探索阶段。首先，它的兴起背景是近代在西方帝国主义入侵下激发的民族意识的觉醒，知识分子产生了强烈的民族文化自觉；其次，在研究范式上，研究者虽然借鉴了当时从西方引入的先进地理学知识体系，但他们所秉承的还是传统的文学观念，即强化文学"文以载道"的基本价值功能。因而，从根本上而言，这次研究只是把对文学的研究范围扩延到地域，而非真正从地理或者空间的范畴来考察文学——这二者显然有着本质的区别。而当代出现的文学空间研究则是一场自觉的文学研究"革命"，它以后现代空间学为理论基础和思想资源，一登场就表明与传统文学研究的取向背离与实质区别，明确规定以"研究文学与地理环境之间相互作用"[①]为根本目的，重在考察自然、人文环境对作家作品及文学现象的影响。在传统文学视域下，这仅仅是其中一个并不太重要的背景知识，当代文学地理学却将其置于中心位置，围绕它营构新场域、建构全新的阐释体系。自20世纪末以来，西部文学、文学豫军、陕军东征、三晋文学、齐鲁文学、湘楚文学、巴蜀文学等或传统或新颖的地域文学命名及文学现象屡屡引起广泛关注，成为当代文学创作及研究的新亮点，且在研究上成果斐然，显示了文学空间研究的实绩和活力。

本书对西南文学的探究即是依托这样的视点和背景来展开。与前面

---

① 曾大兴：《文学地理学概论》，商务印书馆2017年版，第1页。

提到的诸多已是耳熟能详的地域文学相比，对西南文学的地域性研究并未受到应有的重视，长期处于一种相对冷清的状态。出现这样的局面，原因是多方面的，既有历史的，也有现实的；既有文化的，也有政治、经济等方面的原因。概言之，一是西南在地理位置上的偏僻；二是西南在中国文化版图上的边缘性和异质性；三是西南文学自身的局限性。这些因素决定了西南文学的一种"他者"身份与边缘性存在，在地域文学研究风起云涌的热潮中也明显滞后。近几年来兴起的"大西南文学研究"① 多少弥补了一些缺憾，但由于这一命题先天的"超"地域性功利色彩②，在研究上难免存在偏离纯粹地域文学的倾向，在一些基本问题如西南文学的范围指向、地域特性等诸多方面尚需进一步商榷和深入。另外也有一些零星研究③，较为深入地触及西南文学的部分面貌、特性、规范，但惜之缺乏整体性观照，只能"窥斑"而未见"全豹"，这不能不说是西南文学研究的一个遗憾。

---

① 2015年，由中国当代文学研究会、四川师范大学文学院在成都联合举办的首届"大西南文学论坛"正式提出"大西南文学"的命题，其地域范围涵盖云、贵、川、渝、藏、桂六省（市、区）；论坛成立了大西南文学研究所。2017年，又在云南举办了第二届"大西南文学论坛"。

② 大西南文学研究所主任刘敏指出，"大西南文学是一个跨区域、跨学科合作的大概念"。很显然，"大西南文学"概念的提出更多是基于资源整合、学术研究的宏观目标考虑，而非局限于真正地域文学意义上的文学研究，其"策略性"明显强于"文学性"。

③ 自20世纪80年代以来，以"西南文学"命名的各类活动及研究不断出现，如1986年首届西南五省区文学座谈会在四川宜宾举行；1988年西南五省区作家联合会在贵阳召开；2010年"西南六省（市、区）文学工作协作会议"在成都举行；2009年《西南文学瞭望》（黄毅）出版；2011年，由华文国际出版社主办的期刊《西南作家文学》创刊；等等。

　　事实上，西南虽地处偏远，但历史悠久，地域文化丰富独特。众所周知，迄今为止我国境内发现最早的古人类是生活于西南地区的元谋人，证明了这里是人类文明的发祥地之一；西南自古就是众多民族的聚居地，文化形态异彩纷呈，堪称民族民间文化的宝库；再加之西南属于亚热带高原山地，地貌形态千姿百态，动植物资源丰富，生成了独具地域特色的山地农业形态。这样的历史、人文、自然条件，形成了独特的文化土壤，培育出既依附于主流文化又自有异趣的次生文化体系。西南文学正是孕育、生长于这种独具特色的文化大环境中，具备生成一种富于个性色彩的地域文学的资质条件。何为地域文学？尽管学界解释众多，但比较一致的认识是指"在某个地域产生的、受到某个地域的自然和人文环境的影响、具有某个地域的自然和人文特点的文学"[1]。也就是说，该地域需具有相对稳定一致的地理生态，以及高度同源、同质的地域文化，并因此而区别于其他区域，在这样的自然、人文环境里滋养出来的文学必然打上鲜明的地域烙印。西南文学显然具备这样的自然条件和人文条件。

　　作为方位名词，"西南"一词最早见于《山海经》[2]，而其作为一个表意明确的地域指向并成为专有名词，则是源于司马迁的《史记·西南夷列传》。"西南夷君长以什数，夜郎最大；其西，靡莫之属以什数，滇最大；自滇以北君长以什数，邛都最大；此皆魋结，耕田，有邑聚……

---

① 钟健芬：《文学地理学的几个主要问题——曾大兴访谈录》，《世界文学评论（高教版）》2015年第1期。

② "西南黑水之间，有都广之野。后稷葬焉。""西南有巴国。大暤生咸鸟，咸鸟生乘厘，乘厘生后照。后照是始为巴人。"（引自《山海经》，富强译注，作家出版社2016年版，第391、395页。）

此皆巴蜀西南外蛮夷也。"[①] 这篇文章是最早系统介绍西南地区民族分布、社会形态、经济状况的古代文献，具有极其重要的史料价值。在文中，司马迁将当时巴、蜀（今四川、重庆一带）域外西南一带的诸多少数民族统称为西南夷，由此确定了"西南"的大致范围。后来的《汉书》《后汉书》《华阳国志》等史书基本上延续了司马迁的这一说法，在对西南地域指向上的认识大致相似。据当代西南民族史专家宋蜀华考证，认为"西南夷"地区"主要是指云贵高原和四川的大小凉山地区"[②]。专事西南历史文化研究的方国瑜认为，"西南地区的范围，即在云南全省，又大渡河以南，贵州省以西，这是自汉至元代我国的一个重要政治区域——西汉为西南夷，魏晋为南中，南朝为宁州，唐为云南安抚司，沿至元代为云南行省，各时期疆界虽有出入，但大体相同。"[③] 研究者大多认可"西南夷"的主体是今云南、贵州两省，同时也包括了在地理形态、地域文化上勾连一体的四川、广西的局部山地区域。

现代意义上的"西南"是对传统的延续，不过由于历史上政权更迭、疆域变化的频繁，以及当代行政区划的规定性，因而在具体涉及范围上存在一些不同意见，主要有广义和狭义之别。持狭义意见者认为"西南"与司马迁所说的"西南夷"大致相当，而不少学者则认为西南所指范围应该比"西南夷"更广："中国的西南地区，位于亚洲大陆的南部，

---

① （汉）司马迁：《史记》第四册，中华书局 2011 年版，第 2601 页。

② 宋蜀华：《论历史人类学与西南民族文化研究——方法论的探索》，见王筑生主编：《人类学与西南民族——国家教委昆明社会文化人类学高级研讨班论文集》，云南大学出版社 1998 年版，第 92 页。

③ 方国瑜：《中国西南历史地理考释》，中华书局 1987 年版，第 1 页。

包括四川、云南、贵州三省和西藏自治区。"①有的学者则把历史上曾隶属中央政府而后又独立的外邦也囊括在内，认为作为历史地理意义上的西南指的是"中国古代的西南部边疆地区，即历代封建王朝疆土的西南部边疆，包括今云南省、贵州省、广西壮族自治区和四川省的西南部，以及在各个朝代受封建王朝或西南地方政治统治的中南半岛的一部分地区。"②近年来更有学者从区域合作的角度提出"大西南文学"的概念，认为"'大西南'概念中比较稳定的行政地理范畴是传统的云、贵、川，重庆由四川划分出来以后就成为云、贵、川、渝。但既然是'大'西南文化地理概念，就应该将广西、西藏纳入其中。"③

从空间学视域来看，理解、界定地域文学的关键在于"地域"。与历史、地理、行政意义上的地域不同，"我们所谓的地域，不仅仅是一个地理范畴，更是指在特定的地理空间内的自然环境、文化传统以及社会历史等诸多因素，亦即地域文化生态……自然环境是其最表层的东西，其核心层面则是气质、心理、价值观念等。"④严家炎也曾指出，"地域对文学的影响，实际上是通过区域文化这个中间环节而起作用。"⑤也就是说，区分文学地域性的标志不仅仅是一种外在的山河疆域、历史沿革、行政区划，最为关键的是文化——准确地说是具有

---

① 童恩正：《中国西南民族考古论文集》，文物出版社 1990 年版，第 16 页。
② 方铁主编：《西南通史》，中州古籍出版社 2003 年版，第 1 页。
③ 朱寿桐：《简论大西南文学及其离散形态研究的学术意义》，《文艺争鸣》2016 年第 7 期。
④ 邵炳军主编：《泮池集——首届中国古代文学与地域文化学术研讨会论文集》，上海大学出版社 2012 年版，第 2 页。
⑤ 严家炎：《〈20 世纪中国文学与区域文化丛书〉总序》，《创作与评论》1995 年第 1 期。

鲜明地域特性的文化。因而，本书所讨论的西南文学，意指在文化西南这一土地上生成的文学景观，将具有同质性的文化作为判断、识别西南文学的唯一标准。依照这样的标准，文化西南具体指向以西南高原山地为生态环境，以历史上众多族群迁徙、分化、融合等多种动态变化之后相对稳定的大致生活区域为范畴，即司马迁所指的"西南夷"的大致生活范围这样的一片区域，在地理范围上与狭义西南基本一致。具体而言，本书所言指"西南"，大致以宋蜀华指认的云贵高原和四川的大小凉山地区为地域考察范围，具体包括云南、贵州全省，四川大渡河以南的大小凉山地区，以及广西与云南、贵州接壤的西部山地地区。

这片区域，不论是外在的地理形貌还是内在的文化形态、文化心理，都具有高度的亲缘性，在历史渊源上也是你中有我、我中有你，一脉相承，是一个边沿清晰、个性气质突出的地理文化区域，是中华文化大体系内一个地域个性鲜明的次文化区域。具体而言，首先，从地理环境来看，西南位于我国地形上的第二阶梯，以横断山脉和云贵高原为主体，平均海拔在 1000—2000 米之间，域内高山林立，大流纵横，除了少量为群山环绕的平坝地区外，大部分为山地、半山地，山区面积达 90% 以上，属典型的高原山地形态；其次，从《史记·西南夷列传》中可看出，这里自古就是与汉民族迥异的多种少数民族聚居之地，也是历史上众多少数民族迁徙、融汇的大通道，在中原势力不断发展扩大，许多原来的"他者"纷纷被纳入帝国体制内而转变为"我者"的情况下，西南地区却由于山高水险、地形复杂，阻挡了汉文化的深入和同化，并因此造成了两个方面的后果：一是西南在历史上长期未能正式进入汉文化的大体系之中，经济、文化落后而自成体系；

二是这种天然屏障也使得散布西南的诸多形态各异的少数民族文化得以较好保存下来，这是西南被主流文化视为"异端""蛮夷"的根本原因。另外，从一个更大的视域来看，西南刚好位于中华文明与印度文明的交汇地带，不可避免地受到这两大世界古文明的习染，于是，西南土著文化、汉文化、印度文化在这里交汇融合，建构出一种独特而奇妙的"混血"文化，有学者将西南这种居于多种文化场域的特殊位置称为"中间圈"①，确实生动、准确地揭示出西南在文化层面的独特性和多元性。

西南文学正是在这样一种自然环境及文化生态中孕育、生长而成的，高原山地环境、"他者"的历史背景、异质的"混血"文化，构成了独特而强大的地域基因，从而决定了它的发展路径、精神气质、美学品格，以及作家的文化心理、价值诉求等诸多方面，与主流文学以及其他深受主流文化浸染的地域文学相比有着较大的差异。而这些，正是西南文学之所以能够独立成为一种富于个性、独具气质的地域文学的根本原因所在，也是作为地域文学的西南文学值得深入研究的价值和意义所在。

在后现代空间学研究中，"第三空间"（The third space）或是"异质空间"被作为一个重要概念或是一种策略而提出，它主要用以解释一些在主流视域外，难以被主流话语概括和操控的异质性在场。这一认知最早滥觞于法国哲学家列斐伏尔提出的三元空间辩证法，福柯也从空间视域探讨其理论，提出异托邦的理论，后来，美国学者爱德华·索亚

_____

① 见王铭铭：《"中间圈"："藏彝走廊"与人类学的再构思》，社会科学文献出版社 2008 年版。

（Edward W.Soja）在三元空间理论的基础上具体提出了"第三空间"概念。这一表述方式的出场，意味着在空间观的烛照之下，一些常常被主流世界所忽略、遮蔽的边缘空间开始进入时代现场，摆脱历史陈见，以一种独立姿态出现，获得了自我言说的话语权。无论如何，这是当代空间学研究的一个极具意义的重要突破和收获，它激励人们从不同的视角来思考空间的意义。这种全新的视域为重新认识、阐释西南这样的传统边地及其文学现象提供了新的思路和方法。

当然，从后现代空间学视角来考察西南文学的地域性，这既是一个学术探索、论证的过程，同时也注定了是一个无法回避的祛魅过程。受中国传统的中原中心观影响，在"中心——边缘""华夏——夷狄"二元对立的政治格局和"非我族类，其心必异"的大汉族沙文主义主导下，西南在历史上长期作为主流文化的对立面存在，它的偏远、边缘，聚居于此的被统治者视为"异端"的众多少数民族，这些都牢牢地锁定了西南的"异质""他者"身份，换言之，它正是存在于主流之外的"第三空间"。萨义德（Edward Wadie Said）在《东方学》（Orientalism）中认为，"东方学"是一种权力话语，它通过"自我／他者"的二元论建构，将西方与非西方对立起来，构成了种族、文化、政治、地理、历史等各方面都有着本质差异的两个世界，其结果是："东方不是西方的对话者，而是沉默的他者。"[①] 这是弱势文化遭遇强势文化的必然结果。在霸权话语的操控下，处于文化弱势一方丧失了话语权，沦为沉默的他者，甚至成为被想象、被建构的对象。萨义德在追随福柯的基础上进一步指出，

① ［美］爱德华·W.萨义德：《东方学》，王宇根译，生活·读书·新知三联书店2019年版，第2页。

东方主义的"东方"是一种推论式的构想，充其量不过与"真正的"东方有点联系。萨义德以"西方""东方"为观照对象，深入、犀利地揭示了强势文化与弱势文化之间不对等的话语方式。这就不难理解，何以在中国的主流文学中，不论是古代还是现当代，都存在着对西南的想象性叙事，偏僻、荒凉、原始、野蛮等，已然成为贴附于西南身上的固化标签。更为隐蔽的是，不仅仅是外界对西南充满了想象，西南自身也在无意识之中接受并参与到这种想象性定位之中。正如萨义德所说，东方在事实上参与了西方对东方的想象性建构，即接受预设，并按这种设置去认识自己并界定自己。这实质上是弱势群体在与强势群体遭遇之后，自我主体意识被遮蔽以致丧失的必然结果。

因而，一部西南文学史，在其隐秘层面上呈现了西南作为文化他者的心理历程，这种历程可以从两个方面来看：一是西南各民族被强大的汉文化所排斥、歧视的苦难史（主要通过神话、史诗、叙事诗、传说等承载着民族历史记忆的民族民间文学反映出来），二是在强权意识支配下，主流世界以及西南自身共同参与的对西南的想象与建构（主要体现在文人文学中）。这两方面像沉重的历史疤痕深深刻印在民族文化心理之中，也渗透进了文学创作之中，即使社会再开化进步，也依然会以集体无意识的形式潜在地发生着作用和影响。这是面对西南这样的"他者"文学时必须把握的一个重点。

在当代，社会的进步，思想的发展，为历史祛魅、文学祛魅提供了机遇与资源，让那些原本被遮蔽的、边缘的群体获得认识自我并展示自我的机会：文化多元主义的盛行，使更多的人正视到差异的存在并给予应有的尊重与重视；福柯对权力关系实质的揭示；德里达（Jacques Derrida）"解构主义"（deconstructionist）对逻各斯中心主义（logocentrism）的解构性批判；后殖民主义对西方中心观的质疑批判……利奥塔（Jean-Francois Lyotard）从总体上表述了后现代转向的一个核心：主体和社会领域的非中心化。他认为，不论我们讲的是自我还是政治，都不存在中心，即不存在秩序、连贯性和目的性的统一基础。后现代的特点是在知识的领域摒弃了确定性和所谓的"神眼观点"（God's eye point of view），摒弃了支配社会及文化优越性和道德一元化标准，摒弃中央集权和组织严密的原则，以及不再那么迷信一个一元的和一致的自我。社会思潮的后现代转向，使传统的中心——边缘社会结构和思维模式受到了前所未有的震荡、冲击而显现松动迹象，从中心观思维中解放出来的人们开始将目光投射到那些长期被忽略、被遗忘的非主流群体及文化之上，驱动了思想观念和社会行为的边缘性转型。

从西南文学自身而言，这种后现代转向最突出的特征是写作者主体意识的觉醒。西南本土学者已经清醒地认识到："西南不是一个自在概念而是一个相对的概念。客观世界原本不存在人为划分，每个地方都可视自己为中心。若此，你凭什么把某一方位说成是西南或东北呢？这样的划分其实反映出中原的中心视角。……这样的西南概念是由外及内'被西南化'的产物。它先被中原中心观制造出来，而后又经由处于边缘的本土不断地自我西南化复制下去。"① 具体到文学创作，一个突出的表征是：从 20 世纪 80 年代以来，西南文学中那种跟附于主流文学之后的创作趋向逐渐消退，取而代之的是一种"西南边地叙事"的兴起。所谓"西南边地叙事"，是指创作主体将目光从主流宏大叙事中收回到西南生活

———————

① 徐新建：《西南文学与文学西南——文学人类学视野下的大西南文学》，见朱寿桐、白浩主编：《大西南文学论坛》，中国文联出版社 2016 年版，第 65 页。

现场，不再随大流亦步亦趋，而是专注于地域的、个体的叙事，张扬原本被压抑的边地主体意识，并隐约表达出对身份被设置的质疑和对抗。如果说在这之前西南文学所表露出的地域特性更多是一种无意识的或者是在边地、少数民族外衣包裹下主流意识的传达的话，新世纪以来，西南文学创作中的地域特性表达和追求，已成为西南作家自觉而积极的创作诉求。这种地域特性，在文化资源构成上表现为以高原山地文化为基底，同时吸纳了中原汉文化、印度佛教文化的影响，具有混血多元的文化基因；在创作旨趣上自觉与主流宏大叙事保持疏离，呈现出"小"叙事、民间化、乡土化的审美品格；在内容书写与情感表达上，以边地（边缘）叙事、少数民族叙事、底层叙事、苦难叙事等几大类型为重。这几个方面，建构起西南文学鲜明的地域特性。

西南文学的地域特性在少数民族文学中表现得尤为突出。从司马迁的《史记·西南夷列传》中可知，至少在汉朝时，西南已是众多族裔聚居之地，在漫长的历史中，不断有族群因逃避战乱、饥荒及帝国的政治压迫等原因加入进来，这些族裔不断迁徙、流散、分化、融合，最后演变为今天生活在西南境内的三十余个少数民族，成为全国少数民族最多最密集的区域。由于中原王朝"中央——四方"专制格局所导致的我者与他者分野，更由于"非我族类，其心必异"的霸权思维，处于弱势的少数民族只能被动地置身于一种类似"原罪"的状态，他们寄身于偏僻、艰险的高山丛林中，民族记忆中充满了灾难和苦痛，也形成了内敛、敏感的民族文化心理。

1949 年以后，这种被"他者"化的历史逐渐成为过去，时代的进步，社会观念意识的改变，使众多少数民族从自闭、避世的状态中逐渐走出来，特别是以去中心化、倡扬边缘生命的后现代思想观念的启蒙，促发了少数民族主体意识的觉醒。吉狄马加振聋发聩的"我是彝人"的呐喊，"如同我的民族的声音／或许它来自遥远的边缘／但是它的存在／却永远不可或缺"①的来自边缘的自信宣告，阿库乌雾通过母语书写寻求与世界的对话，以及众多少数民族作家对生存家园、母族文化的大量书写与歌咏，都在昭示被深埋已久的民族意识的觉醒和回归。无疑，这是新时期西南少数民族文学中最富于光彩的华章。同时，与这种意识觉醒相伴而生的还有一种焦虑、疼痛、感伤等多种混杂情绪的蔓延。全球化将原本隐在深山的少数民族抛到了世界一体化的大潮中，外面飞速发展的世界与少数民族落后的现状，以及民族历史记忆中的隐痛，在少数民族作家中普遍产生了一种自尊、自卑、自怜混合的复杂情感体验，这无疑大大增加了文本层次上的复杂性和情感表达上的矛盾性，使新时期的西南少数民族文学呈现出前所未有的丰富性和情感张力。

总之，识别、探究西南文学的地域特性，首要前提是必须回到西南这一空间场域，突破传统中心——边缘思维，祛除历史上被主流世界所附加的种种标签、符号，从自我、自在的价值立场来进行审视，唯有如此，才可能真正结束"他们不能代表自己，一定要别人来代表他们"②的"他者"历史命运。当代法国重要的心理学家、哲学家雅克·拉康（Jacques Lacan）以"镜像"理论来说明人最初自我意识的萌发是借助了镜子这一他物，从而意识到个体的独立存在。西南文学要在国家甚至

---

① 吉狄马加：《致祖国》，见《吉狄马加自选诗》，云南人民出版社 2017 年版，第 317 页。

② 《马克思恩格斯选集》第 1 卷，人民出版社 2012 年版，第 763 页。

是世界大文学体系中凸显自己的个性、亮点，就必须借助地域空间这面"镜子"去发现自己的真实"镜像"，在文学话语中找寻适合自己的节奏与讲述方式，建构一个既与世界关联、又富于鲜明地域个性的文学言说空间。

第一章

第三空间：主流视域中的"他者"

在后现代性的空间表述中，"第三空间"是一种特殊的状态，类似于福柯的"异托邦"，即它是真实存在的，但同时又受到某种强权力量的支配，对它的解说充满了某种不确定性、想象性和虚构性，是一个介于真实和想象的异质存在空间。按照西方"都市研究"洛杉矶学派的代表人物爱德华·索亚的解释，第一空间是感知到和经验到的空间，第二空间是构想出来的空间，第三空间则是一个被边缘化的、沉默的、且不可见的多元空间。而霍米·巴巴（Homi K. Bhabha）则从后殖民批评的角度指认他所谓的"第三空间"，认为这是一种在文化之间的"间隙"中呈现出来的协商空间。不管是哪一种阐释，在后现代观念体系中，"第三空间"被指为一种"异质"空间。在中国传统的"天下"格局及观念意识中，西南所处位置及被预设的身份，充满了真实与想象、自在性与被建构性混杂的不确定性，既是空间意义上的实体在场，也是被权利话语所规定、想象和异化的空间，其扮演的角色，正类似于"第三空间"这样的特殊存在。

西南的"第三空间"身份，是由华夏文明体系中的"天下"观所决定的。"天下"是中国政治文化中最具特色也最核心的概念之一。在以儒家思想为核心的中国古代统治观念中，"天下"是一个开放包容的概念，反映了儒家对世界的想象和认知，以及一种控驭四海的政治雄心。事实上，儒家的"天下"并非空泛笼统的臆想，而是有着严格的层次格局。先秦时已明确将天下分为"邦畿"和"四海"两个部分，所谓"邦畿千里，维民所止。肇域彼四海，四海来假，来假祁祁"①，后来在此基础上进一步发展为"中国——夷狄""中心——边缘"格局。许倬云很形象地称古代中国的"'天下'是一个无远弗届的同心圆，一层一层地开化，推向未开化"②。在这个"同心圆"中，华夏民族自居文明的中心，通过赐封、羁縻、土司等制度来遥控内部边远地区，同时以与四邻建立朝贡制度的方式向海外宣威。如此，一个中心稳定而边缘呈开放、灵活状态的"天下"大格局便牢固树立起来，成为古代中国得以称雄世界几千年的重要基石。在这一堪称严密的统治层次体系中，内外有别、亲疏有序是保障中心始终牢固稳定的关键所在，所以，"内诸夏而外夷狄"，严"夷夏之防"，"五服""七服"制等等，构成了最重要的帝国思想和防范体系。

许倬云以"我者""他者"来概指这种天下格局中内与外的不同身份识认。很显然，西南正是典型的"他者"：从地理位置来看，西南一直处于帝国版图中的西南边缘，远离政治文化中心；从族群类别来看，这里是被司马迁称为"西南夷"的诸种"异族"集中聚居之地，生活

---

① 《诗经·玄鸟》，见林義光：《诗经通解》，中西书局 2012 年版，第 434 页。

② 许倬云：《我者与他者：中国历史上的内外分际》，生活·读书·新知三联书店 2015 年版，第 20 页。

形态、民风习俗迥异于中土，属蛮夷之地、化外之境；从文化形态来看，西南山高水险，与内地交通不便，主流文化传播困难，加之居于此地的众多少数民族各自拥有本民族的文化传统，对汉文化具有天然防御力，是一个文化"异端"之地。由于上述原因，所以尽管自秦汉时便开始了对西南的经略，西南在历史上的大部分时期也都处于帝国的疆域范围内，但历代统治者无不对西南"另眼相待"——主要施行地方自治为主、国家监管为辅的羁縻、流官、土司等特殊治理制度，与内地的管理体制大相径庭，体现的是"内外有别"的治理策略。清代"改土归流"，才逐步加强对西南边地的直接掌控；1949 年中华人民共和国成立后，重视边疆建设，推行民族平等政策，从根本上改变了西南被排斥、被歧视的命运。虽然"中心——边缘""我者——他者"这样的分野已从国家体制层面予以取缔，但是几千年沿袭下来的传统思维依然在一定程度上存在，并内化为一种集体无意识渗透进地域文化心理之中。

霍米·巴巴指出，身份（identity）本身是一种异源集合体，它并不是天生固有的东西，而是被建构出来的，是就特定条件进行认同的结果。也就是说，"身份"并非天然生成的，而是某种塑造的结果。所谓"中心""边缘"，所谓"文明""野蛮"，都是霸权话语操纵的结果，"人们总是试图把人分成我们和他们，集团中和集团外的，我们的文明和那些野蛮人。学者们曾根据东方和西方、南方和北方、中心和外围来分析世界"[①]。在这种权力话语游戏中，处于弱势地位的西南注定是萨义德所说的"沉默的他者"。近现代以来，时代飞速发展，现代科学、民主思

---

① ［美］塞缪尔·亨廷顿：《文明的冲突与世界秩序的重建》（修订版），周琪等译，新华出版社 2010 年版，第 10 页。

想早已取代了传统的封建等级意识，全球化、文化多元主义、后现代思潮等思潮的兴起，更是极大地激发了像西南这样曾经的他者在主体意识上的觉醒，西南文学才得以走出被遮蔽状态，获得自我言说的机遇和空间。

第一节　中心与边缘：传统话语下的地域文学分野

"地域文学"并非一个纯粹的自在自为概念。它既是一定外在地理环境作用于文学的客观反映，更是政治、文化等意识形态支配下的必然产物，具体地说是自然环境和人文环境共同作用的结果。不同的地域文学所负载的文化密码和话语方式是有所区别的，因而内在精神气质也各有不同。从总体来看，中原文学往往透露出自居文化中心的优越心态，具有厚重大气的气韵；湘楚文学因偏居一隅并拥有自己的文化源头——楚文化，因而先天带有一抹瑰丽与神秘原色；西北文学以迥异于中原农耕文明的游牧文明为精神依托，在精神气质上更倾向于一种开阔、雄浑、悲壮基调的流泻……一定的地域环境滋养着文学的气脉，赋予文学以特殊的风貌，同时也将历史上在主流话语操纵下形成的凝固的"身份"意识植入其中。

一、"我者"文学与"他者"文学

《左传·襄公二十九年》载：

吴公子札来聘……请观于周乐。使工为之歌《周南》、《召南》，

曰："美哉！始基之矣，犹未也。然勤而不怨矣。"为之歌《邶》、
《鄘》、《卫》，曰："美哉渊乎！忧而不困者也。吾闻卫康叔、武公
之德如是，是其《卫风》乎？"为之歌《王》，曰："美哉！思而不
惧，其周之东乎？"为之歌《郑》，曰："美哉！其细已甚，民弗堪
也，是其先亡乎！"为之歌《齐》，曰："美哉！泱泱乎！大风也哉！
表东海者，其大公乎！国未可量也。"为之歌《豳》，曰："美哉！
荡乎！乐而不淫，其周公之东乎？"[①]……

吴公子札，是春秋时吴王寿梦的小儿子季札，他出访鲁国时请求
欣赏周乐，因为当时周的诸侯国中只有鲁国有资格保存周天子礼乐。
季札在欣赏中逐一进行了评论，实际上是对《诗经》中不同地域诗歌
的评论。其中，季札不仅从政治角度对礼乐做出"勤而不怨""忧而不
困""思而不惧"等不同评判，也注意到了不同地域的礼乐在政治诉求、
情感表达以及风韵气势上的区别，一定程度上认识到地理环境对文学
的影响，譬如临海的齐地之乐具有"泱泱乎！大风也哉"的开阔浩荡
气势，而山区居多的魏地之乐则彰显一种"沨沨乎！大而婉，险而易
行"的气骨。

先秦时期诗、乐一体，故而这段文字可看作是我国古典文献中最
早的地域文学批评，反映出我国很早就形成了地域与文学关系的观念意
识。但是很明显，这种观念一开始就被政治所牢牢把控，它以一种"中
心意志"作为识别、判断标准，是春秋时期即已成熟的"中心——边

[①] （春秋）左丘明：《左传全鉴》，蔡践解译，中国纺织出版社2016年版，第
312页。

缘""华夏——蛮夷"二元对立意识形态在文学领域的反映，其次才是对地理生态环境与文学关系的注意。中国几千年漫长的封建帝制不断复制并强化这种文学意识，从而构建起了极具中国特色的地域文学观念，即以政治、文化上的亲疏，以及距离的远近来辨识文学之我者与他者。在这一识别体系中，文化的正统性始终居于核心位置。

在这样的文学架构中，西南文学自然属于典型的他者文学。从地理位置来看，西南远在帝国版图的边缘地带，长期与中原政权保持一种若即若离的微妙关系，时而臣服于帝国，受大一统的国家规训，比如秦汉时期在西南开五尺道，设郡县进行管理，元朝设置行省，明朝遣大批兵士流民屯边卫所；时而独立于中央政府，唐宋两朝五百多年间，西南先后成立了独立的地方政权南诏国、大理国，对中原王朝构成一定威胁，如前后长达十余年的天宝战争（742—756），历来被史学界认为是导致唐王朝由盛转衰的重要原因之一。对偏远而异质的西南地区，鞭长莫及的中原王朝因地制宜，在历史上主要采取羁縻、土司、流官制等多种"以夷治夷""汉夷结合"的灵活政策，所以在高度强调中央集权的大一统帝制历史中，西南在事实上长期处于自治与半自治间的自在散漫状态。而中原王朝对西南地区这种"另眼相待"，不过就是"汉夷有别"政治心态的现实折射，体现着对"我者"与"他者"的清楚界分；从文化性质来看，偏远的西南处于中原文化辐射末梢，山高水险的自然环境又在一定程度上阻碍了中原文明传播的广度和深度，加之这里在历史上一直是少数民族聚居、迁徙的重要区域，文化的"异质性"十分突出。而在中华文明体系里，"中国""中华"这样的核心概念中最重视的正是文化的正统性，唐时的《唐律疏议》中明确指出："中华者，中国也。亲被王教，自属中国，衣冠威仪，习俗孝悌，居身礼义，故谓之中华。"① 在这部甚至影响了日本、朝鲜、越南等国的法律文书中，文化被作为识别"我族"和"异族"的一个重要的而且是唯一的标准。直至近代，国学大师章太炎依然强调这一"金科玉律"："中国云者，以中外别地域之远近也；中华云者，以华夷别文化之高下也。"② 西南地区远在王室教化之外，社会状貌、风俗礼仪、文化形态等多异于中原地区，以正统标准视之，正是不折不扣的化外之境、蛮夷之地。

许倬云将类似西南这种区域称为"模糊地带"，指出："中国复杂系统覆盖的地域广大，道路系统的扩展与延伸，犹如辐射网，由核心外展，近处密，远处疏，其中空隙，大网覆盖不到，这些瓯脱之地，即是模糊地带"③。简言之，就是处于帝国疆域内而又在政治和文化上保有自身独立性的区域。许倬云所说的"模糊地带"有两种情况："大网内部偏缺处"及"大网未及的边陲"④。显然，西南就属于后者。

在"中心——边缘""华夏——夷狄"这样的既定思维模式中，西南地区的边缘与从属地位以及他者身份早已被固定成形，凡是与西南相关的一切——当然包括文学，便宿命般地被打入另册，成为主流话语中当然的他者，并作为一种常识普遍存在于人们——包括西南民众——的观念意识之中。这事实上是葛兰西所说的文化霸权生成的必然结果。"文

---

① 转引自黄健：《文学与人生八讲》，商务印书馆 2015 年版，第 142 页。

② 章太炎：《中华民国解》，见《章太炎全集》（四），上海人民出版社 1985 年版，第 258 页。

③ 许倬云：《我者与他者：中国历史上的内外分际》，生活·读书·新知三联书店 2015 年版，第 51 页。

④ 许倬云：《我者与他者：中国历史上的内外分际》，生活·读书·新知三联书店 2015 年版，第 51 页。

化霸权"又称"文化领导权"，源于希腊文，最初的含义是指来自别的国家的统治者，19世纪后被广泛用来指一个国家对另一个国家的政治支配或控制，而葛兰西赋予了这个古老的词汇以新的内涵，他以文化霸权来描述社会各个阶级之间的支配关系，指出这种支配或统治关系并不局限于直接的政治控制，而是试图成为更为普遍性的支配，包括特定的观看世界、人类特性及关系的方式。

在政治话语主导下，中国文学形成了以教化为重的评判标准，以及以地域远近、文化亲疏来界分我者与他者的识别体系，这必然导致西南文学在传统地域文学研究格局中长期缺席的失语状态，即便是在越来越重视文学多元化、边缘化的当代文坛，这种惯性思维依然在一定程度上存在，并潜移默化地发生着影响。

前面提及，至少在春秋时期，对文学地域性的认识已经出现并成形，编选者根据地域、国别来划分《诗经》中的民歌为《国风》，吴公子季札赏周乐后的逐一述评，都是有意识的地域文学研究行为。这一传统此后一直随着文学史的发展而延续，且更趋精细和严密，最突出的标志是各个时代都有以地域命名的文学流派、文学团体及围绕它们所开展的文学研究，到明清时发展尤为迅猛，可谓是蔚为大观，在文坛各领风骚。明代有代表性的如吴诗派、越诗派、闽诗派、岭南诗派、茶陵派、公安派、竟陵派、吴江派、临川派等，清代的以阳羡词派、浙西词派、常川词派、临桂词派、桐城派、阳湖派、河朔诗派、高密诗派等为代表。这些冠以地域名称的文学团体或流派大抵以某一特定地域为基点，有相近的文风或文学主张，创作上表现出或突出或潜在的地域特性，成为重要的文学景观。但是，这些热闹非凡的地域文学活动与西南基本无涉，其辐射范围主要集中于中原文化直接影响下的地域范围，作为他者的西北、西南这些区域在强大的主流文化身影下习惯性地保持着沉默。

近代以来，受西方影响，我国学界对文学研究进入更为科学、富于学理性的研究新阶段，对地域文学的研究也随之有所推进和突破，但其中观察标准和视点依然延续着传统范式，即以主流文化作为恒定规范。刘师培的"南北文学不同说"虽然从大处着眼，重点注意到南北之地在气候、物象、水土等方面的差异而导致的文学差异，但文化依然是其中非常重要的一个考察标准，异于这个标准的非主流文化圈并未进入其观察视域；汪辟疆从诗歌风格与地理环境入手，把近代诗坛分为湖湘派、闽赣派、河北派、江左派、岭南派和西蜀派，并对各派作家、作品进行了较为详尽的分析①，其中依然难觅西南、西北这些文化边地的文学身影。在当代，对文学地域性的认识有了进一步发展，尤其是在后现代观念烛照及文化多元化思想催动之下，文化边缘地带获得了前所未有的关注和研究，西北、西南、东北等地域及其文学开始出现在学界的研究视域中。站在一种相对客观的立场上，有学者从文化发展与文学活跃的程度以及封建政权中心的地理分布等因素，提出了中国古代文学格局的"内圈""外圈"说，认为这两大文学系统构成了中国古典文学的轮动体系。其中内圈由八大文学区系组成：三秦文学区系、中原文学区系、齐鲁文学区系、巴蜀文学区系、荆楚文学区系、吴越文学区系、燕赵文学区系、闽粤文学区系；外圈包括：东北文学区系、西北文学区系、北部文学区系、西南文学区系（广西、云南、贵州及越南）。②应该说，这

---

① 参见汪辟疆：《汪辟疆说近代诗》，上海古籍出版社 2001 年版。

② 参见梅新林：《中国古代文学地理形态与演变》，复旦大学出版社 2006 年版。

样的划分是十分符合整个古代中国文学体系建立在文化中心观基础之上的内外、亲疏架构，在漫长的古代文学史发展历程中，扮演主角，起支配作用的始终是"内圈"，"外圈"更多时候只是沉默的他者。

即使是在当代出现的新兴学科——文学地理学中，这样的中心—边缘意识依然存在。《文学地理学概论》一书强调以地理、历史、文学三者作为依据，将中国境内划分为 11 个文学区：东北文学区、秦陇文学区、三晋文学区、中原文学区、燕赵文学区、齐鲁文学区、巴蜀文学区、荆楚文学区、吴越文学区、闽台文学区和岭南文学区，并逐一对各个文学区的自然环境、人文环境及文学概况进行总结。而所谓的文学区，依书中之意为："划分文学区，就是将具有相同或相近的文学特征的地域划分为一区，以与其他具有不同的文学特征的地域区别开来"。[①]在这份名单中，西南地区依然被排除在视域之外。另外，在当代数量众多的各类文学史中，文学的考察中心自然以主流文化直接覆盖区域为主，像西南这样的文化末端区域往往草草略过，甚至是根本不予提及。在论及西南文学的相关文字中，也多冠以"边地""少数民族"等标签，我者与他者的分野十分鲜明。

二、并不沉默的"他者"

确实，如果以主流文学规范来看，与其他核心文学区域相比，西南文学不论是在文学质量还是数量上均处于弱势，即便是当代走出了像吉狄马加、于坚、雷平阳、海男、鬼子、东西、夏天敏等一批具有全国知名度的作家，也依然无法从根本上改变长期以来形成的西南地

---

① 曾大兴：《文学地理学概论》，商务印书馆 2017 年版，第 264 页。

区文学"积贫积弱"的印象。然而，差异并非天然存在，而更多是话语建构的结果，西南文学的他者身份、与主流文学不同步的发展历程，是弱势文化被强势文化所遮蔽的结果。空间距离的遥远、文化上的异质性，使西南地区在事实上疏离于正统文学的发展体系，无法像其他区域文学那样得到博大丰厚的华夏文明及文学传统的正常滋养、照拂，只能走上另一种在正统文学史观看来不入流的发展路径。再者，从客观方面来看，"中国南方及西南，地形复杂，许多少数民族散居各处；自汉迄今，族属之多，文化特色之复杂，本来已不易区分，再加上汉人侵略，开拓之处，联结据点，延展至道路网，又将广大腹地切割为一片一片零碎地区，该处的居民，被隔绝在小地区，汉化程度各有不同，于是分别形成许多不同的'他者'群体。"[①]高山密集、沟壑纵横的居住环境不仅极大限制了西南当地经济、文化的发展，也天然地将环境切割为一个个相对独立的地理、政治单元，不同单元间因山困水阻而造成交流融汇的困难，自然不可能生成一种统一而厚重的地域文化力量，不可能像中原地区那样培育出一种统一的地域文明体系；再加之西南在历史上一直是被强大的汉民族所排斥的众多少数民族的迁徙、聚居之地，这些弱势民族大多拥有并坚守自己的传统文化，因而形成了西南在远离主流视域的异质环境中多元民族文化共生并存的局面。以上这些因素决定了西南文学与主流文学不太一致的发展路径和面貌品格。

　　具体而言，由于生存环境所导致的经济文化的长期落后，也由于缺

---

① 许倬云：《我者与他者：中国历史上的内外分际》，生活·读书·新知三联书店2015 年版，第 53—54 页。

乏像中原文化那种大一统而成熟的文明体系的规约和培育，西南文学在历史上更多呈现为一种自生自在的文学原生态状貌，文人文学稀缺而民间文学丰富，特别是各个少数民族基本都拥有自己本民族的民间文学资源，神话、史诗、叙事诗、传说、故事、歌谣、祭辞、谚语、格言等十分兴盛。但是，由于正统文学很早就确立的"政教"文学价值观及"子不语怪力乱神"的评判传统，这些来自边缘地带的民间文学自然因其"异端"色彩而遭鄙夷排斥，不可能在正统文坛登台亮相，这必然造成一种"边地无文学"的印象。以史诗为例，在传统观念中，一般认为中国史诗极为贫瘠，仅有如《诗经》中《生民》《公刘》《绵》《皇矣》《大明》等少数篇什，连西方学术界也普遍认为中国没有史诗。黑格尔在谈及东方文学时，曾不无遗憾地指出："中国人却没有民族史诗，因为他们的观照方式基本上是散文式的，从有史以来最早的时期就已形成一种以散文形式安排得井井有条的历史实际情况，他们的宗教观点也不适宜于艺术表现，这对史诗的发展也是一个大障碍。"[1] 事实上，且不说后来被称为"三大民族史诗"的藏族的《格萨尔王传》、蒙古族的《江格尔》、柯尔克孜族的《玛纳斯》，在西南地区，几乎每个少数民族都有自己的创世史诗、迁徙史诗等多种史诗传承，《云南少数民族古典史诗全集》一书收录了彝族的《查姆》《阿黑西尼摩》《梅葛》《阿细的先基》《尼苏夺吉》《尼迷诗》，哈尼族的《窝果策尼果》《十二奴局》《奥色密色》《族源歌》以及白族、壮族、傣族等多个民族的代表性史诗，显示了丰富绚烂的民间文学资源，再加上其他各种类型的文学形式，民族民间文学在

---

[1] ［德］黑格尔：《美学》（第 3 卷下册），朱光潜译，商务印书馆 1981 年版，第 170 页。

西南可谓是"布满世界，百姓乐见，如月初生"①。事实上，像西南这样的边缘、边地文学，需要在文学史上重新认识其价值，至少在以下两方面不容忽略。

首先，西南民间文学是中国文人文学或雅文学的有效补充。雅文学虽然典雅精致，但它在一定程度上存在着脱离民间高高在上的缺憾，更多沉浸在文人自己虚无的精神世界中；而民间文学虽然有俗陋的面目，却充满最原始本真的生活质感和烟火气息，反映的是民间的生存智慧和生活状貌。严格来讲，二者并无高下之分，不过代表了文学在不同层面上对人的生存本相的观照，它们各自都有自己的基础和受众，理应受到同等的对待。以正统——非正统、主流——非主流来人为地界定文学，正是话语霸权的典型体现，这种简单划分方法必然会破坏文学的平衡，导致文学朝着某种单一方向偏斜的发展。在世界文学史上，诞生于民间的古希腊和古罗马的神话、史诗等民间文学形式正是孕育西方文明的源泉，而在我国正统文学中，留存下来的少量民间文学形式，如远古神话、《诗经·国风》、汉乐府、南北朝民歌等，虽然数量很少，但同样熠熠生辉，其民间活力在一定程度上综合、调和了文人雅文学过于肃穆的基调。

其次，虽然汉文化在历史上对西南地区的影响有限，但强势文化对弱势文化天然地具有强大的吸引力，西南的历史中充满了对中原文化的仰视、学习、追赶的努力，在漫长的历史中，也曾涌现出一些深得汉文学神韵的作家作品。有明一代，西南在文人文学上取得了较大突破和不俗的成就，当时统领丽江的木氏土司家族积极向汉文化学习，史称"云

_____

① 《梁书》卷五十四《诸夷列传》，中华书局1973年版，第796页。

南诸土司，知诗书，好礼守义，以丽江木氏为首"①，木公、木青、木增等既是威震一方的政治首领，同时也是造诣较深的汉文学家。徐霞客进入西南时，当时的丽江土司木增专门派人将其接到丽江，以上宾之礼款待，请徐霞客圈点诗文，为自己诗集作序，并请其指导儿子作文，表现出对中原文化的尊崇；贬谪状元杨慎寓居西南三十余载，交友广泛，李元阳、杨士云、张含、王廷表等一批名士均"从杨慎游"，形成以文会友、诗词酬唱和学术交流的地方性文人结社，时称"杨门诸子"。这些西南文士皆长于诗歌创作，又各有特色，或重理学，或重史志，或重教育，在当地文化界产生了较大影响力，出现了嘉靖时期西南文学的兴盛；清时，黔北遵义地区文风旺盛，形成了以郑珍、莫友芝、黎庶昌为代表的"沙滩文化"② 文人集团。沙滩文人是西南边地文学自觉践行汉文化的集大成者，他们的著作涉及诗集、词集、文集、小说集、传记文学、书画篆刻集、经学专著、文字学专著、音韵学专著、金石目录学、方志，以及农学、泉布学、教育学、社会学等诸多领域，已刊行的各类论著八十余种，计 600 多卷，郑珍、莫友芝二人编撰的《遵义府志》被誉为"天下第一府志"。在文学创作上成就最高的当数郑珍、莫友芝的诗，黎兆勋、黎庶蕃和莫友芝的词，黎庶昌的文。郑珍《巢经巢诗钞》

---

① 转引自李近春：《李近春纳西学论集》，民族出版社 2008 年版，第 361 页。

② 沙滩位于贵州省遵义市新舟禹门，因一片四面环水的沙滩而得名。清时沙滩出现了以郑珍、莫友芝、黎庶昌等为代表的一批文人学士，崇尚"渔樵耕读"，学术成果颇丰。抗战时期，搬迁至贵州的浙江大学史地研究所开始研究这一现象，称其为"沙滩文化"。在编撰的《遵义新志》中称："沙滩黎氏为遵义望族，先世自四川广安县迁来。自清乾隆以后，世有贤才。……郑、莫、黎三家，互为婚姻，衡宇相望，流风余韵，沾溉百年。"

刊行后，广为传播，被"同光体"诗家尊为"诗宗"，甚而有"有清一代冠冕"的评价。对莫友芝《郘亭诗钞》，有学者撰文称赞："才力腾踔，不及子尹，而朴属微至，洗尽腥腴，亦偏师之雄矣。忧时经乱之作，传之他年，足当诗史。"① 黎庶昌《西洋杂志》描绘西欧各国政教风习，民情风物，生动活泼，20世纪80年代被译成法文在巴黎出版。

上述两个方面足以说明在中国的古代文学史上，西南并非是一片文学荒野，民族民间文学在自由的土壤上蓬勃生长，深受中原文化熏染的文士倾情于谈诗论词，其中不乏才情出众之人。而自近现代以来，西南的写作者们努力突破边疆的藩篱，积极加入到时代文学的书写之中，蹇先艾、马子华、寿生、石果、李乔等一批拓荒者的才华和成就获得了文坛的认可，在新的历史时期，吉狄马加、于坚、雷平阳、鬼子、东西、海男、夏天敏、胡性能、范稳等作家以更强劲的势头书写了西南文学的新篇章。应该说，西南文学在人们心目中的形象已经得到了极大的改善。但是由历史造成的刻板印象并未完全消除，由文化霸权主导的中心——边缘的心理依然潜移默化地产生着影响，一看到西部文学、西南文学就条件反射地贴上"边地、边缘、原始、野蛮"等标签这样的心理依然存在，还有现行众多的文学史或论著中依然没有给予西部文学、西南文学等边缘文学应有的平等位置和评论待遇。显然，要改变这种由历史积淀而成的地域偏见并非易事，它首先有赖于一种真正开放、多元的社会文化心理的形成，像人类学所倡导的那样去尊重、包容不同的文化，认识到文化（包括文学）只有表现形态上的差异而无高低贵贱之分；其次，西南文学自身尚需在量与质上继

---

① 转引自王晓卫主编：《贵州文学六百年》，贵州教育出版社2014年版，第59页。

续提升，在融入世界文学大潮的同时更鲜明地张扬独特的地域色彩。或许，这才是破解之道。

第二节　看与被看：传统文学叙事中西南的他者形象

在论及东方主义时，萨义德犀利地指出："东方主义是西方对东方的一种想象下的产物，是西方一部分人希望东方所呈现的样貌，而不是东方真实的面目，其中充满了一厢情愿的自我臆想的夸张和偏颇，更多是对于东方妖魔化的描述。"[1] 因而，"东方几乎是被西方人凭空创造出来的地方，自古以来就代表着罗曼司、异国情调、美丽风景、难忘的回忆、非凡的经历……东方主义形形色色的文本纷纷致力于构建东方形象，将东方变成西方卑贱的'他者'，从而强化西方文明高贵优越的形象，以服务于西方对东方的霸权。"[2] 在中国文化生态圈内部，类似这样的想象性认知同样存在于中原与西南的关系之中，以儒家文化为正统的文化体系在面对西南地区异质的历史、文化时，必然视其为另类、异端，一方面以一种猎奇的目光好奇地眺望，一方面也构建起对西南的想象性解读，使西南成为萨义德所说的"凝固不变的客体"[3]，实质上，这

---

[1] ［美］爱德华·W.萨义德：《东方学》，王宇根译，生活·读书·新知三联书店2019年版，第1页。

[2] ［美］爱德华·W.萨义德：《东方学》，王宇根译，生活·读书·新知三联书店2019年版，第1页。

[3] 萨义德指出，在西方主流思想里，东方是被定义在一个固定的客体地位上，这个客体地位时时被西方强大的视域所注视着，以致形成一个凝固不变的客体。

就是"看"与"被看"相互作用后呈现的必然结果。

一、对西南的妖魔化叙事

在西方哲学中，"看"是一大课题。"看"的结果不仅是客体的一定呈现，更取决于主体的意志，因为，"看"的主体并不仅仅是认识主体，也是欲望主体，"看"实际上就是一个施加自我意志的过程，这个过程很自然地构成了自我/他者的关系，黑格尔称之为"主/奴"关系。在拉康那里，镜像阶段的"看"也是自我与他者分化的开始。"后殖民主义认为，一个民族的建构，本身就已包含了'他者'在内，也就是包含了那些被排斥的异己者在内。对于异己者的想象，也就是这些民族'自我'的自恋投射。"①在主流世界的镜像里，边远、原始、荒蛮、无礼教、奇风异俗等等，既是历史上积淀下来的中原地带对西南的印象，也是以中心自居的汉文化的自恋心理投射。

文学文本是这种想象与自恋投射的最形象反映。以古代文学为例，据《中国通俗小说总目提要》和《中国古代小说百科全书》这两部较为全面、权威的工具书的统计，古代小说中涉及西南地区的有80余部，数量不算多，且创作者大多非西南人，并没有在西南生活、游历等亲身经历，他们笔下所写的西南更多是基于史书记载、道听途闻、民间传说等渠道来源，小说中想象、虚构的成分远大于现实。即便是如《蟫史》的作者屠绅曾有过西南为官经历这样的极少数写作者，"作者自述的写作素材'见闻'和'传闻'以清朝平定苗乱为主，他丑化少数民族的先

① 翟晶：《边缘世界——霍米·巴巴后殖民理论研究》，文化艺术出版社 2013 年版，第 69 页。

祖为'草木蛇兽'"[①]，屠绅在书中也说，"辄就见闻传闻之异辞，汇为一编"[②]。也就是说，古代以西南为故事背景的小说，基本上脱离了现实土壤，置身正统文化氛围中的写作者，以一种中心视角，在不无优越感的心理中，对遥远、异质的边地进行想象性艺术建构。

吴趼人是清代最勤勉多产的作家，其作品关注视域十分广博，其中，历史小说《云南野乘》将目光投射到西南边地。这部小说虽然只完成了前3回，但是可以很明显感受到其所叙述史实，基本上是脱胎并忠实于司马迁的《史记·西南夷列传》的。小说取材于战国时期楚国大将庄蹻开滇的历史，叙述楚国与秦国经年混战，楚国备受秦牵制，庄蹻向楚顷襄王献计开发西南，率兵经夜郎而至滇国，归去时为秦兵阻道，遂返回滇国，率众而王。小说在叙事上与《史记·西南夷列传》保持高度一致，"庄蹻王滇""剿灭猡猡国""营建苴兰城"等大事件均出于史书，体现了吴趼人"要旨取于正史""大要不失其真"的历史观，只是在细节上进行必要的铺陈想象和艺术加工。作为一个未曾到过西南的写作者，吴趼人在很多细节的处理上自然以一种合乎正统观念的臆想来展开，如写庄蹻军队对因避战乱而入西南的中原人士与对待当地土著民族两种截然不同的反应和态度，不无鄙夷地描写猡猡等当地少数民族的愚昧落后，充满正义感地叙写楚国军队对土著民族毫不留情地屠杀……诸如此类的情节，无不流露着强烈的种族优越感，充满赤裸裸的民族歧视。自然，小说秉承了《史记》的中原中心观，体现出鲜明的"夏夷有别"思想观念。

---

① 《古本小说集成》编委会：《古本小说集成》，上海古籍出版社1994年版，第2页。
② （清）磊砢山人（屠绅）：《蟫史》，人民文学出版社2006年版，第1页。

夜郎国是当时西南地区最大的方国，史料中的相关记载相当少，仅在《史记》中有极少的记载，后世史书多受此影响。吴趼人在《云南野乘》中是这样描绘这个在历史上短暂存在而后神秘消失的地方政权的："国中无有礼教，最信巫鬼，国中公卿大夫，也尽是巫觋之流，无所谓政事，惟有祈禳镇压，便是政事。亦无刑法，有犯罪之人，由官咒之，镇压之，即是刑法。……人民懒惰，不知畜牧，亦无蚕桑，……男女皆为裸体，不知衣服为何物。"① 对这样一个未在史书上留下具体细节的神秘国度，吴趼人对它的想象性描述完全基于儒家的正统观念，"无有礼教""信巫鬼""不知畜牧""亦无蚕桑"等叙述，明显是从儒家礼教及中原农耕文明的视角作出的否定性判语，根本无视夜郎因地处亚热带山地丛林而自有的一套生存法则，至于"人民懒惰""裸体"等言辞，其中的偏见、歧视不言而喻。

明代冯梦龙所撰辑的"三言"，广录宋元话本及明代拟话本，是古代通俗小说之集大成者。书中作品大多极力宣扬正统伦理思想，对西南这样的化外之域自是持鄙夷之态，多丑化描写。典型的如《喻世明言》中《杨谦之客舫遇侠僧》一篇，写中原人士杨益授贵州安庄县令，"安庄县……蛮僚错杂，人好蛊毒战斗，不知礼仪文字，事鬼信神，俗尚妖法"②，杨益尚未出发，便已先入为主地接受了对履职地的想象性认知。他临行前到御前辞别，奏诗一首，其中有"蛮烟寥落在东风，万里天涯迢递中。人语殊方相识少，鸟声睍睆听来同"之语，高宗皇帝听了恻然心动，说："卿处殊方，诚为可悯。暂去摄理，不久取卿回用也。"杨益

---

① （清）吴趼人：《云南野乘》，见《吴趼人全集》第八卷，北方文艺出版社1998年版，第232页。

② （明）冯梦龙编著：《喻世明言》，陈熙中校注，中华书局2014年版，第279页。

挥泪辞别君王后，路遇镇府使郭仲威，郭道："闻君荣任安庄，如何是好？"杨益道："蛮烟瘴疫，九死一生，欲待不去，奈日暮途穷，去时必陷死地，烦乞赐教！"郭推荐他向熟悉西南情况的周望请教，周望告诫他："安庄蛮獠出没之处，家户都有妖法，蛊毒魅人。若能降服得他，财宝尽你得了；若不能处置得他，须要仔细。尊夫人亦不可带去，恐土官无理。"杨益听得双泪交流，道言："怎生是好？"①小说开篇这段描写，将原本是喜事的为官上任一事写得伤感悲壮，如赴死地，形象地表现了中原民众对西南既歧视又惧怕的心理，很具有代表性。小说接下来写杨益在途中得遇高僧，高僧感于杨益的真率，于是让自己会法术的侄女李氏陪同杨益到安庄。在李氏保护下，杨益得以逃过蛮地的诸多离奇磨难，三年后平安返回。小说原本意在描写奇人奇事，却也无意中带出中原视角下的西南边地印象，可谓是充满了奇幻、荒诞的想象。

有"天下第一奇书"之称的清代长篇小说《野叟曝言》，作者夏敬渠的创作旨意十分明确，欲借小说寄托生平志愿，大力宣扬儒学道义，排斥异端，故而鲁迅称："以小说为庋学问文章之具，与寓惩劝同意而异用者，在清盖莫先于《野叟曝言》。"②在这样的意图下，小说中涉及西南边地的部分很明显是全书中情节最为魔幻且荒诞的内容，在这部分，主人公文素臣奉命到广西平定壮苗诸峒之乱，一路见闻十分怪诞，作者更借人物之口大肆评价并污蔑当地生活、婚恋、宗教信仰、文化传统等习俗，编排了大量充满魔幻色彩的荒谬情节，诸如千年母猴与樵夫、人

---

① （明）冯梦龙编著：《喻世明言》，陈熙中校注，中华书局2014年版，第279—280页。

② 鲁迅：《中国小说史略》，上海古籍出版社1998年版，第173页。

与虎配偶生子之类的故事，将西南形容成为一个人兽杂处的蛮荒之境，充满赤裸裸的歧视与偏见，直接表现出作者对处于儒家道统之外的西南充满批判、蔑视的心态。

以上几部小说在古代西南题材作品中很具代表性，其共性特征十分突出，都反映了在儒家思想主导下边地题材作品的创作倾向：写作者"多非西南籍贯，亦无此地为官、游学经历，其作品素材来源亦不靠直接体验，故作品多捏合传闻材料以传奇，使之达到娱目、醒心、拍案惊奇的艺术效果，或假拟此地人名地理或历史人物以抒写作家功业、婚姻理想，均不能真实地反映此区域的生活"[①]。

当然，古代文学中对西南充满歧视的想象性描绘，并不仅限于明清时期，也不止于小说。自司马迁的《史记·西南夷列传》之后，西南作为绝域之地开始受到中原人士的关注，但是由于地理位置的偏远，在相当长的历史时期内，能亲身去往西南者寥寥，对西南的记叙主要见于史书，文学中的相关描绘并不多见。直至唐宋时期，西南地区历史上最强大的地方政权南诏、大理国相继崛起，并且唐朝时所发生的绵延八年之久的天宝战争，令朝野皆惊于这野蛮之地的强悍与难以征服，正是在这样的情况下，越来越多的人开始正视西南的存在，文学中也相应地开始频繁出现西南的身影。陈子昂、李白、杜甫、白居易、高适、储光羲、李绅、韩愈、元稹、杜牧、李商隐等唐代著名诗人都曾写过与西南有关的诗歌。自然，他们中绝大多数人并没去过西南，因而笔下呈现的是一种经过正统思想"形塑"的西南，大多将西南视为与大唐王朝敌对的蛮夷之邦，言辞间常常流露出鄙夷之态。"云南五月中，频丧渡泸师，毒

---

① 梁冬丽：《明清小说的西南时空书写》，《广西社会科学》2016年第4期。

草杀汉马，张兵夺云旗"（李白《书怀赠南陵常赞府》），"昆明滨滇池，蠢尔敢逆常"（储光羲《同诸公送李云南伐蛮》），"百蛮乱南方，群盗如猬起。骚然疲中原，征战从此始"（刘湾《云南曲》），"闻道云南有泸水，椒花落时瘴烟起。大军徒涉水如汤，未过十人二三死"（白居易《新丰折臂翁》）……

与以上主要基于想象而作的作品不同，骆宾王的七言古诗《军中行军难》是诗人根据亲身经历写就，但在思想倾向上并无二致。《旧唐书·高宗纪》载："（咸亨）三年春正月辛丑，发梁、益等一十八州兵，募五千三百人，遣右卫副率梁积寿往姚州击叛蛮。"① 骆宾王参与了此次平叛，随军深入西南边地，回长安后写作了此诗。

> 君不见，封狐雄虺自成群，凭深负固结妖氛。玉玺分兵征恶少，金坛授律动将军。将军拥旄宣庙路，战士横戈静夷落。……去去指哀牢，行行入不毛。绝壁千里险，连山四望高。中外分区宇，夷夏殊风土。交趾枕南荒，昆弥临北户。川源饶毒雾，溪谷多淫雨。……沧江绿水东流驶，炎川凡徼南中地。南中南斗映星河，秦关秦塞阻烟波。三春边地风光好，五月泸川瘴疠多。……绛节红旗分日羽，丹心白刃酬明主。但令一被君王知，谁惮三边征战苦？……②

诗歌弥漫着初唐特有的开疆扩土、驰骋沙场的豪迈时代气息，也渲

---

① （后晋）刘昫撰：《旧唐书》，中华书局1975年版。
② 转引自张福三主编：《云南地方文学史（古代卷）》，云南人民出版社1997年版，第177页。

染出战争的残酷。诗人很明显是站在维护唐王朝大一统的立场来进行书写，强化战争的正义性，对西南少数民族充满歧视，西南山水在其笔下不过是"穷山恶水""夷落""不毛""毒雾""淫雨"等一系列文字充分显露了作者的思想倾向。

很明显，古代描写西南的作品，大多缺乏写作者的亲身经历为支撑，所幻想的西南不过是正统思想中对西南的他者想象与定位，充满"看"的主观臆断，并且创作中倾向于将西南描绘成一个另类、异端的存在，以达到猎奇、娱乐的效果，因而作品必然与真实的西南有相当大的差距。有学者深刻指出："明清小说讲述西南边地形象的生动，却是异域之眼的观照，从地理空间看，是中原为中心的；从地位来看，是儒家正统为中心的；从族类来看，是汉族为中心的；从文明的程度来看，是自诩文明为中心的。"[1]

二、对西南的想象与异化

受中国古代固若金汤的内外有别观念禁锢，在几千年的主流文学中，西南基本上是作为文明对立面的形象出场，被误读，被扭曲，妖魔化的倾向极明显。近代以来，随着西方文化的输入、封建帝制的崩溃，传统的认知体系不断受到挑战而逐渐向多元化转型，文学中的西南形象也随之发生了一些变化。从总体来看，将西南视为"他者"的潜意识心理依然是主流，只是写作者的态度、立场表现得更为多样，有延续传统视之为原始不开化的荒蛮之地的，有带着浪漫想象将之作为理想中的"桃花源"去描摹的，有带着优渥感的猎奇心态去书写的……种种不同的取向

---

[1]　梁冬丽：《明清小说的西南时空书写》，《广西社会科学》2016年第4期。

恰好说明了外界与西南边地真实生活的隔膜，虽然写作者的出发点、观点不尽相同，但他们笔下的西南世界都带有不同程度的历史想象性色彩。在文学中率先改变西南形象的是西方。19世纪以来，在遥远的西方兴起一股中国西南热潮，主要原因在于随着越南、缅甸、老挝等东南亚国家相继沦为英、法等国的殖民地，与这些国家毗邻的中国西南便成为帝国主义势力的觊觎目标。占有西南，不仅能够获得丰富的动植物及矿藏资源，同时也是深入控制中国这个古老国度的一条捷径，"从缅甸经云南连接扬子江的道路，将是进入中国的最好、最便捷贸易通道"[1]。在这样的背景下，政客、商人、学者、探险家、旅行者等纷纷进入西南，并以文字记录所见所闻，出现了《华西三年：三入四川、贵州与云南行记》（谢立山著）、《云南：联结印度和扬子江的链环——19世纪一个英国人眼中的云南社会状况及民族风情》（H.R. 戴维斯）、《中国西南古纳西王国》（约瑟夫·洛克）、《被遗忘的王国》（顾彼得）等一大批数量可观的纪游纪行作品。在这些作品中，明显可以感受到的是，进入西南，这些来自文明世界的外来者看到的是一块尚未开发的处女地，丰富的自然资源，美轮美奂的神奇景致，再加上形态各异的原生态文化，这一切，都足以令他们产生强烈的新奇感与兴奋感。因而，在他们笔下，西南是一个充满原始魅力的地理学、人类学意义上的人间绝境，充盈着西方对东方、强势民族对弱势民族的想象与建构，当然，其中不乏一种理想化的色彩。

在小说方面，在西方影响最大的一部作品当属英国小说家詹姆

---

① Yang Bin, Between Wind and Clouds: The Making of Yunnan（Sentury BCE-Twentieth Century CE）, New Youk: Columbia University, 2009.

斯·希尔顿（James Hilton）的《消失的地平线》。这部在西方经久不衰的作品的诞生过程，在某种程度上形象地折射出近代西方的中国西南梦想。和那个时代的很多西方人一样，希尔顿对古老的东方文化充满了浓郁兴趣，他听说过一个古老的传说：在青藏高原的某个地方隐藏着一个由神人统治、主宰全球的地底王国——香格里拉，藏传佛教经书中也记载着一个由释迦牟尼指认的香巴拉王国。这种神话在法国女探险家大卫·妮尔的笔记中得到了强化，她在其中描述了在云南藏区邂逅香巴拉的一次神秘经历，虽然真假莫辨，却激发了西方对这一传说中的神秘王国的极大兴趣。在这时，希尔顿读到、看到了探险家约瑟夫·洛克（Joseph Charles Francis Rock）在美国《国家地理杂志》上刊发的关于西南探险的系列文章及照片，从中获得启发与灵感，创作了在西方引起轰动的小说《消失的地平线》。小说以中国西南汉藏交界地带为背景，描写了一个名为"香格里拉"的世外净土，那里有着最纯净优美的自然环境：天空明净如镜，三条大河在这里交汇，四周雪山高耸入云，山顶白雪皑皑，山脚下绿草如茵、牛羊成群。生活在山谷里的居民虽然信仰和习俗各不相同，但彼此和谐相处，其乐融融。神奇的是生活在那里的人们可以永葆青春，容颜不老，而一旦离开山谷，这种魔力便会消失。因飞机故障而误入香格里拉的四名西方人，在生活了一段时间之后，均认为那里是他们所见过的最幸福的社会。《消失的地平线》于1933年发表后，在西方引起了经久不衰的阅读热，"香格里拉"在西方成为"世外桃源"的代名词，当时，《不列颠文学家辞典》称此书的功绩之一是为英语词汇创造了"世外桃源"一词。经由这部小说的影响力，中国西南在西方更是声名大噪。

　　因《西行漫记》（Red Star over China）一书而在中国几乎是家喻户

晓的美国记者、作家埃德加·斯诺（Edgar Snow），年轻时曾有过一段惊险难忘的西南探险之旅。20世纪30年代初期，斯诺从越南乘坐火车沿法国人建设的滇越铁路进入西南，他以昆明为起点，跟随马帮一路风餐露宿、翻山越岭，到达今云南境内的大理、保山、瑞丽地区，最后出境至缅甸。说起这次猎奇之旅的动因，斯诺将之归为受到了马可·波罗游记及近代一些到过西南的西方探险家的影响，对西南充满了刺激的想象。在作者心目中，云南"这个名字有着呼风唤雨的魔力。凭借它的魔力，这个名字在我眼前召唤出一幅幅幻象，还伴随着从塔尔干（Tarkand）和乌尔加（Urga）、从喀什（Kashgar）和喀布尔（Kabul）、从拉萨和撒马干（Samarkand）以及从全世界遥远而迷人的不毛之地传来的令人兴奋的乐曲"[1]。在开始探险之旅之前，斯诺所想象的云南秘境是这样的："云南（云之南）的名字与亚洲高原狂风怒号的风貌是分不开的。它地处中国边远的西部，在高耸入云、光彩夺目的西藏雪山山脉之下。在这一片狂暴而凶悍的原野上，居住着狂暴而凶悍的人，他们饱经风霜，穿着家庭自制的粗布衣服，骑着健壮的小马，或者赶着鬃毛蓬松的牦牛，攀越风雪怒号的崇山峻岭，跨过黑沉沉的激流。"还有，"'你们听我说，云南人是吃生肉的，'马可·波罗在书中写道，'就像我们吃经过烹饪的肉一样。'"[2]再加上听探险家们所讲述的在西南捕猎熊猫、山道上的马帮、原始丛林中的猎头部落、无处不在的土匪等信息，足以令斯诺这样对东方文化充满好奇之心的西方人士产生强烈兴趣，他正是

---

① ［美］埃德加·斯诺：《马帮旅行》，李希文等译，云南人民出版社2002年版，第122页。

② ［美］埃德加·斯诺：《马帮旅行》，李希文等译，云南人民出版社2002年版，第122页。

带着这样一种向往之情踏上西南之旅的。斯诺对中国西南这种充满浪漫、猎奇意味的想象性认知，在当时的西方社会是极具代表性的。正因如此，当他搭乘火车抵达云南的省会城市昆明后，便迫不及待地按计划寻找跟随马帮深入西南腹地的机会，机缘巧合的是，当时洛克的马帮刚好要从昆明出发到丽江，经人介绍，斯诺得以加入这支有官府卫兵护送的豪华队伍，开始了他向往的马帮之旅，直到大理才分开，洛克的队伍继续向西到丽江，斯诺则另外雇了马帮，向南进入今天的云南保山、瑞丽，从那里进入缅甸。应该说，这段旅程满足了斯诺对中国西南的奇幻想象，神奇瑰丽的自然景象，艰辛刺激的马帮生活，沿途各个民族的奇风异俗，都令他惊叹不已，以至于在离开这片土地之前，他还表达了重返的意愿。

在斯诺游历西南半个多世纪之后，这种来自异域的想象并未完全消失。当代美国作家、人类学家比尔·波特（Bill Porter）曾于 20 世纪 90 年代初期孤身深入中国西南地区，探访隐居于深山丛林间的众多少数民族，并于 20 年后根据此段经历整理成书，命名为《彩云之南》（South of the Clouds）出版，成为他继《空谷幽兰》《丝绸之路》等叙述中国文化的作品之后又一部引起国内外广泛关注的力作。在书中，与埃德加·斯诺一样，比尔·波特直言他是受到《马可·波罗游记》中关于西南种种神奇风俗的描写而对那片神秘的土地产生了浓厚兴趣，同时，作者在哥伦比亚大学进修人类学时"便得知在中国广大的西南地区生活着壮族、瑶族、布朗族、苗族、侗族、布依族、基诺族、彝族等二十多个少数民族"[①]，这些关于西南的充满异质色彩的信息最终促成了比尔·波

---

① ［美］比尔·波特：《彩云之南》序言，马宏伟、吕长清译，四川文艺出版社 2013 年版。

特以考察少数民族人文地理和民族风情为主题的"彩云之南"的旅行。

虽然作者是以人类学田野调查方式深入到少数民族之中，但是很明显，他之前所获得的关于西南少数民族的诸多刻板印象，以及内在的猎奇心态，在一定程度上阻碍了考察的深入及结论的客观理性，这从作品中不时出现的充满主观臆断的描述即可感受得到。在广西龙胜的一个瑶族小山村，作者描绘村民看到他走进寨子时，"每个人都惊愕万分。实际上，有些人看起来好像吓坏了，最后，还是十几个年轻人克服了恐惧心理"，走出来与他攀谈，并且很快拿出一些商品向他兜售，"他们迎接我的方式真奇怪，显然，一个西方人在寨子里的出现令他们大吃一惊，他们竟然忘记了自己传统的好客之道，按照习俗应该邀请我喝上一碗炒茶的，但是他们却拿东西出来让我买。我不是被当做客人对待，而是被当做远方来的商人了"；在滇西白族聚居区，作者在山上寻找南诏时期的石刻佛像，路边一个砍柴的老妇人猛然转身看到他，"差点被吓昏了。但是她没有昏倒，而是跪下乞求我不要把她带走，她还不想死。她看见我的大胡子，以为我是带她去地狱的小鬼"①……诸如此类带着先入为主印象的叙述，加上作者在书中对各个少数民族神话、传说漫不经心地转述，使作品停留在按图索骥、走马观花的粗浅层面，只能算是一部带着猎奇性质的游记，而无法进入文化观照的人类学层面。

在当代美籍华裔作家谭恩美的小说中，西南也同样被设置为一块充满东方神秘色彩的地域，以此来凸显她一贯表现的中西文化冲突主题。

---

① ［美］比尔·波特：《彩云之南》，马宏伟、吕长清译，四川文艺出版社 2013 年版，第 35—36、244 页。

作为美国华人的第二代移民，谭恩美深受美国主流思想影响，不可避免地带着一种文化优越心理来审视中华文化，同时，作为美国社会中的"少数民族"，她又对社会中存在的种族歧视深感不满，有时又不免带着某种寄托和幻想，赋予笔下陌生而遥远的东方以乌托邦色彩，这便构成了其作品矛盾而迷人的张力，正好满足了西方读者对东方世界的臆想，因而在西方广受欢迎。

在长篇小说《沉没之鱼》中，谭恩美首次将故事背景置放在遥远的中国西南丽江地区与东南亚古老的兰那王国——那里显然最能满足西方对古老、神秘东方的想象。小说通过一个美国旅行团的种种奇异遭遇，深入映射西方现代文明与亚洲边缘地带古老的土著文明之间的差异与冲突。小说中，西方小说中普遍存在的西方/东方、文明/野蛮的对立无所不在，充满了对东方的想象性描写。当旅行团出发前往西南丽江时，"由于丽江被描述为'历史的''悠久的''靠近青藏高原的'，所以马塞太太曾以为他们会住进游牧民族的帐篷里，地面是压实的土地，铺着牦牛皮，墙上装饰着挂毯，备好鞍鞯着粗气的骆驼在门外等候……"[1] 由于不同文化之间的隔膜，旅行团成员屡屡触犯禁忌：柏哈利误将子宫洞中的神龛当成小便池往里面撒尿，怀亚特、温蒂在寺庙里偷欢被发现……他们的种种"不敬行为"激起当地民众的愤怒，于是白族村长不仅禁止他们进入丽江的其他景区，还诅咒他们因亵渎子宫洞而将遭受报应："没有小孩，没有后代，永远不能结婚"，并说"诅咒将永远相随，今生来世，天涯海角，永不终止"[2]。当然，谭恩美也在努力避免仅仅使

---

[1]　［美］谭恩美：《沉没之鱼》，蔡骏译，北京出版社2005年版，第26页。
[2]　［美］谭恩美：《沉没之鱼》，蔡骏译，北京出版社2005年版，第54页。

小说停留在肤浅的表象描写层面，故事中的一些细节显示出作者还是花了不少功夫来了解西南的民俗文化。譬如在旅途中看到捡松针的纳西妇女，旅行团觉得很有趣，询问导游，导游简单告诉他们那是给动物的，于是大家就以为西南的动物是吃松针的，作者在这里便插入一段解释，指出松针是收集起来在冬天给家畜做窝，起到保暖作用，春天到了，就用发酸的松针做庄稼的肥料。

不过，由于对边地民族文化缺乏深入的了解，有的解读则显得牵强附会，甚至是张冠李戴。譬如在讲到丽江纳西族男女的社会分工时，有这样一段介绍："这里是母系社会，女性工作、理财、拥有房子、抚养小孩。男子则居无定所，他们是单身汉、男朋友或舅舅，今晚睡在这张床，明晚睡那张床，自己都不知道是哪些小孩的爹。早上他们赶牲口出去喂草，黄昏才回来，他们在山中的牧场卷着烟卷来抽，用情歌来喊牲口……"[①] 事实上，纳西族在明代便已是较为稳定的封建制形态，婚姻以一夫一妻为主，仅有生活在川滇交界泸沽湖一带的一个支系——摩梭人长期处于母系氏族社会阶段，维持着"走婚"——即谭恩美在上文中描述的婚姻习俗。作者以偏概全地以摩梭人婚俗来概指全体纳西族，要么是没注意到二者的区别，要么是有意而为之，毕竟这么写，更能凸显丽江的"异质"特性，更符合文明世界中读者的审美期待。总之，在作者"异域"之眼的观照下，种种原始奇特的风俗和禁忌使小说笼罩上一层神秘、诡谲的色彩，正符合大多数西方人士心目中对西南的想象定位。《沉没之鱼》甫一出版便荣登《纽约时报》畅销书排行榜前十，小说的中文版译者蔡骏——也是当代中国知名的悬疑小说作

---

① ［美］谭恩美：《沉没之鱼》，蔡骏译，北京出版社 2005 年版，第 55 页。

家——指出了其成功的重要密码："从中国云南的丽江，到东南亚某古国，再到丛林中的部落，几乎包含了所有异域探险小说的元素。"（《沉没之鱼》序言）谭恩美选择西南作为小说的一个重要故事发生地，原因就在于此。

东方和西方毕竟代表了两种不同的文化形态，因而西方文学中对西南充满理想化、神秘化的塑造，实质上是近代以来西方社会对古老东方的想象中极为特殊的一部分，就像斯坦因、希伯来等西方学者对中国西北不无浪漫化的叙写一般。有意思的是，在当代，在同属一个文化体系内部，来自于文化中心的西南想象同样存在。

曾经在西南当过知青的邓贤，在其著名的纪实性报告文学《中国知青梦》中，描写 20 世纪五六十年代内地对西南的想象和表面印象——充满浪漫色彩的美好想象，非常具有代表性。书中写到，一个当时负责动员知青下乡的工作人员回忆说："我们的任务主要以兵团干部的身份到处给学生作动员报告。我根本没有去过云南，更没有到过边疆，上级把宣传材料印发下来，我们就照那些材料去讲。至今我还记得'头顶香蕉，脚踩菠萝，一跤跌在花生里'之类的话"[1]；而一些积极的红卫兵利用串联的机会自己跑到西双版纳去考察，隆冬时节，这些北方孩子惊奇地看到："大自然在这片未曾开垦的土地上昭示给人类一幅无比生机勃勃的绿色长卷：太阳辉煌照耀，万物热烈歌唱，河流像瀑布，森林像翡翠。古木参天，浓荫覆地，千奇百怪的植物群落淹没了人类祖先从远古走来的足迹，无数野生动物珍禽异兽在亚热带雨林中栖息繁衍欣欣向荣。皮肤黝黑的少数民族敲响铓锣和象脚鼓，载歌载舞欢迎来自毛主席身边的

---

[1]　邓贤：《中国知青梦》，人民文学出版社 1993 年版，第 63 页。

红卫兵"[1]。不仅如此，他们在热带植物园目睹了热带植物王国的种种奇观，领略大自然的无穷绮丽与神奇魅力，还与一队马帮同行，在原始森林中燃起篝火露宿一夜。"正是这个充满神秘色彩和浪漫意味的亚热带之夜促成了这群年轻人未来的志向和命运之路：经过通宵达旦地热烈讨论，他们决定把西双版纳考察结果和立志建设边疆的伟大抱负一同带回北京，向千千万万热血沸腾的红卫兵战友作广泛宣传并带头身体力行"。后来的事实证明，这些热血沸腾的青年人为他们所听说的、所看到的亚热带美丽的外表所迷惑，最终付出了惨痛的代价。"只有古老的森林不为人类的激情所动：厚厚的泥苔依然覆盖崖石，巨大的藤蔓悄悄编制阴谋和罗网，猫头鹰像幽灵在头顶盘旋，食肉动物把死亡的气息播向四面八方"。[2]

由于心理意识上的优越感，以及文化上的隔膜和对西南生活境况的陌生，不论是古代还是现代，不论是西方视角还是东方视角，主流文化中的西南叙事大多充满了主观臆断的想象，"隔"的痕迹十分明显。书写者更多是站在观赏者的视角，自觉或不自觉地以一种新奇、猎奇的心理来进行书写。这样的姿态和立场，必然造成对西南苦难历史、社会现状的回避和漠视，使这类作品多停留于表现奇风异俗的浅表层面，而往往缺乏深度的人性及人道主义观照，所以，有学者认为："在主流话语对'西部文学'的想象中，一方面是对真正苦难和原生态生活现状与文化现状的漠视，另一方面是对苦难与原生态生活关注时充满文化优越感

---

① 邓贤：《中国知青梦》，人民文学出版社1993年版，第47页。

② 邓贤：《中国知青梦》，人民文学出版社1993年版，第48、49页。

的猎奇性、观赏性、消费性"①，这种充满优势的写作姿态必然会对作品应有的人道主义关怀及人性挖掘深度有削减。

第三节　机遇与任务：全球化时代
西南地域文学的主体自立

多元文化主义（multiculturalism）的兴起是全球化时代最显著的标志之一。英国学者沃特森（C.W. Watson）指出，"多元文化的"这一概念的意义"不仅仅是造成一种差异感，而且认识到这些差异源于对一种文化普遍共有的忠诚和固有的对所有文化一律平等的理念的认可"②，其核心是承认文化的多样性，承认文化之间的平等和相互影响。"全球化"概念的首创者之一、英国社会学家马丁·阿尔布劳（Martin Albrow）也从文化角度总结了全球化的意义，认为"全球时代给文化观念带来的最大的新意义，实际上就是使种种界限失效，并使许多成分从以前的话语强加在它们上面的种种限制中解放出来"③，这正是多元文化主义得以滋生的前提和基础。新世纪以来，全球化浪潮不仅带来物质文明的快速发展，也促使人们对传统的思维模式进行深刻的反思。在西方，德里达对

---

① 白浩：《西部文学想象中的理论后殖民与主体重铸》，《长江学术》2007 年第 3 期。

② ［英］C.W. 沃特森：《多元文化主义》，叶兴艺译，吉林人民出版社 2005 年版，第 3 页。

③ ［英］马丁·阿尔布劳：《全球时代——超越现代性之外的国家和社会》序言，高湘泽、冯玲译，商务印书馆 2001 年版。

长期盘踞主流位置、"神圣"不可侵犯的"逻各斯中心主义"进行了"解构主义"的批判，指出逻各斯中心主义集中体现在等级森严的二元对立中，如主体 / 他者、男人 / 女人、先进 / 落后、西方 / 东方等。前者意味着优越、统治、主动，而后者意味着落后、臣服、被动，要解构二元对立，首先便要颠覆这种等级秩序。德里达的解构主义代表了后现代思想中最激进的一股力量。总体而言，后现代主义以"非中心化"或"去中心化"作为核心要义，颠覆传统中心——边缘二元对立模式，解构等级秩序、霸权主义，主张以平等姿态对待差异，重视边缘的、落后的他者，强调个性、局部、少数，使长期被强权话语所遮蔽的弱势文化、弱势群体得以浮出历史地表，逐渐从"沉默的他者"的角色桎梏中挣脱出来，并逐渐获得话语权，从而使重新正确认识自我、阐释自我具有了可能性和可行性。

一、边缘的崛起

何谓"边缘"？"边缘"是与"中心"相对应的存在，是"中心"在建构自我过程中的必然产物。任何"中心"，必须要依赖"边缘"才能证明其存在。从社会学、文化学的角度而言，"'边缘'是在同一时代背景下两个或两个以上的区域、民族、社会体系、知识体系之间，从隔阂到同化过程中人格的裂变与转型特征，这是一种空间性、地域性文化冲突的产物"[①]。与光彩夺目、生机勃勃的"中心"相比，"边缘"往往被形塑为沉默的、荒凉的，这正是传统文学观念中边缘地带文学的状貌。

---

① 叶南客：《边际人——大过渡时代的转型人格》，上海人民出版社 1996 年版，第 48 页。

　　在全球化时代，受后现代思想的影响，人们对边缘的认知在不断发生变化，著名的政治学家塞缪尔·菲利普斯·亨廷顿（Samuel Phillips Huntington）对"西方中心观"中"中心"和"边缘"的划分进行了批评驳斥："用'东方'和'西方'来识别地理上的区域是令人困惑不解的和种族中心主义的。'北方'和'南方'有被普遍接受的两极的固定参照点。'东方'和'西方'却不具备这样的参照点。问题是相对于什么而言是东方和西方？这完全取决于你站在何处。西方和东方最初大概是指欧亚大陆的东部和西部。然而，从一个美国人的观点来看，远东实际上是远西。对于中国历史的大部分时期来说，西方意味着印度，而在日本'西方'通常意味着中国。"① 观念意识上的改变，不仅促使人们重新审视所谓的"中心""边缘"，也使原本处于被遮蔽状态的边缘地带自身特质以及被时代所激发的活力越来越受到关注和重视，促使传统文学观念和文学研究架构悄然发生变化。刘大先认为，新世纪以来，中国文学生态发生的一大结构性变化是"边缘的崛起"②。所谓"边缘的崛起"，意指"在 20 世纪八九十年代处于文学话语'中心'和'聚散地'之外的多民族聚居的'边地'，如西藏、新疆、青海、内蒙古、宁夏、广西、云南、贵州、四川等，涌现出不容忽视的文学力量。虽然并没有构成新的文学中心，但是地理空间意义上的'边地'显然不再是文学意义上的边缘之所，相反，使得整个中国文学地图日益成为一张由各个节点构成

---

① ［美］塞缪尔·亨廷顿：《文明的冲突与世界秩序的重建》（修订版），周琪等译，新华出版社 2010 年版，第 25 页。

② 刘大先：《边缘的崛起：族裔批评、生态女性主义、口头诗学对于少数民族文学研究的意义》，《民族文学》2006 年第 4 期。

的网络"①。刘大先不仅注意到边缘文学在当代文学发展中日益活跃的身影及影响，同时从一种开阔的后现代文化视角，针对传统的文学史观，提出了重新构建一种涵盖不同地域、不同文化传统、不同民族文学的"中华文学史"的观点：

> 中国文学史不等于中原文化圈文学史，而应当是以中原文化圈的汉文学为主体的多民族文学有机融合的中华文学史。学者们在面对曾经的"边缘"时，认识视角与思想观念也发生着深刻的变迁："边地"其实提供了一种理论上的"范式转型"：拆解或颠倒固有的文化模式，调换观察角度，以"边地"去认识，从而得到了可能迥异于在"中心"位置所得出的结论。这种方法伴随文化民主化和多元化思想观念的共识而来。人们已经日益意识到某种"单一化"的认知模式所带来的片面，无论是在政治意识形态主导，还是在当下由资本和消费所主宰的文化格局中，认识到中国各类"小传统"满天星斗般的文化构成，以及各种文化主体间相互交流交会的实践，对于中国文化"走自己的路"的伟大复兴是难以替代的方法论。它倡导一种尊重各种或强势或弱势文化的主体性，在主体性的关系中让各种文化持有者彼此对话，千灯互照，光耀全局。这种基于边地的方法论转型，在全球化语境中的文化交流中也有着普适的意义。②

其实，早在新世纪初期，杨义已意识到传统文学史架构上存在的问

---

① 刘大先：《从民族和边地发现新的活力》，《人民日报》2016 年 7 月 29 日。

② 刘大先：《边地作为方法与问题》，见雷平阳主编：《边疆》第三卷，长江文艺出版社 2017 年版，第 172 页。

题与缺憾，指出以往的文学地图是不完整的、简单模式化的、过多地套用了一些外来的概念，因而发出了"重绘中国文学地图"[①]的呼吁。与20世纪80年代曾轰动一时的"重写文学史"的根本诉求不同，"重绘中国文学地图"的出发点在于以一种开放、多元、平等的目光重新审视中国文学构成，将长期被视为"非主流""他者"的边缘文学——主要是作为弱势群体的少数民族的文学——正式纳入文学版图，并给予一视同仁的对待，其重要意义在于"涉及我们对整个中华民族文明发展与文学发展的整体性看法的问题"[②]。相较于传统文学史偏重时间维度而极大地忽略了文学的空间维度和精神维度的弊端，"重绘中国文学地图"要"揭示文学本身的生命特质，它审美的形态和文学身份以及文体交替、经典形成的那种复杂的生动过程。而且这个地图还是一个中国地图、国家地图，应该显示我们领土的完整性和民族的多样性，在这种多样的互动和整体的发展中来显示它全部的、显著的特征"[③]。如果说，20世纪80年代"重写文学史"的强烈呼吁旨在打破政治意识形态对文学的禁锢，"重绘中国文学地图"则旨在使文学跳出狭隘的文学中心观限囿，以一种开阔的、平等的目光来关注那些长期被忽略的边缘地带文学、少数族群文学等弱势文学，在尊重差异的前提下建构一个百花齐放的文学园地。

---

① "重绘中国文学地图"是杨义于新世纪初期提出的一个命题，认为中国文学史不应该只是汉民族文学史，还应该重视中国多民族的现实，将少数民族文学也正式纳入中国文学的版图之中，重新绘制一幅比较完整的中华民族的文化或文学的地图，"这样的地图相当直观地、赏心悦目地展示中华民族文学的整体性、多样性和博大精深的形态，展示中华民族文学的性格、要素、源流和它的生命过程。"见杨义：《文学地理学会通》序言，中国社会科学出版社2013年版。

② 杨义：《为什么必须重绘中国文学地图？》，《中国教育报》2004年12月16日。

③ 杨义：《为什么必须重绘中国文学地图？》，《中国教育报》2004年12月16日。

　　与文学观念、文学理论上的倡导相呼应，在当代文坛，像西北、西南这样曾经寂寂无声的边地文学，不断带给人们新的认知甚至是惊喜。这些既与主流文学有高度同质性，同时也因地域文化传统的差异而携带了些许异质色彩的文学，丰富了当代文学的表述空间和内涵，使文学呈现出前所未有的多元格局。在这一点上，20世纪末期一直延续到新世纪初期的西部文学研究热已充分证明了边缘文学独特的活力与魅力。西南文学虽然尚未出现类似的研究热潮与热闹景观，但是西南作家在创作上表现出的实力足以令文坛为之侧目，不断刷新人们对边缘文学的传统认知。比如有学者为广西文学在新世纪初期所爆发出的灼人能量惊叹不已："我们几乎难以置信：短短十余年间，地处边陲的广西竟涌现出那么多重要的作家，不仅阵容整齐，风格独具，而且后劲十足，咄咄逼人。远离中心的广西，它的文学竟然是先锋的。20世纪末21世纪初，这个也许在经济上还不发达的地域，在文学上常常是率领潮流的。一批年轻作家所创作的作品，经常成为当代文学的话题。来自远方的声音，常常大面积地覆盖了当下的中国文学，这是一个奇观。""广西文学的另一奇观就是：它为中国的电影提供了上等的文学资源。中国当下走红的电影《英雄》《十面埋伏》《理发师》《寻枪》《幸福时光》《姐姐词典》等，居然都是来自于广西作家的文学作品。它们为广西作家在更为广阔的领域里获得了更为响亮的知名度。"① "难以置信""竟然""奇观""居然"等常常与强烈情感联系在一起的词汇，在不长的文字中密集出现，一方面折射出正统文学观中早已成形的刻板印象，另一方面也凸显广西边地文学所取得的傲人成绩。

---

① 曹文轩：《"先锋"与"艺术"的广西文学》，《北京日报》2006年6月13日。

这种"边缘活力"还可从一个更为客观的现象来获得印证。在当代文坛，衡量文学创作成就最重要的客观标准莫过于文学评奖[①]，从20世纪八九十年代至今，国内各种重要的文学评奖活动中不断出现西南作家的活跃身影，不少作家甚至是获得了国际性的声誉和奖项。以吉狄马加为例，其诗歌已被翻译成二十多种文字，在近三十个国家或地区出版了近六十种版本的诗集，曾获中国第三届新诗（诗集）奖、郭沫若文学奖荣誉奖、庄重文学奖、肖洛霍夫文学纪念奖、柔刚诗歌荣誉奖、国际华人诗人笔会中国诗魂奖、南非姆基瓦人道主义奖、欧洲诗歌与艺术荷马奖、罗马尼亚《当代人》杂志卓越诗歌奖、布加勒斯特城市诗歌奖、波兰雅尼茨基文学奖、英国剑桥大学徐志摩诗歌节银柳叶诗歌终身成就奖等众多奖项。再以当代中国文坛最重要的奖项之一的鲁迅文学奖[②]为例（包括其前身奖项），西南作家中，张长、何士光、石定、彭荆风、黄尧、朱运宽、晓雪、东西、鬼子、于坚、雷平阳、夏天敏、肖江虹等一大批作家曾先后获此荣誉。这些成绩虽然没法与传统的文学中心地带相比，但是对于尚属"文坛新人"的西南文学而言，已经是极重要的突破和收获，不仅奠定了西南文学在当代的发展基石，也不容置疑地树立了西南文学的形象。另外，不仅是西南作家个体屡屡赢得文坛的好评和认

[①] 这里所指的文学评奖主要是由国内外权威机构组织、具有较高社会影响力的文学评奖活动，不包括各类小规模的或是商业性的奖项。

[②] 鲁迅文学奖由中国作家协会主办，其前身为"全国优秀短篇小说奖""全国优秀报告文学奖"等单项奖，有的一年评一次，有的两年评一次，自1995年起，统一归到"鲁迅文学奖"名下，具体设置优秀中短篇小说、报告文学、诗歌、散文、杂文、文学理论和评论作品以及作品翻译等奖项，单项奖每两年评选一次，每四年评选一次鲁迅文学奖大奖，是我国具有最高荣誉的文学奖之一。

可，因为拥有相似的地域文化背景，西南作家在某些方面呈现出明显的共性特质，因而一些群体性的文学现象时有涌现。最为典型的是"广西三剑客""凉山诗人群""昭通作家群""黔北作家群"等等。这些创作群体的出现，既反映了西南文学创作活动的活跃，同时也体现出特殊的地域环境及文化对西南文学滋养与限囿的双重互动。

总之，在以时空压缩为特征的全球化时代，边缘已经从沉重的霸权话语中逐渐挣脱出来，不再是"沉默的他者"，他们拒绝继续被想象、被建构的命运，而是积极发出自己的声音，让人看到了边地文学的潜力和希望。西南作家们越来越自信、自如地游弋于文学海洋，共同参与到当代文学的书写行列之中。可以说，曾经的边缘文学已成功崛起，并充满活力地融入时代文学的大潮之中，同时，其独特的地域特性也为当代文学的多元化书写提供了一种经验与范式。

二、机遇与挑战

沃特森在《多元文化主义》一书中形象概括了一个民族用以应对内部文化多元化的两种常见策略："熔炉"（Melting-pot）和"色拉拼盘"（salad-bowl）①。中国当代社会施行的极具开放性和包容性的多民族政策，

---

① "Melting-pot（熔炉）"一词最初由英籍犹太作家以色列人赞格威尔（Israel Zangwill）在其 1908 年创作于纽约的同名剧本中提出，它指的是 19 世纪末涌入美国的移民被鼓励以美国人的身份思考自身，直到逐渐抛弃他们自己的源文化的方式，这就好像熔炉的效应，他们最终完全成为新合金的一部分。salad-bowl（色拉拼盘）意指在一个多元社会中，不同的文化成分保留着他们独特的风味和成分。——见［英］C.W. 沃特森：《多元文化主义》，叶兴艺译，吉林人民出版社 2005 年版，第 5—6 页。

对于以异彩纷呈的少数民族文化为特色的边地来说，为异质文化的存在提供了条件和空间。不过，占据主导地位的主体文化对弱势文化具有一种天然的吸引力和销蚀力，尤其是在一个不可抗拒的全球化时代，从主流文化遮蔽下刚刚崛起的边缘文化，其所面临的现实状况并非单纯用"喜悦"这类的表述所能概括的，如何与主流文化相处、对话，如何保有自身的文化个性，这是尤其需要警惕的。换句话说，正努力突破中心——边缘禁锢、争取话语权的西南边地文化，同时又遭遇被强势文化同化、异化的生存危机。机遇与危机、希望与挑战同时并存，是毫不抗拒地进入时代的"熔炉"之中，还是尽量保持"色拉拼盘"的多样性，已然成为西南文化、西南文学在进一步发展中必须面临的选择。

在这方面，西南文学（也包括其他边缘文学）是有着深刻经验教训的。在当代文学史上，西南文学经历了两次意味深长的"崛起"。这两次崛起，既从技术层面反映了西南文学的发展进程，同时更从精神层面体现了边地文学从依附走向自我的过程。20世纪中期新政权成立初期，边缘文学普遍经历了第一次"崛起"——由于国家层面对边疆、少数族群的重视及相应政策制度的施行，极大地鼓舞了边地文学创作的繁荣，西南涌现出的作家和作品数量都是历史上前所未有的，大多数少数民族更是第一次出现了自己的文人作家。然而，这时期的西南文学整体上呈现出鲜明的时代性、政治性，作家们在创作思想、创作主题选择上自觉与国家意识形态保持高度一致，以主流话语为表述目标，不论是李乔在新中国文学中获得较高赞誉的《欢笑的金沙江》，还是石果、何世光、晓雪、杨苏、韦其麟、普飞等作家的创作，除了在取材上有西南"味"外，内里的思想主旨是与时代主流高度吻合，是一种国家意志的边地包装。这种完全自觉地融入大潮流中的"歌唱"，回避自身成长的文化土壤和根基，其代价必然是丧失自己的声音与个性，这是那个时代西南作家的作品很难成为经典的一个重要原因。以沃特森的观点来看，正是典型的"熔炉"效应。

西南边地文学在全球化时代所经历的第二次"崛起"在本质上来说是一次自觉、主动的崛起。与上一场由国家层面自上而下所发动的"崛起"不同，这一次"边缘的崛起"并不仅仅体现为文学创作数量上的增加与质量上的提升，更意味着内在自我主体意识的萌生、觉醒。其思想资源，一方面是 20 世纪 80 年代中期在中国出现的文化"寻根"热潮，另一方面是伴随着改革开放的春风吹拂而来的以质疑、解构、颠覆中心话语权为价值诉求的西方后现代思潮。如果说第一次崛起是西南边地"人"的意识觉醒，那么，第二次崛起则是自我主体意志的自觉。西方后现代思想以一种启蒙的姿态介入到西南边地的认知体系之中，在其影响、启发下，长期被主流意识形态所绑架、压制的自我意识逐渐被唤醒，"我是谁"这样的哲学本质问题第一次出现在"他者"的意识之中，他们开始迫切地透过历史的迷雾去寻找答案。从第一次崛起到第二次崛起，正好表现了西南边地文学从被动进入"熔炉"而后又自觉脱离"熔炉"的曲折过程，也是边缘群体在当代所经历的精神历程的折射。

> 我是这片土地上用彝文写下的历史 / 是一个剪不断脐带的女人的婴儿 / 我痛苦的名字 / 我美丽的名字 / 我希望的名字 / 那是一个纺线女人 / 千百年来孕育着的 / 一首属于男人的诗 / 我传统的父亲 / 是男人中的男人 / 人们都叫他支呷阿鲁 / 我不老的母亲 / 是土地上的歌手 / 一条深沉的河流 / 我永恒的情人 / 是美人中的美人 / 人们都叫她呷玛阿妞 / 我是一千次死去 / 永远朝着左睡的男人 / 我是一千

次死去 / 永远朝着右睡的女人 / 我是一千次葬礼开始后 / 那来自远方的友情 / 我是一千次葬礼的高潮时 / 母亲喉头发颤的辅音 / 这一切虽然都包含了我 / 其实我是千百年来 / 正义和邪恶的抗争 / 其实我是千百年来 / 爱情和梦幻的儿孙 / 其实我是千百年来 / 一次没有完的婚礼 / 其实我是千百年来 / 一切背叛 / 一切忠诚一切生 / 一切死 / 啊，世界，请听我回答 / 我——是——彝——人①

　　这首命名为《自画像》的诗作，是彝族诗人吉狄马加于 1985 年所创作。在当时朦胧诗方兴未艾的诗坛，它明显带有超出人们阅读经验之外的"异质"特性，具有一种强烈的情感冲击力。"彝人""彝文""支呷阿鲁""呷玛阿妞""朝着左睡""朝着右睡"等意象，传达出一种对绝大多数读者而言陌生的文化经验和情感，在以汉文化为主导的语境里显得突兀而另类。显然，诗人的真正意图并非是简单的自我描述、自我介绍，而是以少数族裔一员的身份，为自己的民族代言，发出弱势群体自己的声音，突出地标榜自身的文化身份以及身后的族群、母族文化，在充满疼痛感的历史回顾中，正式宣告了对正统文化所赋予的"蛮夷"身份的否定及文化自立。整首诗传递出极其强烈的身份重构、文化自立的欲望诉求。"啊，世界，请听我回答 / 我——是——彝——人"，这不啻是边地弱势群体在长久以来被遮蔽、压抑的自我意识觉醒之后所发出的第一声石破天惊的呐喊，是面向世界庄严的宣告，从这个意义上说，吉狄马加和《自画像》注定成为一个时代印记、一种历史标记。
　　"我——是——彝——人"这样的声音的发出，标志着西南边地文

---

① 吉狄马加：《自画像》，《诗刊》1985 年第 3 期。

学启蒙的自觉及转型的开始：由依附主流转向自我表达，由外在关注转向内在主体意志表达，呈现出摆脱"他者"身份、重塑自我的强烈欲求。最显在的表征是文学创作中自"五四"新文化运动以来努力追赶并融入主流的取向大大弱化，代之而兴起的是在题材上对边地生活、少数民族生活的丰富和充实，在主题意蕴上对边地文化、少数民族文化的挖掘，在情感表达上对边缘心理意识的深度介入。从总体角度看，视域范围、胸襟气度都缩小了，而内在深度却是前所未有地得到了加强，有意无意地与主流宏大叙事保持一定距离，自吟自唱大大增加。尤其是从后现代思想中汲取了养分的新一代少数民族作家迅速成长，他们能够站在一种文化比较的视野，更多地去关注自己民族的历史、文化，自觉地以少数族群的代言人身份去创作，在看起来"狭隘化"的写作中表达出弱势文化群体的真正心声。

在作家主体意识觉醒的同时，西南文学的地域个性也开始引起研究者的关注。在20世纪末期兴起的西部文学①研究热潮中，不少学者将西南视为西部的一部分，对西南文学有一定程度的研究，然而遗憾的是，由于未能真正意识到西南与西北之间的本质差异，所以对西南文学的研究存在着模糊化甚至是以西北风格概指西南的倾向，真正能体现西南文学特质的研究成果寥寥。对西南文学真正进行深入研究的是自2015年

---

① 在西部文学的研究中，关于"西部"的范围所指，学界存在不同的认识，主要有狭义和广义之分。持狭义者认为西部指的是地理意义上的西北地区，而持广义者则将西北与西南合称西部。事实上，西北与西南是在地理形貌、历史沿革、文化形态、民族传统等诸多方面异大于同的两个区域，将二者一并纳入西部文学的考察视域，并非是一种妥当、科学的划分方法——至少从地域文学的视角来说如此。

正式提出的"大西南文学"命题以及围绕这一命题所展开的相关研究，不少学者对西南文学的整体特性进行梳理和概括，提出了一些颇具建设性的观点。在论及西南文学的地域特色时，朱寿桐认为：大西南"这个广大的地域充满色彩、充满神秘、充满多民族的绚烂文化，它与西北的苍凉、与中原的肃穆，与东南的柔媚、与东北的遒劲、与中南的昌茂形成鲜明的对照，大西南充满着神奇与灵性"①。这一观点以比较的视野，在与不同地域的参照中来突出西南文学在生长土壤上的特性。还有学者将大西南文学的特点具体归纳为："一是风格多元的绚丽化，二是多民族融合的多民族化，三是万物有灵式的神秘文化。"② 这些研究虽然在地域范围界分上以行政区划为依据，与真正意义上的西南有所出入，然而，学者们毕竟有意识地将西南文学从西部文学、中国文学的整体中区分出来，关注到其独特的空间个性特质，对西南文学所表现出的特性的认识、把握还是很具有参考价值，在一定程度上为西南文学的主体美学自立创造了理论条件。

---

① 朱寿桐：《简论大西南文学及其离散形态研究的学术意义》,《文艺争鸣》2016年第 7 期。

② 白浩、李婷：《西部文学的主体危机及大西南文学的美学自立》,《西北民族大学学报（哲学社会科学版）》2016 年第 1 期。

第二章

西南文学的地域基因

在生物遗传学上，基因（Gene）是指携带有遗传信息的 DNA 或 RNA 序列，也叫遗传因子，是控制遗传性状的基本单位。现代科学研究表明，基因通过指导蛋白质合成来表达自己所携带的遗传信息，从而控制生物的性状表现，决定性地影响着个体存在的外在形貌和内在个性。其实，不仅生物圈存在遗传现象，文学艺术也有自己的独特基因——地域基因正是其中最重要者。

司马迁在考察南楚（衡山、九江、江南、豫章、长江）一带风俗时，指出"南楚好辞"[①]，屈原代表了楚辞的最高成就，"屈原既死之后，楚有宋玉、唐勒、景差之徒者，皆好辞而以赋见称"，只可惜他们"祖屈原之从容辞令，终莫敢直谏"[②]。有"堪为中国地理学史上最早介绍西方近代地理学思想第一人"[③]之称的梁启超，在写于 1902 年的《中国地理

---

① （汉）司马迁：《货殖列传》，见《史记》第四册，中华书局 2011 年版，第 2831 页。

② （汉）司马迁：《屈原贾生列传》，见《史记》第四册，中华书局 2011 年版，第 2191 页。

③ 许桂灵、司徒尚纪：《试论梁启超对西方近代地理学在中国传播的贡献》，《北京大学学报》2006 年第 4 期。

大势论》一文中说："燕赵多慷慨悲歌之士，吴楚多放诞纤丽之文，自古然亦。……长城饮马，河梁携手，北人之气概也。江南草长，洞庭始波，南人之情怀也。散文之长江大河一泻千里者，北人为优，骈文之镂云刻月善移我情者，南人为优。盖文章根于性灵，其受四围社会之影响特甚焉。"[1] 梁启超结合西方近代地理学思想及中国现实情况，明确指出南北文风之不同，而导致差异的重要原因是"四围社会之影响"，说的正是南方和北方不同的地域文化基因。程千帆进一步将这种文化基因分为"先天"与"后天"两类，认为："文学中之方舆色彩，细析之，犹有先天后天之异。所谓先天者，即班氏[2]之所谓风，而原乎自然地理者也；所谓后天者，即班氏所谓俗，而原乎人文地理者也。前者为其根本，后者有多翻遍，盖虽山川风气为其大齐，而政教习俗时有熏染，山川古自若是，而政教与日俱新也。"[3] 所谓"先天""后天"，即是后来常说的自然地理和人文地理，程氏将文学"方舆"色彩的形成归之于这两种因素共同作用的结果，而且视自然环境为主要方面。这些前人的认识与论述，为当代兴起的文学空间研究以及新兴的文学地理学学科等学术思潮奠定了基础。

自然，文学的"基因"与生物学意义上的"基因"并不全然相同。后者是一种纯粹先天的生物性遗传，而前者则包含了程千帆所谓"先天""后天"者，即文学生长的地理环境、人文环境。具有独特而鲜明地域个性的文学一定是在富于特性的自然与文化共同培育下才能形成。

---

[1]　梁启超：《中国地理大势论》，见《饮冰室文集》(第10册)，中华书局1989年版，第86页。

[2]　班氏：班固。

[3]　程千帆：《文论十笺》，武汉大学出版社2008年版，第112页。

自《史记》中第一次以官方正史的形式对西南进行记载以来，在漫长的历史发展历程中，西南地区始终作为一个与中原王朝相对的边地"他者"而存在。这种身份地位，从主观上说，自是由主流"夷夏有别"的观念所决定，从客观而言，西南地区又确实是一个自在"文化圈"（Cultural Circle）①，具有鲜明地域特色、地域个性，迥异于中原文化圈及其他文化圈。具体说，西南地区不论是在外在的地理形态、历史渊源，还是内在的文化、宗教、心理、气质等诸多方面，都拥有自身的特质，而这些因素，正是西南文学孕育、诞生的土壤和温床，是西南文学得以衍生、传承的地域基因。

第一节 异形空间：西南文学的山地生态环境

地理环境对人类生存方式及性格气质的影响，古人多有论述。

《礼记正义》中道："凡居民材，必因天地寒暖燥湿，广古大川异制，民生其间者异俗。刚柔轻重迟速异齐，五味异和，器械异制，衣服异宜。修其教不易其俗，齐其政不易其宜。中国戎夷，五方之民，皆有性也，不可推移。"② 至近代，梁启超又有进一步的阐发："气候山川之特征，影响于住民之性质；性质之累代蓄积发挥，衍为遗传。此特征又

---

① "文化圈"是文化人类学描述文化分布的概念之一，主要认为文化圈是一个空间概念，在这个空间内分布着一些彼此相关的文化丛或文化群。文化圈概念的提出对不同地区不同文化类型的归类分析和宏观把握产生了一定的影响。

② 《礼记正义·王制第五》，见阮元校刻：《十三经注疏》（三），中华书局 2009 年版，第 2896 页。

影响于对外交通及其他一切物质上生活，物质上生活还直接间接影响于习惯及思想。故同在一国同在一时而文化之度相去甚绝；或其度不甚相远，其质及其类不相蒙，则环境之分限使然也"，从而发出"环境对于'当时此地'之支配力，其伟大乃不可思议"①的惊叹。环境既影响着人的生活和性格，同样也发挥作用于文学创作活动。在具体论及地理环境对文学创作之影响的古代文论中，南朝梁刘勰的《文心雕龙》是非常重要的一部作品。书中说："春秋代序，阴阳惨舒，物色之动，心亦摇焉。……岁有其物，物有其容；情以物迁，辞以情发"②，认为四季节令更替、物象景致变迁，会触发人的心绪波动，从而影响笔下的辞藻流泻、情感走向，并明确指出"若乃山林皋壤，实文思之奥府"③，将大自然视为创作的神秘源泉。这样的认识，时至今日依然有极其重要的价值。

西方也有类似认识。最典型的是曾盛行一时的地理环境决定论，其缘起可以追溯到古希腊——罗马时期，17—18世纪又受到法国的孟德斯鸠（Montesquieu）和英国的亨利·托马斯·巴克尔（Henry Thomas Buckle）的进一步宣扬，在西方产生了广泛的影响。这一学派认为，地理环境、自然条件对社会发展起决定作用，人同植物一样，也是地理环境的产物。因而，人的生理、心理、人口分布、种族优劣、文化高低、

---

① 梁启超：《近代学风之地理分布》，见《梁启超全集》，北京出版社1999年版，第4259页。

② （南朝梁）刘勰：《物色》，见赵仲邑译注：《文心雕龙译注》，漓江出版社1982年版，第376—377页。

③ （南朝梁）刘勰：《物色》，见赵仲邑译注：《文心雕龙译注》，漓江出版社1982年版，第378页。

国家强弱、经济与社会发展等等，无不听命于地理环境和自然条件的支配。环境决定论的代表人物、德国著名学者 F. 拉采尔（F.Ratzel）曾宣称："人与生物一样，他的活动、发展和分布受环境的严格限制，环境以盲目的残酷性统治着人类的命运"[1]。受此观念影响，19世纪法国著名文学批评家斯达尔夫人（Madame de Stael）将西欧文学分为南北两派：南方文学以荷马为鼻祖，北方文学则以莪相为渊源，二者之间的差异极为明显，而"气候当然是产生这些差别的主要原因之一"[2]。可见，在对外在环境与文学关系的认识上，中西方颇为一致。

一、境多奇绝[3]——西南文学的自然环境与江山之助

在地质形态上，西南属于典型的高原山地，地质构造十分复杂多变，相较于形貌相对平缓整齐的平原地带，尤显变化万千，俨然是地理生态中的一片异形空间。山地是地球上重要的地质形态之一，占全球面积近 1/3，蕴藏着丰富而宝贵的自然资源，是人类生存空间中最重要的生态屏障和生态功能区之一，世界上约有一半的人口在不同程度上依赖着来自山地的各种资源。关于山地的定义有很多种，山地环境科学家钟祥浩在综合考察了十多种定义后认为：山地是"指具有一定海拔、相对高度和坡度的高地及其相伴谷地、山岭等组成的地域。这种地域类型不

---

① 转引自王恩涌编著：《文化地理学导论（人·地·文化）》，高等教育出版社 1989 年版，第 24 页。

② ［法］斯达尔夫人：《论文学》，徐继曾译，人民文学出版社 1986 年版，第 147 页。

③ 境多奇绝，语出王阳明谪居贵州龙场驿时期所作诗歌《七盘》，原诗句为"境多奇绝非吾土，时可淹留是谪官"。

但具有层次性，而且具有空间分异的尺度性。山地自然地域类型极其多样，而且千差万别"①。这种变化多样的地域特性在西南十分明显。整个西南地区位于我国地势的第二阶梯之上，以云贵高原和横断山脉为主体，平均海拔在1000—2000米之间，域内重峦叠嶂，绵延不绝，地势上尤以西北部和西部的横断山脉地区最为险峻。横断山脉是6500万年前印度板块与亚欧板块猛烈碰撞而形成，是世界闻名的皱褶、断裂地带，高山、大河、峡谷在这里密集陈列，著名的如横断七脉（高黎贡山、怒山、云岭、沙鲁里山、大雪山、邛崃山、岷山）、横断六江（怒江、金沙江、澜沧江、岷江、雅砻江、大渡河），以及数不胜数的大河支流、峡谷、山峰，构成了这一地带险峻壮丽的自然景观，海拔超过4000米的山峰多不胜数。整个西南地区山地面积高达90%以上，"天无三日晴，地无三里平""八山一水一分田"等民谚，正是西南山地的形象写照。

另外，西南山地地貌、气候形态以及物种资源极为丰富。在海拔相差超过6000米的广袤大地上，高山、江流、深峡、河谷、森林、草甸、平坝、溶洞等地质形态交错分布；在气候上，北回归线穿境而过，从南至北依次分布了北热带、南亚热带、中亚热带、北亚热带、南温带、中温带和高原气候区几大不同气候带，兼具低纬度气候、季风气候、高原气候特点。地质构造与气候的丰富多样，使得西南整体生态环境复杂多变，即便是在同一地点，由于海拔的差异，气候也会呈现出垂直差异，尤其是在西部横断山区，从河谷谷底到山顶，气候从亚热带依次向山地

---

① 钟祥浩：《加强人山关系地域系统为核心的山地科学研究》，《山地学报》2011年第1期。

暖温带、温带、高山亚寒带、高原寒冷带、高山寒冻带、永久积雪带过渡，景观也随之呈垂直变化，依次为常绿阔叶林、针阔混交林、针叶林、高山灌丛等。在生物资源方面，西南处于泛北极植物区系和古热带植物区系交汇地带，动植物资源十分丰富多样，其中云南省所拥有的植物、动物种类均居全国之冠，素有"植物王国""动物王国"的美誉。"十里不同雨，百里不同风"，移步易景，在西南极为寻常普遍。巍峨雪山与热带雨林，高山草甸与平坝谷地，幽谷深峡与高原湖泊，浩荡大河与溪流飞瀑，亘古冰川与奇花异草……奇妙而又和谐地共生于这片大地之上，形成了极其独特的多元自然生态圈。

在对环境与文学关系的认识上，刘勰的"江山之助"说最具代表性，他以著名的爱国诗人屈原为例，说："然屈平所以能洞监《风》、《骚》之情者，抑亦江山之助乎！"[1]刘勰认为屈原创作能兼得《诗经·国风》与楚地民间"骚"体之情韵，实在是深得楚地山水自然的馈赠和滋养。确实，楚国地处南方，草木郁盛，山深林密，河流纵横，自然物象丰沛繁茂，与荣枯鲜明的中原腹地颇多不同。屈原刚直爱国却受谗被贬，内心忧愤难平，正是流放地汨罗江畔瑰奇山水安抚其心中伤痛，使他在纵情山水中与大自然交融汇通，以奇花香草喻托情性，视清风明月为精神侣伴，才可能挥洒出恣意汪洋、震古烁今的《离骚》《九歌》《天问》这样的瑰丽之作来，岂不是得"江山之助"乎！可以说，"江山之助"成为中国古典文论中关于自然环境与文学活动之间关系最经典的论述。

西南的文学创作者幸运地拥有这种神奇的江山之助条件。奇幻多彩

---

① （南朝梁）刘勰：《物色》，见赵仲邑译注：《文心雕龙译注》，漓江出版社1982年版，第378页。

的自然环境，是大自然对文学最慷慨的馈赠，创作者不仅能从中获得取之不尽的创作素材，也往往在自然景物的熏染下获得灵感和源泉，拥有得天独厚的"文思之奥府"，易得"江山之助"，因而从整体上看，西南文学中流露出的自然倾向十分鲜明。这一特性在本土作家的创作中自是不必说，描写、赞美、歌咏、敬畏大自然，是从远古时期传承下来的丰富的民间文学、一直到当代繁荣的文人文学一以贯之的重要主题。这种来自自然环境的巨大影响力，在"他者"的文学中显然更具有说服力。在古代，由于山险水阻，更由于对"蛮荒之地""烟瘴之所"的畏惧，从内地进入西南的文士并不多，这样的状况与一直和中原保持密切联系的西北地区明显不同。一般来说，进入西南的文人主要有以下几种情况：流放，如杨慎、王阳明、李白等；赴任或出使，如柳宗元、李贽、何景明、林则徐等；游览，如徐霞客。考察这些曾深入边地的文人所创作的与西南相关作品，一个共性特征十分突出：写山状水的内容增多，风格更倾向于硬朗质朴。导致这种变化的主要原因不言而喻，就像"森林伸延，/溪流冲击，/岩石坚守，/雾霭弥漫。/草原等待，/泉水涌出，/风驻留，/祝福冥思"①这样的诗句，只可能出自居住于黑森林小木屋时期的海德格尔之手，他在弗莱堡大学的书房里是寻不到这样的灵感的。

　　这种特色在明代著名的地理学家、旅行家徐霞客所撰写的《徐霞客游记》中最为典型。徐霞客一生寻幽访胜，勘察地质形貌，足迹遍布大江南北，而他游历时间最长、所叙最丰之地便是西南，《粤西游日记》

① ［德］海德格尔：《海德格尔文集：从思想的经验而来》，孙周兴等译，商务印书馆2018年版，第97页。

《黔游日记》《滇游日记》占据了 60 余万字的《徐霞客游记》的一半篇幅以上，其中《滇游日记》就占了全书的 2/5，可见西南之旅在其中的重要性。《徐霞客游记》全书虽然都是以勘探山水地形、描写景色风光为主体，但是很明显，若论及地质形貌之丰富复杂、自然风光之神奇瑰丽、游程之艰难惊险，非西南游记部分莫属。在书中，徐霞客以传神之笔向世人描绘了西南大量"悬之九天，蔽之九渊，千百年莫之一睹"[①] 的美景、奇景。他写黄果树瀑布的雄阔气势："万练飞空……如鲛绡万幅，横罩门外，直下者不可以丈数计，捣珠崩玉，飞沫反涌，如烟雾腾空，势甚雄厉；所谓'珠帘钩不卷，匹练挂遥峰'，俱不足以拟其壮也"，面对如此自然奇观，"不免神悚[②]；写云南普陀崆峡谷之险："江流捣崆中愈骤，崆中石耸突而激湍，或为横槛以扼之，或为夹门以束之，或为龃龉，或为剑戟，或为犀象，或为鸷鸟，百态以极其搏截之势；而水终不为所阻，或跨而出之，或穿而过之，或挟而漾之，百状以尽超越之观。"[③] 一气连用九个"或"，来尽写峡谷内激流从乱石间奔涌而过的壮观景象，惊讶、赞叹之情溢于其间；写大理蝴蝶泉花、蝶相连奇观："泉上大树，当四月初，即发花如蛱蝶，须翅栩然，与生蝶无异；又有真蝶万千，连须钩足，自树巅倒悬而下，及于泉面，缤纷络绎，五色焕然"[④]……

---

① （明）徐弘祖撰，朱惠荣校注：《徐霞客游记校注》下，中华书局 2017 年版，第 1264 页。

② （明）徐弘祖撰，朱惠荣校注：《徐霞客游记校注》下，中华书局 2017 年版，第 784 页。

③ （明）徐弘祖撰，朱惠荣校注：《徐霞客游记校注》下，中华书局 2017 年版，第 1114 页。

④ （明）徐弘祖撰，朱惠荣校注：《徐霞客游记校注》下，中华书局 2017 年版，第 1124 页。

西南游记中最浓墨重彩的是鸡足山①记游部分。鸡足山是徐霞客西南之旅最重要的目的地，一是因其在佛教界的声名，二是徐霞客最初是与南京迎福寺的和尚静闻结伴而行，静闻刺血写就《法华经》，发愿将之供于鸡足山，不料二人在道中遇劫，静闻受创身亡，徐霞客遵其遗嘱将《法华经》和骨灰带至鸡足山安放。在滇一年多的时间里，徐霞客先后两次登临鸡足山，几乎游遍山上的每一个景点，文字描绘也十分详尽，是整部游记中最为精彩的篇章之一。当徐霞客第一次登上鸡足山最高峰天柱峰时，东观日出，西望苍山洱海，南睹祥云，北眺玉龙雪山，饶是阅尽天下美景，也不由惊呼："绝顶四观东日、西海、北雪、南云"，"四之中，海内得其一，已为奇绝，而况乎全备者耶。此不特首鸡山，实首海内矣。"②并写诗为赞："芙蓉万仞削中天，抟拵乾坤面面悬。势压东滇日半夜，天连北极雪千年。晴光西洱摇金镜，瑞色南云列彩筵。奇观尽收今古胜，帝庭呼吸独为偏。"③鸡足山苍崖万仞，翠微千里，奇景处处，徐霞客山居期间常常猿踞猱攀，四处访胜探幽，大量描绘那些隔绝于人世的奇伟之景。文中一段描写作者从礼佛台下至华首门④时所见之景，很有代表性。此段山势最为险峻，处处峭壁陡立，

---

① 鸡足山位于云南省大理州境内，是中国五大佛教名山之一，东南亚著名的佛教圣地。相传鸡足山为释迦牟尼的大弟子迦叶的讲经道场，自唐开始兴盛，鼎盛时期有 36 寺，72 庵。鸡足山山势险峻，景色绝美。

② （明）徐弘祖撰，朱惠荣校注：《徐霞客游记校注》下，中华书局 2017 年版，第 1352 页。

③ （明）徐弘祖撰，朱惠荣校注：《徐霞客游记校注》下，中华书局 2017 年版，第 1383 页。

④ 礼佛台、华首门均为鸡足山上景点。

幽壑森然，风景绝美。“是台当绝顶西北隅悬绝处，凌虚倒影，若浮舟之驾壑”，“台之北，崖壁倒悬，磴道斩绝，而西崖之瞰壑中者，萼瓣上迸，若蒂斯启。遥向无路，乃栈木横崖端，飞虬接翼于层峦之上，遂分蒂而蹈，如入药房，中空外透，欲合欲分。穿其奥窟，正当佛台之下，乃外石之附内石而成者，上连下迸，裂透两头”，待下至礼佛台下，近华首门时，“于是崖路愈逼仄，线底缘嵌绝壁上，仰眺只觉崇崇隆隆而不见其顶，下瞰只觉窅窅冥冥而莫晰其根，如悬一幅万仞苍崖图，而缀身其间，不辨身在何际也”①。徐霞客以凝练精当、生动传神的文字描摹了一幅险峻无比而又气势雄浑的“万仞苍崖图”，使人读之如临其境，心神无不为之撼动。

徐霞客可说是西南自然山水的第一位真正知己，正是通过他的文字，西南大地上隐匿了千百年的壮美大自然第一次向世人袒露其绝世容颜，改变了此前人们观念中西南仅仅意味着荒凉、野蛮的印象，自《徐霞客游记》始，西南与奇山异水这样充满诱人魅力的词汇黏合在了一起。同时，正是西南“千百年莫之一睹”的罕见美景，成就了徐霞客一生最精彩的传奇，如果没有西南之行，并无损于《徐霞客游记》的伟大，但可以肯定的是，其价值和魅力无疑会大打折扣。

再以明代前七子之一的何景明诗为例。明弘治十八年（1505 年），孝帝驾崩，武帝即位，何景明奉旨出使云南发布哀诏。他从京师出发，经今天的河南、湖北、湖南、贵州等省进入云南，一路写诗以纪行，得百余首，后辑为《使集》。可以明显感受得到的是，进入西南之后的作

① （明）徐弘祖撰，朱惠荣校注：《徐霞客游记校注》下，中华书局 2017 年版，第 1018—1019 页。

品主观抒情性明显减少，而大大增加了客观写景的内容，极力摹写一路
所见的奇美风光。

> 四山壁立包如赭，盘江横流绝壁下。
>
> 惊涛赴壑奔万牛，峻坂悬空容一马。
>
> 危丛古树何阴森，寻常行客谁敢临。
>
> 徭妇清晨出深洞，虎群白昼行空林。
>
> 沉潭之西多巨石，短棹轻舟安可适。
>
> 日光射壁蛮烟黄，雨气蒸江瘴波赤。
>
> ……①

　　这首七言古诗《盘江行》，开篇即尽写盘江两岸景致。盘江又称红
水河、红河，是西江水系的一条重要干流，流经云南、贵州、广西三
省，流域内多悬崖峭壁，在贵州一段尤其跌宕奇险，何景明赴滇途中从
此经过，为其气势所震撼，又同情沿岸边民在官府镇压苗民起义行动中
的悲惨生活，遂写下此诗。诗歌栩栩如生地描绘了奔涌于高壑深峡中的
河流沿岸景象：两岸绝壁峭立，悬崖下江水如万牛咆哮奔涌，山林中树
木遮天蔽日，蛮烟瘴气弥漫，不时有虎群在白昼穿林而行。在这样的环
境中通行自是极为不便，仅在崖壁上悬空铺架一条狭窄的栈道供人通
行。在前七子中，何景明的写景诗历来以清新俊逸著称，而像《盘江
行》此类描写边地风光的诗作，却呈现出另一种气质：气象开阔，意境

---

① （明）何景明：《盘江行》，见饶龙隼选注：《何景明诗选》，人民文学出版社
2009 年版，第 101 页。

雄浑，骨力刚健。作为一个自幼生长于平原地区的人来说，西南一带险奇壮丽的自然风光给他提供了一种截然不同的生命体验，自然地驱动着文字呈现新的特质。

在当代，"江山之助"的神奇魔力在西南军旅作家群的创作中体现得淋漓尽致。20世纪50年代初期随部队进入西南的一批写作者，很快就因为作品中浓郁的边疆色彩而崛起，成为中华人民共和国文学开创期备受瞩目的作家群。这个群体的成员均来自大江南北，然而，他们的创作却是不约而同浸染上了浓浓的西南边地气息，在一定程度上稀释了当时文学书写中过于浓郁的时代政治色彩。在他们的创作中，对神奇瑰丽大自然的描写成为一大亮点。所有的作家几乎是不约而同地将笔触直接对准种种自然美景：公刘诗中所写的中缅边境上的莽莽原始丛林、佤族山如诗如画的晨雾、美丽神奇的望夫云、壮阔的澜沧江、西双版纳的热带雨林，柏桦笔下流淌着孔雀、草地、牛羊、平坝、河流、茶树等自然物象，梁上泉描写高原的云彩、山间的清泉，而冯牧可谓是其中的集大成者，他的足迹几乎遍布云南山水，完全被各种高原奇景所征服，他笔下的西南风光可谓是密集堆叠，从雪山草甸、高原湖泊、激流飞瀑，到原始莽林、茶马古道、边防秘境等。富于地域特性的西南山水，几乎尽数被他摄入文字之中。西南军旅作家群所表现出来的如此一致的山水倾向在20世纪五六十年代的政治语境中极为罕见，在一个单一的颂歌时代里尤显清新别致。

专事研究军旅文学的朱向前将西南军旅作家群的诗歌创作，与同时期另一个军旅作家群——朝鲜战场的军旅作家群的诗作进行比较，指出前者的诗歌明显更有"诗学上的意义"，原因在于"那里的诗群生存环境——奇特绚丽的自然景观，神奇深厚的民间文化等等，都是更加良性的、更加诗化的"①。西南军旅诗人之一的周良沛也深有感触地说："这是一片诗的土壤,孕育着无数动人的诗篇。这里云南的山水,一草一木和一朵朵的云影,都有自己的诗歌和传统。"②

对于以上言及的这些进入西南边地的古今中外"他者"而言,鬼斧神工、异彩纷呈的自然景致给他们留下了难以磨灭的印象,从而触发了创作的灵感和激情。可以感觉得到,他们在书写时,仿佛有一种魔力驱动着笔下的文字去贴近山水,亲近自然,从而使作品由内到外都散发出清新刚健的大自然气息。这种"魔力"正是源自西南高原山地特有的地域生态环境。

二、真自然,真性情——荒野意识与山水情结

人类对自然的认识经历了三个阶段:天然自然、人化自然、生态自然,大致与人类社会迄今为止所经历的农耕文明、工业文明、商业文明三个时期相对应,反映出人与自然之间关系的演变。在前一种状态中,自然是主宰,人服从、敬畏于大自然的威力;在后两种关系里,人成为中心,自然则成为被支配的对象,二者之间由对立冲突逐渐向寻求一种和谐共处的模式发展。西南地区由于自身特殊的形态,并未完全参与到这种全球性的发展模式之中,或者说,其自然观念自成一体。主要的特点就是大部分自然尚未受到现代文明的染指,依然较好地保存着原生形态,源自远古时期的原始自然崇拜还普遍存在。所以在大多数人的观念

---

① 朱向前主编:《中国军旅文学五十年（1949—1999）》,解放军文艺出版社 2007年版,第216页。

② 周良沛:《云彩深处的歌声》,《诗刊》1957年第2期。

意识中，大自然是原初的、野性的、难以征服的，类似于西方自然文学中的"荒野"①，人们对自然有着近乎本能的、发自内心的尊崇与敬畏。这种原始自然观必然对文学创作中的作家心理认知及文本取向产生重要的甚至是决定性的影响力，在西南文学中，一个极具地域性的个性书写是文学中以荒野自然为主题的创作十分普遍，写作者的山水情结也极为突出，这与当下主流文学中愈来愈远离自然、重在书写商品化和物欲化的朝向相比，呈现出某种背道而驰的"逆行"性。当然，这并非西南作家刻意为之，而是由他们置身的自然环境所决定的。

诗人于坚曾用富于诗性和情感的语言，描绘了家乡神奇的大自然是如何开启他对世界的认知并给予他美学启蒙的：

我是在农场意识到我生活的世界是位于一个高原之上的。我很小的时候，跟着我的父亲到他单位的农场去劳动。我第一次来到高原之上。这是一幅巨大的画，有空气、有光线、有响声、有温度的油画，我站在一棵有着白色树皮的桉树下，看着风在阳光下干活，他的活计是把云块推到远方的山岗上去。这幅画今天在我的记忆中已成为印象派的了，但我依然记得它的色彩，我相信这是一幅塞尚的作品。《红色农场附近的群山》，画的中央是露出了红色山体的峡谷，峡谷底是一条黑色的河流，地平线是蓝色的群山。在它之上是被看不见的线牵引着的风筝似的在群山之间侦查地面的鹰或乌鸦。在画面的右方，应该有一个山垭口，驮着柴捆的马匹正在缓缓消

① "荒野"是西方自然文学、生态文学中的一个重要概念，主要指未被人类控制、污染的原生态自然。

失。还有森林，以及一只站在树枝上的山鸡。君临这一切之上的，是天空和它的光芒……我的爱情在这时觉醒了，我知道我会永远热爱这个美丽的世界，为它活着。①

　　高原、空气、桉树、风、阳光、云块、峡谷、群山、鹰、乌鸦、马匹、森林、山鸡……组合起一幅最原生态的荒野景象，大自然壮美、神秘、无所不在，其力量支配一切，人只是其中极微小的存在——这是诗人幼年对世界最初的认识和印象，它不是现代教育的结果，而是由大自然所开启的一种本能审美认知，它与生长在车水马龙、到处是人工打造的精致公园这样的现代化环境中所体验到的世界模样大相径庭。卢梭曾说过，童年是理智的睡眠期，这意味着这个阶段所接受的信息、所获得的认知，不是通过经验的积累或是理性的识别判断，而是一种最直接最本能的吸收，并且日后会成为根深蒂固的人生视野和审美准则。

　　回溯于坚的文学创作道路，他无疑是当代作家中极具"自然诗意"的一位。他虽以"第三代诗人"的身份蜚声诗坛，但最能体现其内在情怀与精神追求的，应是他与荒野自然交流神会、礼赞膜拜而充满现代生态意味的"山水"文学。早在介入第三代诗歌运动之前，于坚已以擅写富于高原气息的山水诗作而扬名于西南，《高山》《河流》《横渡怒江》等作品均直接取法自然，摹山写水，力图呈现出云贵高原的外在形态及内在气质品格，风格坚拔硬朗，深得高原神韵。后来虽裹卷进热闹纷繁的"第三代诗歌"运动中，但其山水情怀始终未曾泯灭，大部分的创作坚守一种朝向自然、朝向山水的姿态，这在浮华喧嚣、朝云暮雨的当

① 于坚：《大地随笔》，陕西师范大学出版社2010年版，第25页。

代文坛，尤显珍贵。而究其缘由，这份倾情于天地自然、固守生态法则的情怀与坚守，自是与西南瑰丽斑斓的大自然赐予他幼年时的人生、美学启蒙有直接的关系，用诗人自己的话来说，那是一种与生俱来的血脉关联："它是那种使我们永远感激信赖而无法报答的事物／我们甚至无法像报答母亲那样报答它／我们将比它先老／我们听到它在风中落叶的声音就热泪盈眶／我们不知道为什么爱它／这感情与生俱来"（《避雨之树》）。[①] 对于于坚而言，这种自然意识、情感不仅与生俱来，而且十分热烈、强烈，具有使人激情燃烧的巨大能量，对此，他用了人类情感中最灼热的爱情来比况："我的爱情在这时觉醒了，我知道我会永远热爱这个美丽的世界，为它活着"[②]，"我曾经在一次越过横断山脉的旅途上／强烈地感受到这种爱情／每回都只是短暂的一瞬／它却使我一生都在燃烧"（《我知道一种爱情……》）[③]。透过这样的文字，读者不难理解何以于坚会一直毫不倦息为山水自然而歌唱，而且毫不掩饰自己的眷恋与崇拜。

这样的影响在西南诗坛的另一位重要代表雷平阳的诗作中同样突出。虽然雷平阳并未表述过类似于于坚童年深受自然启蒙的美学经历，但他始终以行动、文字来传达对大自然的至深情感。自从开始诗歌创作以来，歌咏故土亲人、歌咏天地自然一直是雷平阳诗歌的两大核心主题。在雷平阳的情感天平上，大自然的重要性并不亚于亲人，或者说，大自然是他生命中另一种形态的亲人。诗人曾说："当我闲下来

---

① 于坚：《于坚的诗》，人民文学出版社 2000 年版，第 36 页。
② 于坚：《大地随笔》，陕西师范大学出版社 2010 年版，第 25 页。
③ 于坚：《于坚的诗》，人民文学出版社 2000 年版，第 28—29 页。

时，我就会离开昆明，像一个刑满释放的自由主义狂人，以奔跑的速度，扑向云南的山山水水"[①]；"我一生最大的梦想/——做一个山中的土司/有一箭之地/可以制定山规/可以狂热信仰太阳和山水/信仰父亲和母亲……"[②]；"群山、河流、田野曾是我的游荡之所，其间的生死枯荣，早已浸润在我的生命中。"[③] 类似的剖白式话语在雷平阳的文字中数不胜数，已然成为他文学创作中重要的情感底色。

与于坚一样，雷平阳（包括大多数西南作家）所热爱、歌咏的种种自然意象，不论形态还是内涵更接近于西方生态文学中的"荒野"——即没有受到现代化染指的原生态的大自然。西南绵亘的崇山峻岭，阻挡了现代工业文明的深入，使山野自然最大程度地保持着荒野状貌。在这些比人类文明古老得多的巨大自然存在面前，人会不由自主地产生敬畏之心。所以在西南文学的自然书写中，可以鲜明感受到作家们普遍怀着对大自然的崇敬之情进行最本真摹写，甚少像传统山水文学那样将自己的意志凌驾于山水之上。这种情怀和倾向较为集中地体现在雷平阳曾在诗坛引起争议的《澜沧江在云南兰坪县境内的三十三条支流》[④] 一诗上。"澜沧江由维西县向南流入兰坪县北甸乡/向南流1公里，东纳通甸河/又南流6公里，西纳德庆河/又南流4公里，东纳克卓河/又南流3公里，东纳中排河……"诗歌采用类似《山海经》的地理志笔法，逐一陈

---

① 雷平阳：《我的云南血统》自序，云南大学出版社2008年版。

② 雷平阳：《云南记》，长江文艺出版社2009年版，第3页。

③ 杨昭编：《温暖的钟声：雷平阳对话录》，中国青年出版社2017年版，第119页。

④ 2006年，《羊城晚报》以"这是诗吗"为栏目，用了很多个整版展开对《澜沧江在云南兰坪县境内的三十三条支流》一诗的讨论。

述了澜沧江某一段流域内支流的分布状况。对于这种颇受争议的写作手法，雷平阳是这样解释的："2000 年前后，在这条江上奔走，采用这份公共资料①，我认为资料复活了，因为它，世界重新有了地老天荒的气象，一条条支流犹如人的血管，又仿佛这个区域众多的兄弟民族原生文明体系之间的秘密通道，客观之中蕴藏了人类无法比拟的想象力。所谓诗意，就鼓动在景象的后面。是的，我想复制河山的局部，我想唤醒那一堆堆尘土封存了的、（令）我又品味到了诗歌精神的客观材料，多么令人懊恼，再不如此，一切都会烟消云散，正如这三十三条支流。"②所以，"我可不可以不动用任何修辞，可不可以也来一次零度写作？"③诗人感叹于前人耗尽心力的研究成果日渐成为蒙上尘埃的档案而无人问津，关于河流的真相鲜为人知，他试图用这样一种特殊的方式来唤起人们对河流的原初记忆和情感。

确实，这种叙述方式从诗歌语言、表现形式层面来说具有很强的实验性及冒险性，但是对于诗人而言，未尝不是用一种最本真拙朴的方式来表达对河流及自然的尊崇与敬畏！在汉文化中，经过儒家思想规整的农耕文明中的自然山水，从本质上来说已非原初的山水，而是变成附着了农业伦理价值的"非"山水，即黑格尔所说的"人化自然"。因而在文人山水诗中，山水既是审美客体，更是写作者情感意志的投射对象，所以人们已经习惯于从文字中的山水背后去寻找隐含的个体情志。

---

① 指赵伯乐主编的《新编怒江风物志》中关于澜沧江的数据。

② 杨昭编：《温暖的钟声：雷平阳对话录》，中国青年出版社 2017 年版，第3页。

③ 雷平阳：《创作手记：我为何写作此诗》，《诗刊》2005 年第 20 期。

《澜沧江在云南兰坪县境内的三十三条支流》显然超出了这样的阅读审美经验，在西南，因为山地环境的特异，也因为历史原因造成的和主流文化之间的隔膜，形成了差异明显的自然山水观念，具体来说就是原始的自然崇拜一直存在。对于生活在这种环境里的人而言，大自然并非可控的审美对象，而是具有品格的崇拜对象。"澜沧江……它像一条上帝架设的通往世界之心的伟大走廊。走在上面，每一座壁立的山，都会被你疑为地球的城墙，每一条支流，你都会以为它就是地球的护城河，可世界却远远没有到尽头，当你找到任何一个祭司和任何一只蝴蝶，他们都会为你指点辽阔世界的另一个出口。人烟没有断绝，神灵还在头顶……"[1] 在诗人心目中，山水的存在犹如神迹，有时任何的修饰都是多余而徒劳的，倒不如返璞归真，以最质朴的方式向大地、河流表达敬畏之心。了解了这样的背景，才能真正解读这首诗，也才能真正领悟何以西南文学中会出现如此强烈的山水自然倾向和情怀。

随着西南文学不断得到文学界和社会的认可，越来越多的人已经认识到西南独特的自然基因对当地作家及其创作的强大影响力。谢冕谈及西南诗人晓雪的创作时说：

　　我常常私心羡慕晓雪的幸运。他生长在彩云之南，被徐迟称作"丰富、美丽、神奇"的地方。苍山洱海的风花雪月，给他的诗歌铺上了五彩的底色，还有怒江，还有高黎贡山，还有香格里拉，还有我开始提到的西双版纳，这一切都属于晓雪。作为诗人，他拥有的太多，多得让人嫉妒。

---

① 雷平阳：《创作手记：我为何写作此诗》，《诗刊》2005 年第 20 期。

晓雪的诗情、灵感和文采究竟来自何方？是云南多情的土地培育了多情的诗人。[1]

有论者在分析"广西三剑客"之一的作家东西的小说时也指出："北方作家往往与自然、与世界隔着一道深厚的文化的屏障，东西这样的南方作家离自然更近；北方作家笔下的人往往被文化所包裹，东西这样的南方作家笔下的人则多保留了与自然的沟通，保留了更多的自然属性。"[2]不仅是东西的创作如此，这段评论放到大多数西南作家身上同样适用，他们拥有于坚所说的那种对大自然与生俱来的情感，自然基因是这片大地上出生、成长的人们生命中一块无法抹去的天然胎记，它静静地蛰伏在意识深处，不需专门培养，不需特别润色，一下笔，山水毕现。

第二节　另类记忆：西南文学的历史渊源

作为一个空间概念，"西南"的范围指向是大致明确的，但它同时也是一个包含着时间性的概念，是历史层叠累积的结果。这意味着，"西南"并非是一种当下的指认和现实认知，而是既成历史的延续和发展，这就为西南文学提供了一个有迹可循的历史背景和血脉基因。西南

---

[1]　谢晃：《相识在西双版纳》，见李骞主编：《晓雪作品评论集》，云南人民出版社2017年版，第17页。

[2]　李建平、黄伟林：《文学桂军论：经济欠发达地区一个重要作家群的崛起及意义》，中国社会科学出版社2007年版，第99页。

历史的一个鲜明特点是它与中原主流历史大潮大部分时候是脱节的、不同步的，因而拥有自身独特的发展轨迹与面貌特性。这样的背景，注定了西南文学在历史叙事、文化传承及内在精神气质上有异于主流文学的路径和资源。

一、在主流之外：西南历史的另类记忆

> 西南夷君长以什数，夜郎最大；其西，靡莫之属以什数，滇最大；自滇以北君长以什数，邛都最大；此皆魋结，耕田，有邑聚。其外，西自同师以东，北至楪榆，名为嶲、昆明，皆编发，随畜迁徙，毋常处，毋君长，地方可数千里。自嶲以东北，君长以什数，徙、筰都最大。自筰以东北，君长以什数，冉駹最大。其俗或土著，或迁徙，在蜀之西。自冉駹以东北，君长以什数，白马最大，皆氐类也，此皆巴、蜀西南外蛮夷也……①

司马迁《史记》中的《西南夷列传》篇，是官方正史中对西南地区的第一次记载，也是西南在历史上的"首秀"。在文中，司马迁明确将位于巴国和蜀国之外的西南部、诸多少数民族部落聚居的区域统称为"西南"，将生活在这里的少数族裔称为"西南夷"。因为《史记》的巨大影响力，"西南"遂成为一个稳定概念和专有名词。《史记》之后的《汉书》《后汉书》《唐书》《华阳国志》等各代史书均受其影响，沿袭了这一名称及其中的相关记载。可以说，《史记》是最早反映西南地区历史、

---

① （汉）司马迁：《西南夷列传》，见《史记》第四册，中华书局 2011 年版，第 2601 页。

民族分布及社会状况的重要文献，也是后世研究西南社会早期历史的重要资料来源。

根据《西南夷列传》的记载，西南自古就生活着众多的少数民族，战国时期，楚国因不断受到秦国的侵扰，意欲开发相邻的西南地区作为战略后方，于是派遣大将庄蹻率兵深入西南。庄蹻一路攻下巴蜀郡、夜郎，直抵滇池地区，见"地方三百里，旁平地，富饶数千里"①。在征服了滇国之后，庄蹻打算返回楚国，不料秦兵阻断了退路，无奈之下，率众返回滇地，"以其众王滇，变服，从其俗，以长之"②。这是西南历史上第一次与内地发生关联，也是有史料记载的历史起点。清末著名的小说家吴趼人正是以此为背景，创作了小说《云南野乘》，在各类涉及西南历史的史书、文学中，这也是常常被提及的重要事件。

秦统一天下之后，凿通了从今四川宜宾到云南昭通一带的五尺道，并在沿途安设郡吏；汉时，进一步加强对西南的经略，封夜郎王、滇王，并赐金印，西南开始被纳入帝国版图。但是，自汉以来的众多朝代，或局部地将西南纳入管辖之下，或划界而治，国家势力都未曾真正覆盖到西南的所有地区，汉文化在当地的传播也极为有限。以唐宋时期为例，在这两个朝代，西南也先后存在着南诏、大理两个地方政权，始终与中原王朝保持着一种时聚时散的微妙关系。爆发于唐时南诏与唐王朝之间的天宝战争曾给予唐政权沉重打击，仅公元 751 年的

① （汉）司马迁：《西南夷列传》，见《史记》第四册，中华书局 2011 年版，第2602 页。

② （汉）司马迁：《西南夷列传》，见《史记》第四册，中华书局 2011 年版，第2602 页。

西洱河一役，进入大理地区的 6 万唐军全军覆没，主帅鲜于仲通只身逃回，权相杨国忠却掩盖败绩，向朝廷谎称为空前的军事胜利。战争之后，南诏归附吐蕃，站到了与中原王朝敌对的一面，强大的唐王朝也在战争中元气大伤，以致无力应对随后发生的安史之乱，国势由盛而衰。

在霸权话语的设置下，西南被规定为边缘和他者，国家在政治实践中以内外有别为法度而对西南"另眼相待"。这从历朝历代在西南所施行的管理制度上便可见一斑。一般来说，管理制度是维持国家大统的根本保障，任何一个王朝都尽力建立起一套完善的管理网络——西南这样的化外之地自然长期不在正常的管理范围之内。自秦汉至唐宋时期，中原王朝对西南边地采取的主要是"远柔怀人，义在羁縻"的民族政策，即羁縻制度。关于羁縻，《汉宫仪》云："马云羁、牛云縻，言制四夷如牛马之受羁縻也"[1]，由此可见这一制度本身所包含的歧视意味十分明显，它是历代封建王朝在形态异质、社会发展落后的少数民族地区所采取的一种特别治理政策，以夷治夷，因其俗以为治；元、明时期，在西南施行的主要是土司制度，"土司是由少数民族首领充任并世袭的官职"[2]，实质上也是一种地方自治模式；有清一代，逐步废止土司制，代以流官制，进一步加强了对西南的政治掌控。近现代以来，随着西方科学民主思想的传播、现代国家体制的建立，夏夷对立的观念逐步得到改变，尤其是 1949 年中华人民共和国的成立，施行

---

① （汉）应劭：《汉宫仪》，转引自黄现璠、黄增庆、张一民编著：《壮族通史》，广西民族出版社 1988 年版，第 283 页。

② 辞海编辑委员会：《辞海》（缩印本），上海辞书出版社 1988 年版，第 511 页。

了各民族一律平等的国家民族政策，几千年的"夷夏有别""内外有别"的歧视政策才真正从国家意识形态层面消除，西南这样的少数民族边地头上的"他者"帽子至少在形式上被摘除——之所以这么说，是因为几千年观念灌输所形成的集体无意识绝非短时期内能消除，它必定而且实际上还在当代的社会生活和人们的意识观念深处产生着不小的影响力。

从以上西南地区的发展历史可以很清晰地看出，因为地理位置上的边缘性和政治、文化上的弱势，在华夏帝国的政治格局中，西南被当然地置放在他者的位置上，成为"被看"的对象，它虽与主流文化有所勾连，但以主流视域来观照，西南自古以来就是一个相对独立的边缘政治地域，有着清晰的身份认知、历史脉流。这是西南群体共同面对的历史记忆和精神遗产。所以，作为一个历史地域概念，"西南"这一指称实质上包含了至少三层含义：其一，与中原相对应的地理方位指称；其二，政治文化内涵——在国家"大一统"观念中，它意味着一种"化外之境"，是相对于中原主流文化而存在的一种边缘文化形态；其三，民族含义，指相对于中原汉族的少数民族。

正因为这种独特的历史进程，在西南文学的历史叙事中，写作者大多自觉远离正统的上下五千年光辉历史，甚少与源远流长、博大深厚的华夏文明相对接，也相应地缺乏主流文学中常见的那种自豪、自傲的历史优越感。他们继承的历史格局是狭窄的，叙述范围主要停留于地域、家族、个体的小叙事，回忆中也常常充满苦难而非自豪。总体来说，西南文学普遍缺乏宏大的历史叙事，对历史的回溯也往往从个体所接受的历史资源出发，比如少数民族文学中的历史原点一般是民族起源，常见对迁徙、逃难、生存艰辛等民族苦难历史记忆的追溯，汉族作家也多叙述边地独特的另类历史，呈现出与主流历史叙事不同的记忆与路径。

《新昆明前夜造城史记》是作家海男的一篇独特城市历史散文，它以一种特别的历史文化视角揭示了昆明这座边陲城市另类的发展历程。

> 是水掀开的篇章，当然也是水铺开的史学图像。水是回溯的源头。让我们回到水咆哮和激起的涛声中去——随同时间的幕布被水浪花掀开，古滇池出现在眼前，绚丽的蔚蓝色，令人眩晕的蔚蓝色是回溯中的全部色调，让我们尾随着它，那荡漾其中的蔚蓝，那种润泽历史的蓝，现在缓缓地朝我涌来：回溯到滇池地区的古城池时期……缓缓游离在滇池地区的古滇部落群体们，他们在中国西南边疆的最早的古民族中出现，带着他们最为原始的探索世界的野心，开始了谱写历史的篇章。①

与中原历史叙事动辄与黄帝、尧、舜、禹等始祖以及黄河文明这样的光辉起点联系起来，从而强调历史的辉煌、延续不同，海男以滇池边游牧的原始部落作为拉开这座城市历史的序幕，以蔚蓝色的古滇池之水作为孕育这片大地上的生命、文明的摇篮。如果要进一步追溯这些部落的来历，那么，根据历史研究，他们是"从漫长遥远的云南洱海地区数千平方公里的土地上不断迁徙而来"②的昆明族。这样的历史源头与主

---

① 海男：《新昆明传》，花城出版社 2011 年版，第 2 页。
② 海男：《新昆明传》，花城出版社 2011 年版，第 3 页。

流历史之间发生了断裂，它显然来自于不同的源流，显示了中华文明在早期构成上的多元性。在现有的文献资料中，能够证明滇池畔的古滇部落与内地文化之间最早接触的是司马迁在《史记》中记载的"庄蹻入滇"，这是影响西南历史文化的一个大事件，所以海男接下来继续以充满诗性的笔触描绘了昆明历史上同时也是西南历史上这一重要事件："公元前三世纪初，滇池地区出现了一支神秘的部队。那一夜或那个季节显得神秘莫测。从楚国迁徙而来的脚步声惊动了滇池地区。这就是一个名为庄蹻的人率领的那支部队，它悄然无声地就已经潜入了广大无边的滇池地区。我看见了庄蹻的形象，公元前三世纪初的那张脸，若有若无，有形有色，又疲惫又兴奋，抵达了蔚蓝的滇池边"①。庄蹻及其后代在滇池边建起了古滇王国，因为《史记》的记载，从而成为西南有史可寻的起点，也是西南边地与内地文化融合的关键节点，从此，这一片区域开始进入中华文化的视域之内。海男的叙述沿着昆明的历史一路梳理：古滇国后来从历史上神秘消失，而昆明的建城历史才正式开始，唐时，在现在昆明所在地出现了昆州城，然后是南诏王皮罗阁修建的拓东城、大理国时期的东京鄯阐城、元朝时的中庆城……一直到如今的昆明城。

海男立足于西南历史文化，从中追溯一座城池的源头、形成和历史变迁，在晦暗不明的历史中梳理城市的发展脉络。昆明这座城市的沧桑历程，在某种程度上，也可看作是西南边地历史的缩影。昆明从一个由众多不同于华夏族的原始部落建构的聚居地，随着历史发展逐渐融入国家的大一统版图之中，成为一座能体现、实施中原统治意志的城市，实

---

① 海男：《新昆明传》，花城出版社 2011 年版，第 3 页。

际上折射了西南边地的大致历史进程。因而，在回望西南的历史源头时，所要启动的历史资源与讲述话语必然与正统历史之间有所区别。文中有一个耐人寻味的细节或是意象：海男以蔚蓝色的水作为开端和核心意象，明显有别于华夏文明中以黄色为标志的黄河水、黄土，这既是一种视觉上的地域差别，在内在上也表达了一种明显游离于主流的边缘历史审视视角与历史感受。

二、西南文学的边缘视角

边缘、他者，是西南历史回溯中的两个关键词，它们带给西南文学的影响是双重的：其一，文学上的积贫积弱。生存环境的险恶，政治、经济、文化各方面的弱势，多民族聚居却保持自己文化上的相对独立性，以及政治上被压迫、文化上被排斥，使西南地区既缺乏生成成熟文明形态的条件，也难以得到成熟完备的汉文化的全面滋养，失去参与到汉文学发展进程的资格。纵观整个古代西南文学，从唐代开始，由于中原文化的强大吸引力，不断有心慕主流文化的士子积极主动地向汉文学的传统学习，创作上也极力向主流靠拢，如明代丽江木氏土司家族、"杨门七学士"，清代的"沙滩文学"群体等，不少地方统治者也带头倡导、学习汉文化传统。南诏时期，历代统治者均仰慕汉唐文化，异牟寻曾派遣上千子弟至成都学习，阁罗凤"不读非圣之书"[1]，在与唐的战争中俘虏了西泸县令郑回，"以回有儒学"，"甚重爱之，命教风伽异"[2]，并委以南诏清平官之要职。风伽异、异牟寻、寻梦凑三代王子都以郑

---

① 《德化碑》碑文。
② 风伽异：阁罗凤之子。

回为师，学习儒家经典和唐朝礼乐典章制度。[①] 明代丽江的统治家族木氏土司都习文成风，木增、木祥等在文学上均有一定造诣。但以上情况仅仅局限于为数不多的精英知识分子阶层，由于教化未开，特别是散居在深山中的少数民族各自固守自己的民族语言和文化传统，致使西南长期处于一种混沌的文化状态，民间文学发达而文人文学匮乏。这种先天的不足，导致西南文学在现当代融入主流的过程充满了曲折，经验的匮乏、文化背景的差异，很多作家几乎是跟随主流亦步亦趋，很长一段时间很难找到适合自己的表述方式。其二，与汉文学拥有《诗经》《楚辞》这样的文学传统，以及几千年不断积淀的丰厚的文学遗产不同，西南文学真正的地域遗产是民间文学资源。西南地区堪称民族民间文学的宝库，各个少数民族都有自己的神话、史诗、传说、歌谣等多种形式的代代传承，成为西南文学的宝贵遗产。西南因为远离中原文化而保有的自然崇拜及各种宗教信仰也潜移默化地影响着文学的创作。这种历史文化背景必然导致西南文学在面貌和气质上的一些"异质性"。

五四新文化运动时期，受时代风气的熏染和进步思想的鼓动，不少西南青年知识分子积极投入新文学的创作之中，他们的作品除了表达那个时代共同的启蒙、科学、民主思想之外，还因流露出鲜明的边地"异质"色彩而格外引起读者、评论家的关注和兴趣。在白话文学蓬勃兴起之时，出生于黔北书香门第的蹇先艾刚好远赴北京求学，受当时社会风气的影响，开始尝试创作小说，但"对文学上的各种主义、流派、表现

---

① 参见施惟达、段炳昌等编著：《云南民族文化概说》，云南大学出版社 2004 年版，第 47 页。

手法，完全不懂"①，他回忆说当时就读的北师大附中选用"《孔乙己》《故乡》《社戏》《风波》《祝福》给我们做课文。过了几年，我就开始学写一些以贵州为题材的、非常幼稚的散文和小说，也是由于读了这几篇作品的结果"②。由于受到鲁迅取材中国乡土社会以烛照出国民劣根性创作思想的启发和影响，蹇先艾将目光投回遥远的故土，记忆中"乡村人物不尽是愉快的……到处都遇见陷落在泥淖中的老人、女人和穷人。他们的苦脸深刻地永远留在我的记忆里了"③。以这些不愉快的边地乡村回忆为素材，蹇先艾创作了《水葬》《在贵州道上》《盐灾》等小说，作品发表后颇受好评，尤其是得到了鲁迅的关注和赏识。他指出："他所描写的范围是狭小的，几个平常人，一些琐屑事，但如《水葬》，却对我们展示了'老远的贵州'的乡间习俗的冷酷，和出于这冷酷中的母性之爱的伟大，——贵州很远，但大家的情境是一样的。"④ 在这段不长的文字中，鲁迅连续用了"老远的""很远"这样的字眼，既显示了贵州相对于当时的政治文化中心在空间距离上的遥远，也反映出一种无意识的主流视角所产生的心理距离上的陌生感、遥远感，"老远的贵州"，既是客观的现实存在，也是主观的心灵印象。

马子华也是早期西南新文学的拓荒者之一。1932 年马子华进入上

---

① 蹇先艾：《蹇先艾短篇小说选》后记，人民文学出版社 1981 年版。

② 蹇先艾：《点滴的回忆》，见《蹇先艾文集》第三卷，贵州人民出版社 2003 年版，第 309 页。

③ 蹇先艾：《乡村的悲剧》序，见《蹇先艾文集》第三卷，贵州人民出版社 2003 年版，第 373 页。

④ 鲁迅：《中国新文学大系·小说二集》导言，见王光东主编：《中国现当代乡土文学研究》，东方出版中心 2011 年版，第 11 页。

海光华大学就读，曾与田汉、周而复、苏灵扬一起成立文学社团并出版
《轨迹》，后加入左翼作家联盟，在校期间因参加进步运动曾被逮捕入
狱，可见这位从遥远边地进入大都市的青年深受当时时代影响并积极
融入主流之中，他的作品自然也洋溢着"五四"时代气息。然而，马
子华作品的独特性还在于他以西南底层人民的苦难生活为素材，在充
满边地气息的书写中展开对社会的批判。其代表作《他的子民们》的
书跋很好地表达了这样的意图："南中国，封建制度更深地表现于那
特有的土地生产关系上"，小说中"所描述的一切故事的发展，除了
人名、地名以外，想必虚构者少，而真确的事实倒很多；至少在主题
方面始终都还顾及到……"这种忠实于西南乡土生活的创作取向使他
的小说呈现出浓郁的"异质"基调：土司、奴隶、盐脚夫、跳足舞、
歃血会盟、月琴、葫芦笙、羊皮鼓等。这些明显异于中原的生活形貌
描写，在当时的新文学中显示出异样特质，令读者深感新奇神秘。茅
盾曾专门写了《关于乡土文学》一文评介《他的子民们》，在具体分
析了小说的思想内容之后，文中指出："描写边远地方的人生的作品，
近来渐渐多起来了；《他的子民们》在这一方面的作品中，无疑是一
部佳作。作者似乎并不注意在描写特殊的风土人情，可是特殊的'地方
色彩'依然在这部小说里到处流露，在悲壮的背景上加了美丽。"① 作为
一名眼光锐利的批评者，茅盾注意到马子华并非是故意要"描写特殊的
风土人情"以引起特别的关注，而是一种自然而然的选择和流露，从而
构成其小说的特殊风味。

---

① 茅盾：《关于乡土文学》，见《茅盾全集》第 21 卷，人民文学出版社 1991 年版，
第 28 页。

在蹇先艾、马子华等来自西南边疆的作家的创作中，鲁迅和茅盾都同样注意到了他们笔下的"异质"色彩；"老远""远""边远""特殊的风土人情"等言辞，体现的不仅是地理空间的遥远和地域文化的差异，显然还包含着早已凝固成形的主流文化对边地文化的审视视角。换一个角度看，实则反映出西南特殊的历史文化所孕育出的"滋味"不太一样的文学之果实。

在当代，由于时代的进步，尤其是受到后现代思想的影响，"中心——边缘"思维遭遇前所未有的质疑和挑战，西南边地的文学创作也进入一个更开放的新空间。然而，一个值得关注的现象是，西南文学一方面在创作思维、艺术技巧等技术层面已毫无困难地融入主流，与此同时，在题材视域、情感表达诸方面则表现出"向内转"的自我狭隘化表达。具体来说，尽管已获得一种全球化的观照视野，西南文学中那种寻求宏大叙事并融入主流的意识和创作实践却在明显消减，越来越突出的是向地域性叙事的转化和专注，从而表现出选材范围的狭窄和叙事抒情上的"小"。这意味着，西南文学进入一个自我主体意识觉醒和书写自觉的新时期。这种转变肇始于20世纪80年代，以吉狄马加"我是彝人"的宣告为标志，以文学中涌现出越来越多对西南历史、文化、现实生活的温情回顾和观照为景观，在创作基调上一改过去视西南为荒蛮落后之地而痛心批判的倾向，转而正视西南别样的历史传统，潜心挖掘西南丰富特异的民族文化资源，以悲悯之心叙写高原边地上芸芸众生的喜怒哀乐，表达和抒发"边缘个体"被压制已久的自我意识。这是西南地域文学个性化书写的新纪元，只有在这样的自觉状态下，西南文学才真正回归到本位，回归自己的历史文化传统，并在书写中尽可能地释放出受此基因影响而应有的特性。

自觉回归历史传统的书写，使西南文学个性愈发明显——也即主流视域中的异质性强烈突出。由于历史原因，使得西南文学拥有了两个历史背景和传统：大背景是作为统一体的中华文明，同时又有自己边地、边缘、少数民族的小传统，二者共同作用于当代西南文学创作，使其既规范于大的文化传统并受其滋养，同时又自在地徜徉于"自留地"上，呈现出一种灵活的"居间"状态。具体到文学书写中，主要表现为三个方面：一是题材上主要集中于小地方、小事件、小人物的地域性表现；二是情感上专注于边缘弱势群体的生存感受表达；三是在创作上较多地吸收了西南丰富的民族民间文化资源，神话、传说、民间歌谣、俚语俗语，以及异彩纷呈的民间节日庆典、民俗风情、宗教信仰等等，被作家自觉或不自觉地吸纳进文本之中，构建出主流眼中"陌生化""异质化"的文学空间。

例如，以民间文学中丰富的神话、故事、歌谣等入诗入文，在西南文学中是极为普遍寻常的，晓雪的《大黑天神》、韦其麟的《百鸟衣》、包玉堂的《虹》、苗延秀的《大苗山交响曲》等，这些曾在文坛引起关注的作品均直接改编自民间广为流传的神话故事，至于以民间文学作为文学创作中的元素的更是数不胜数。西南源于山地环境而形成的众多民俗传统也较多地进入作家们的书写视域，肖江虹是西南青年一代作家中具有自觉的民俗传承意识的优秀代表，从因吴天明导演将其小说《百鸟朝凤》搬上银幕而引起文坛关注，到2017年中篇小说《傩面》获鲁迅文学奖，这个生长在黔地万重大山之中的青年作家以自己独特而执着的书写方式引起了更多人的关注——关注其作品，以及作品中那些充满神秘诡奇色彩的来自遥远边地的民俗文化。从《百鸟朝凤》中焦家班唢呐技艺的传承、断流，到《蛊镇》《悬棺》《傩面》等小说中关于养蛊、放蛊、巫术、傩戏、道场、悬棺等令人眼花缭乱的民俗的展现，肖江虹仿佛打开了一个民俗世界的宝藏，在让人感到惊奇兴奋的同时，又面对这些古老的民间文化传统即将消逝或已经消逝的沉重，就像《傩面》开篇所写那群在晒谷场上晒太阳的"皱皮腊干"的老人，他们已活到了生命的混沌阶段，口齿不清，意识不明，但是一旦儿孙们拿出龙王、虾匠、判官、土地、灵童等傩戏面具给他们套上，立刻就精神抖擞进入角色，高声诵唱。这个明显带有象征意味的场景带给人的痛感远大于喜感。无论如何，肖江虹的民俗书写代表了西南新一代的作家对地域传统文化的自觉继承，从中获取创作的资源和灵感，这是令人欣慰的。当然，肖江虹们的意义还不在于对民俗传统的简单摹写，他们的视域已突破地域的局限，站到了全球化的浪潮中，看到在一个文化同质化的大时代里，西南大山深处那些传统文化同样不可避免地受到冲击而面临继承危机。在某种意义上，这样的写作更具有挽歌的意味。但是，他们毕竟用文字去努力留住一些历史的影像，记录下这翻天覆地的大时代中民俗文化所遭遇的阵痛。

最后，需指出的是，对地域小传统的回归和承继，不用说在少数民族作家的创作中是最为突出的，这是由西南边地的现实状况决定的：在相对一致的地域历史背后，众多少数民族又各自有自己更小的传统、更隐秘的民族历史记忆，这必然造成民族叙事上的进一步分化，并最终组合为斑驳绚烂的边地民族文学景观。由于少数民族文学在西南文学中的重要性和特殊性，相关内容在本书的第四章中有具体而详细的论述。

第三节　文化异托邦：西南文学的"混血"文化底色

米歇尔·福柯是西方继列斐伏尔之后在空间研究上的另一个代表人物，他的重要贡献之一是提出了著名的"异托邦"理论。与众所熟知的乌托邦相对，福柯所说的异托邦是真实存在的另类或者他性空间物，它以差异性、异质性和颠覆性的面目存在于被忽略、被遗忘的空间景观中，是一个多种文化格局并置的空间，有自身开放又封闭的系统，这个系统将异托邦与其他空间隔离开来，同时又保障其具有某种可渗透性。从某种程度上来说，西南地区对于以儒家思想为正统的中华文明体系而言，正是一种类似于异托邦的存在。

一、"中间圈"：多元文化的交汇与碰撞

从国家视域来看，西南既处于疆域的边缘，也处于文明体系的边缘。民族学家宋蜀华指出，自新石器时代以来，我国就已形成三个主要文化区：北方和西北草原游牧兼事渔猎文化区，黄河流域以粟、黍为代表的旱地农业文化区和长江流域及以南的水田稻作农业文化区。由云贵高原、青藏高原东部南下的横断山脉诸山谷流域和云贵高原东缘的广西山地、丘陵和平原地区构成的西南，与中国三大文化区长期碰撞、交融，是其"板块延伸"。[①] 若从更宏观的视野来看，西南又是多个文明交汇的枢纽地带。民族学家林超民曾较为详细地描述居于西南核心区域

---

① 宋蜀华：《论历史人类学与西南民族文化研究——方法论探索》，见王筑生主编：《人类学与西南民族》，云南大学出版社1998年版，第89—104页。

的云南所处的文化方位："从文化区的角度看，它（云南）的北部、东部相连的四川、贵州、广西等省区，以及南部接壤的越南，由于历史的原因，是传统的大陆型中原文化区。西部、西南部与之相连和近邻的缅甸、老挝及泰国、柬埔寨等国家和地区，历史上则更多地接受印度海洋文化的熏陶，成为印度海洋文化的传播区。紧邻云南北部的青藏高原地区，是古代吐蕃文化及藏传佛教兴盛区。由此看来，云南处于古代世界两大文明，即具有大陆文化特色的中华文明与具有海洋文化特色的印度文明的交叉地带，又是中国内地中原文化、青藏高原文化和中南半岛海洋文化三个文化圈的边缘及交汇地区。"① 以云南为中心区的整个西南地区正置身于这样的一个多元文化碰撞、交汇的场域。

> 他们既不是当地的傣族人，也不是布朗、哈尼和拉祜族的，更不像内地来的汉族人。男人穿着的大裤脚上缠了绑腿，女人穿着下摆宽大的裙子，头上系着红色的头巾。漫沙寨紧靠古驿道旁，常有路过的旅人到寨子里来投宿，因为勐巴纳西离国境不远，是有名的金三角地带，也时有老挝、泰国、印度人从这里经过，除此，时有成群的吉普赛人……②

这是作家存文学小说《望天树》中的一段描写，十分真实地呈现了文化交汇地带独特的生活图景。小说中的故事发生地是位于边境的云南西双版纳，这里与老挝、缅甸山水相连，又邻近泰国和越南，与泰国的

---

① 林超民等著：《滇云文化》，内蒙古教育出版社 2006 年版，第 10 页。
② 存文学：《望天树》，中国青年出版社 2017 年版，第 34 页。

直线距离不过 20 余公里，整个地区边境线长达 966.3 公里，约占云南国境线的 1/4。这里自古是多民族杂居地，毗邻金三角地带，属中原正统文化的末梢地带，又是南亚、东南亚文明北上的前沿，因而本土多民族文化、中原文化、异域文化杂生共处的多元文化景观非常典型。作者通过中国边境上一个名为漫沙的小村寨，从服饰、饮食、婚恋、节日、习俗、宗教等方面，为读者描绘了一幅幅具有异域风情的生活图卷，反映出各种文化间的交流、碰撞、矛盾、冲突，真实地表现了文化"混血"地带特有的复杂性与丰富性。

人类学者王铭铭用"中间圈"来描述西南所处的这种特殊文化位置，它正好位于"古代'夷夏'之间的一个宽阔的过渡地带。……真正的'夷'，乃为那些在大一统时代'称臣'于朝廷并与之构成'朝贡'关系的外圈。所谓的中间圈恰是指那些'似夷非夷'、'半文半野'的'夷夏'之间的中间地带"①。应该说，"中间圈"十分准确、形象地点出了西南居于多个文化场域的特殊地理及文化位置，为解读这一地带错综复杂的文化现象进一步提供了思路和方法。而"中间圈"本身又意味着边缘与中心并存的双重属性：既置身主体文明的边缘，又因混杂多种文明而形成自身独一无二的特性。关于这种"混血"特性，霍米·巴巴做过很深入的揭示，他说："混杂性之重要并不在于能够追溯两种本源，而让第三种从中而出，反之混杂性对于我来说，是令其他各种立场得以出现的'第三空间'……文化混杂性的过程引发了一种不同的东西，一种崭新的以前未被认知的东西，引发了一个意义和表征的谈判

① 王铭铭：《中间圈："藏彝走廊"与人类学的再构思》，社会科学文献出版社 2008 年版，第 179 页。

的新时代。"① 这是西南"第三空间"特质形成的一个主因。

　　居于华夏、印度、东南亚文明的特殊位置，使西南具有一种开放、多元的空间格局，与此同时，西南自身又具有极其强大稳定的内部形态，能在一定程度上有效消解部分外来影响，从而避免被某种强大文明彻底同化的命运。这是西南始终未曾彻底融入中原文化圈的根源所在。"西南地区既有高原、盆地，也有崇山峻岭和大江大河，独特的地理环境造就了独特的人文历史：一方面，由于崇山峻岭的阻隔形成一定的封闭状，使彼此间的交流有一定的限制，由此造成了该地区文化的多元性；另一方面，纵横交错的大江大河形成了最初的信息网络，人们借此进行着地区内和地区外的交流，使土著文化中包含了一些其他地区的文化因子。这一特点在旧石器时代已有一定的显现。"② 封闭与开放，土著文化与外来文化交错并存，构建起西南特殊的文化生态场域。关于文明传播，美国人类学家郝瑞（Stevan Harrell）以"文明工程"（civilizing project）一词来形容整个文明中心向外进行文化同化或文化融合的扩张过程，但是很显然，在历史上，这种"文明工程"在西南地区的推进是有局限的，至少远未达到官方预期的效果。远离政治文化中枢的边缘位置，山峦纵横、水流交错的地理形貌，造就了西南地区相对封闭的总体文化环境。这种环境，既能对外来文化构成一定的阻碍、销蚀作用，同时又能较好地保持自身的文化生态。即便是在 20 世纪 50 年代初被郝瑞

---

① 霍米·巴巴：《第三空间：霍米·巴巴访谈》，转引自 Edward W·Soja：《第三空间——去往洛杉矶和其他真实和想象地方的旅程》，陆扬等译，上海教育出版社 2005 年版，第 182 页。

② 王文光、翟国强：《中国西南旧石器文化在中华文化形成中的地位》，《云南民族大学学报（哲学社会科学版）》2004 年第 6 期。

称为"共产主义文明工程"在全国全面推行之后，西南地区也相对明显地保有自己的地域文化特色——尤其是受国家民族政策的照顾而得到尊重和保留的少数民族文化，而这正是西南地域文化中最富于特色、最重要的部分。

总而言之，西南是中国少数民族最为集中的地区，古代就生活着百越、百濮、氐羌等几大族群，各民族之间不断交流、融合、发展，至今这里依然生活着三十余种少数民族。在文化形态上，每一个民族既保有自身的民族特性，同时又部分地吸纳汉文化和其他民族文化的影响，由此形成了西南地区明显异于中原文化圈和其他地域文化圈的复合型文化景观。

二、众声喧哗：文学"混血"叙事

"'三圈'都具有这种文明综合性（'你中有我，我中有你'），但在三圈中，介于各大文明之间的中间圈（如中国西南——东南亚——印度连续统中的中国西南），更明显地是'内外'因素的兼容并蓄地带，因而，构成了文明综合性研究的最佳场所。"[1] 在内外因素共同作用下，西南的地域文化呈现出一种色彩斑斓、错综复杂的杂糅特性，类似于霍米·巴巴提出的"混血"特质，人类学者则以"文化复合性"来概括西南这种人文世界面貌，即"不同社会共同体'你中有我，我中有你'，其内部结构生成于与外在社会实体的相互联系，其文化呈杂糅状态"[2]。

---

[1] 王铭铭：《三圈说——另一种世界观，另一种社会科学》，《西北民族研究》2013年第1期。

[2] 王铭铭、舒瑜编：《文化复合性：西南地区的仪式、人物与交换》导论，北京联合出版公司2015年版。

一个较能充分说明西南的这种文化"混血"状态的事例是地方政权的多元文化取向。唐宋时期，西南的政权主要操控在两个地方政权手中：唐时为南诏，宋代为大理国。不论是南诏还是大理国，在国家文化构成上均较为丰富。本土学者徐嘉瑞认为："其文化之来源，实为西北高原之夏民族文化，及沅、湘流域之楚民族文化。汉唐以来，又不断受中原文化及西藏的影响，加以与西南邻国之军事、商业、宗教等种种之关系，其文化因素甚为复杂。经历悠久之时间，熔为一炉，成为南诏大理之文化体系，造成蒙、段两期之辉煌时代。"①一个很突出的表征是，晚期南诏和整个大理国的统治者多数拥有三个头衔：皇帝、骠信、摩诃罗嵯。皇帝称号自然是取自中原王朝；骠信则是骠国②国君的称号，意为"王"③——南诏、大理强盛时期，势力范围一度达到今天的缅甸一带，与东南亚之间的联系极为紧密；摩诃罗嵯则从梵语 Maharaja 中音译过来，"此云大王，印度及南海诸王之尊号也"④。还有，据史书载，南诏与吐蕃、唐结盟时，吐蕃和唐分别赐给南诏王以"日东王"和"云南王"的称号。地方统治者在称谓上的多样性，从一个侧面反映出其治内文化来源的复杂性。

宗教文化的多样性是最能体现西南文化"混血"特性的重要标志。宗教人类学的创始者泰勒爵士（Sir Edward Tylor）对宗教的解释是，当人试图了解一些无法以日常经验解释的状况与事件时，宗教就诞生了。

①　徐嘉瑞：《大理古代文化史稿》，中华书局 1978 年版，第 133 页。
②　骠国：今缅甸境内古国，公元 832 年为南诏所灭。
③　［法］伯希和：《郑和下西洋考　交广印度两道考》，冯承钧译，上海世纪出版股份有限公司、上海古籍出版社 2014 年版，第 198 页。
④　冯承钧：《元代白话碑》，商务印书馆 1931 年版，第 1 页。

美国国际政治理论家塞缪尔·亨廷顿指出，"任何文化或文明的主要因素都是语言和宗教。"① 在世界范围内，宗教在人类精神生活、文化生活中发挥着至关重要的作用。众所周知的是，宗教性的缺失是以儒家思想为核心的华夏文明的一个特征，其根源在于儒家对"怪力乱神"的抗拒与质疑，以及统治者维护其最高权威的现实政治需要。本土诞生的道教及外来的佛教等教派虽然在民间有一定的基础，并且在历史的某些阶段也曾短暂上升到国家层面受到重视和倡导，但总体而言，宗教在以儒学为正宗的历代官方正统思想里是很少能占据一席之地的。

在西南地区，情况却正好相反，宗教一直在这一区域的精神文化生活中扮演着极其重要的角色，而且宗教的种类与形态皆极为丰富，在全国较为罕见。与东南亚直接接壤的云南最为典型，有研究者指出，"云南宗教形态纷繁复杂，从原始宗教到世界宗教，种类齐全，内容丰富，佛教、道教、天主教、基督教、伊斯兰教五大宗教俱全，尤其具有汉传、南传、藏传三大主要佛教部派，而成为世界上独一无二的地区。云南许多民族至今仍不同程度地保留着本民族的传统信仰，如本主崇拜之于白族、毕摩教之于彝族、东巴教之于纳西族；有些民族几乎全民信仰某一种宗教，如藏传佛教之于藏族，南传上座部佛教之于傣族，伊斯兰教之于回族。"② 云南或者说西南保有如此丰富、特殊的宗教文化形态，与它多民族杂居又处在两大古文明交汇带的地理位置有直接关系。以佛教盛行的大理地区为例，公元 7—11 世纪，控制西南大部分地区的是

① ［美］塞缪尔·亨廷顿：《文明的冲突与世界秩序的重建》（修订版），周琪等译，新华出版社 2010 年版，第 38 页。

② 林超民主编：《滇云文化》，内蒙古教育出版社 2006 年版，第 96 页。

南诏国，南诏以阿吒力（Ari）为国教，这种宗教最初是从藏边地区传入的佛教密宗，由于王室的大力倡导并身体力行，礼佛参禅在南诏国及其之后的大理国内蔚然成风，成为境内白族、彝族等众多少数民族共同信仰的宗教，并一直沿袭下来。元朝初年曾任职于西南的中原人士郭松年在其《大理行记》一书中描绘了佛教在大理一带盛行的情况："其俗多尚浮屠法，家无贫富，皆有佛堂；人不以老壮，手不释数珠……凡诸寺宇皆有道居之。得道者，非师僧之比也。师僧有妻子，然往往读儒书，段氏而上有国有家者设科选士，皆有此辈。"[①]

　　由于时代变迁及政治上等诸多因素，在历史上大理国的核心地带即今云南省大理白族自治州地区，佛事已不复当年盛况，但在当地的主体民族白族中，信佛敬佛之风依然十分盛行，再加之白族固有的本主信仰，所以在大理一带还能感受到浓郁的宗教氛围，在信仰上呈现多元化的色彩。著名的白族诗人晓雪自幼生长于这种文化土壤中，创作上深受熏陶和影响，宗教文化的痕迹较为明显。晓雪的很多作品不仅直接取材于白族民间神话故事，而且其中的宗教色彩十分鲜明。白族信仰的佛教系源自印度佛教的密教，在白族信众敬奉的诸多神灵中，观音神话是流传最广、影响最大的密教神话。《剖腹观音》正是以佛教中的观音为描述对象，表达了对观音"献身精神"的深深敬意。此外，《羊龙潭》讲述牧童除掉兴风作浪的龙王而与小龙女一起幸福生活，反映了白族的龙神崇拜和崇水意识；《飞虎山》《阿央白》等诗作体现了白族民间的道教信仰、原始生殖信仰。最典型的是代表诗作《大黑天神》，这首叙事长

---

① 转引自张泽洪：《多元文化背景下的云南道教——以南诏大理时期为中心》，《贵州民族研究》2006 年第 5 期。

诗取材于大理白族本土崇拜中的神祇大黑天神，描写其为了保护世间百姓而违抗天庭让其到人间播撒瘟疫之令，最终吞下全部瘟疫种子而身亡的悲壮英雄壮举。晓雪的诗歌较为典型地反映了大理及滇西多民族混杂地带在宗教信仰上外来宗教（主要是印度佛教）及本土原始宗教杂糅的复杂文化状态。

西南地区这种多元文化共存、多种信仰并举的特殊形态，在范稳的长篇小说《水乳大地》中得到了淋漓尽致的呈现。这部获得 2004 长篇小说年度优秀奖并入围第七届茅盾文学奖的作品，最成功之处在于充分吸纳了西南丰富的宗教文化资源，尝试以小说的形式去表现西南丰富厚重的人文世界景观。小说以位于川、滇、藏交界的多民族杂居区为背景，以时间为脉络，从近代一直写到 1949 年之后，多条线索并进，展现了多种宗教信仰、教派，以及纳西族、白族、傈僳族等少数民族的原始本土信仰如何在这一边缘地带发生碰撞与抗衡、交流与融合。小说中，藏传佛教、苯教、天主教、东巴教及众多少数民族的原始宗教相勾连相冲突，神山、喇嘛寺、经卷、教堂、神父、修道士、土司、殉情谷……各种各样的宗教及地域文化符号在小说中层出不穷，令人眼花缭乱，为世人呈现了这一远在主流视域之外的"化外之境"中的勃勃文化生机。

这幅令人惊叹的宗教图景并非作者虚构臆造，而是源自这一地带真实的历史背景。为写作此书，范稳展开了扎实的调研，曾数次往返于滇藏交界的香格里拉一带考察、深入体验。该地域位于青藏高原向南延伸的横断山脉腹地，属著名的金沙江（长江上游）、澜沧江、怒江三江并流区域，正好处于汉藏文化及多民族文化交融过渡的特殊地带，历史上长期是多民族迁徙的文化走廊，又是滇藏茶马古道的中转站，由此形成了多民族交错杂居、多元文化共处并存的状况，被称为"诡秘杂糅之处"，堪称民族宗教、民俗文化的"富矿"。范稳在深入考察调研之后不禁慨叹："在书房里，你绝对想象不出一个藏族如何走进天主教的教堂，如何用唱山歌的嗓子吟唱赞美诗；也想象不出澜沧江边的盐民们怎样用最原始古老的方法晒出生活中不可缺少的盐；你更想象不出藏传佛教、天主教、东巴教三种宗教如何在这片狭窄的峡谷里从血与火的争斗到水与大地的交融。在这一方小小的天地里，在一个生存环境极为恶劣的峡谷中，民族、宗教以及他们所代表的不同的文化与信仰，他们所经历的一切苦难和祥和，我以为就是一部 20 世纪人类进步与发展的启示录。"[1] 正是源于如此丰厚的宗教文化作为内在支撑，尽管这部小说在情节设置、人物塑造等方面有所不足，但它仍称得上是一部意义非凡的厚实之作。

除了丰富杂糅的宗教文化背景带给西南文学独特的精神滋养和取之不尽的素材来源外，因文化混血而呈现的别样生活形态、民俗传统、情感倾向等也对文学发生着重要影响，进一步生成西南文学五彩缤纷的形貌和气质，即使是在同一个作家的创作中，这种杂糅性也有充分表现。以哈尼族作家存文学的《碧罗雪山》和《望天树》两部长篇小说为例，前者以滇西怒江大峡谷深处的傈僳族村寨为背景，描写了典型的山地高寒山区、深峡高山的自然环境，还有傈僳族高山农耕——渔猎生活形态、神话传说、民俗节庆、熊图腾崇拜以及外来天主教在当地的渗透等文化生活景观，而后者则将关注目光放到相距几千公里之外的滇南西双版纳地区，描写那里的热带雨林风光，重点表现当地傣族典型的水稻农

---

① 范稳：《四年写本书，就像上了一次大学》，《中国青年报》2004 年 3 月 16 日。

耕文明形态，同时也表现了佛教、印度教及崇尚自由的吉普赛文化等多种思想文化间的交流与碰撞。不论是自然环境还是人文环境，两部小说所呈现的色彩都大为不同，反映了西南独特的山地景致、混血文化基因为文学提供的多元创作空间。

人类学者指出，在西南这样特殊的"中间圈"，"这个区域内世代生活的人们，往往具有一种'文化的复合性格'——他们将自身区分于文明之外，却同时又将文明纳入己身，一方面排斥政治管理与束缚，另一方面又在文化上带有巨大的包容性。他们的社会，往往不是由单一的文化构成，而是'由不同文化构成的文化'，充满了杂糅的迷人魅力。"[①]文学作为承载历史与现实的特殊载体，忠实地记录、再现了这样的地域特性，自身也发散着因多种文化滋养而特有的斑驳光彩。

[①] 王铭铭：《中间圈："藏彝走廊"与人类学的再构思》，社会科学文献出版社2008年版，第68页。

第三章

荒野之歌：西南文学的自然属性

在影响、决定西南文学面貌及气质的三个主要基因中，自然环境发挥着独特的效能。它把一种原始古朴的自然生态观念植入写作者的潜意识之中，驱动他们自觉或不自觉地去摹写西南异彩纷呈的自然风光，书写人与自然间的亲密关系，从而使西南文学在整体上呈现出鲜明的自然属性。这里所谓的自然属性，主要有两方面所指：一是山水文学较为发达，在内容摹写、作品数量上均占有一定优势；二是作品中存在着普遍的山水情结与自然崇拜观念。这两个特质在一定程度上中和并冲淡了西南文学的社会性和时代性，使其表现出某种不合潮流的慢节奏感，以及精神气质上的散漫自在。更为重要的是，自然属性也使西南文学整体上呈现出一种与现代生态价值观相契合的取向，具有清新健朗的地域风格。

在中国的主流文学中，山水文学是十分发达的一种类型，不过，在作家们笔下，多将自然视为与审美主体（人）对立存在的客体，是客观审美对象，并常常将"物"内化为作家的人格情志化身，即黑格尔所说的"人化自然"。黑格尔是从认识论角度提出这一观点的，他认为人把自己的意志贯彻到外在世界的时候，自然事物才达到一种较大的完整。因此，人把自然环境"人化"了。"人化自然"在本质上是被人类主体意识所覆盖的、异化了的大自然。以黄河、长江中下游为核心的华夏文化圈，由于地理环境的优势和生产技术的进步，早已形成成熟完备的农耕文化体系，在人与自然的关系中掌握了主动权，居于主体地位，早在先秦时期，孔子所说的"仁者乐山，智者乐水"中的"山"和"水"，实质上已经是"人化自然"了。此后中国文学史中繁盛的山水文学，进入作家们笔端的大多数是已被人的意识改造过的山水风景，故而王国维指出古代诗歌"皆以描写自己之感情为主。其写景物也，亦必以自己深邃之感情为之素地，而始得于特别之境遇中，用特别之眼观之。故古代之诗所描写者，特人生之主观的方面；而对人生之客观的方面，及纯处于客观界之自然，断不能以全力注之也"①，确实切中肯綮，把握到了中国正统山水文学的实质。

西南文学显然与这样的传统有所背离。首先，它赖以存在的生境，大部分是远离工业文明、依然较好保持着原生形态的荒野现场；其次，工业化、商品化在西南地区的普及较为有限，在很多深山峡谷地区，即斯科特所说的"文明缘何难上山"的地方，千百年传承下来的形态多样的山地农耕劳作方式还在延续，这种生产方式的最大特性是人对大自然具有高度依赖性，在此基础上形成的山地农业文化体系本身就是一种以自然为核心的次文化体系。因而，相较于主流文学中大多已被"收编"

---

① 王国维：《屈子文学之精神》，见《中国现代美学名家文丛（王国维卷）》，浙江大学出版社 2009 年版，第 132—133 页。

的"人化自然"，西南文学中的自然最大程度地保有生态学意义上的"荒野"本质，是一种"自然的自然"，人对自然充满依赖和敬崇，文学中所呈现的传统山地生产生活形态，十分接近卢梭所倡导的那种以自给自足、欲望单纯、独立于文化和技术、与自然和谐相处的模式。生态环境、生产方式、文化特性等多方面因素，影响了西南文学的生成形态，使其在整体上表现出一种质朴而鲜明的"自然属性"。

第一节　荒野之镜：西南文学中的生态自然

当代主流文学发展中一个不容忽视的现象是文学创作中自然环境描写的弱化甚至是消失，尤其是在数量众多的都市题材作品中。写作者更愿意去表现现实生活、都市欲望，发掘碎片化时代现代人的情感与精神世界，或是醉心于寻求技巧上的创新与突破，表现出疏离大自然的倾向。这其中，作家生存经验的缺失也是一个重要原因。钢筋水泥铸就的大都市本身是对自然山水的背弃，公园里各种人造景点至多只是精致的自然"赝品"，与荒野自然的质朴与野性有着天壤之别。大同小异的人造自然带来的是审美的疲劳和精神上对自然的疏远，从而折射进文学创作之中。

边地文学正好弥补了这一缺憾。在都市化程度相对不高、依然保有较多原生态大自然的西南、西北等地区，文学一直保持着与大自然的密切联系，在一定程度上延续了中国山水文学的传统——当然，相较于主流文学中的"人化自然"，边地文学中的山水更接近原生态的荒野自然。在西南，地理形态的复杂性、气候类型的多样性，造就西南大地千姿百态的自然生态环境，天然地为作家的创作提供了多元化的选择和倾向自然的开阔创作视野。山地高原特有的景致和风貌，潜移默化地影响写作者的审美世界，在文学创作中不动声色地成为底色和背景，崇山峻岭、奔涌激流、悬崖峭壁、古木莽林、草甸花海、平坝稻香……自然地流淌于西南作家笔端，是他们永远描绘不尽的充满勃勃生机的自然画卷。在西南文学中，景致风物的变幻无穷是一个足以打动任何一个挑剔读者的重要元素。细细品读，读者会发现，从神秘庄严的巍峨雪山到郁郁苍苍的热带雨林，从牛羊遍野、酥油茶飘香的香格里拉藏区草原到孔雀展屏、瓜果满枝的西双版纳坝子，从峡深滩急、酒香飘溢的茅台古镇到山高林密、木鼓声声的阿佤山……这些反差极为鲜明的地域景观，在西南文学里和谐并存，组合成一幅幅令人赞叹不已的高原画卷。多种多样的地貌、物种、生存场景，使得西南大地成为一个变化多端的万花筒，充满魔力和奇幻色彩，为写作者提供了丰富的生命体验和写作范本。

一、流连山水间："他者"眼中的自然荒野

在历史上，西南虽为边隅之地，交通阻塞，烟瘴却人，但依然有为数不少的文人墨客因不同原因到过西南，如前文提及的徐霞客、何景明、杨慎、王守仁、李贽、郭松年等。近代以来，由于交通条件的改善，如滇越铁路的开通，使得更多的人有机会深入边地，包括西方的传教士、探险家、科学家等各色人士。抗战时期，在战火胁迫下，大批文化界人士辗转迁徙进入西南，正式打开了长期与外界隔绝的边地大门。1949 年新中国成立后，极为重视边地的开发与建设，更多的文化力量涌入西南，开启了西南的全新征程。这是西南在历史上与内地甚至是西方先进文化、文明发生联系的大致历程。这些带着不同目的踏入西南的

文人学者，在以一种文化比较视野面对西南落后的社会状貌之时，也几乎是不约而同地被西南完好的原始生态、神奇瑰丽的自然美景所慑服，这从他们大量的写山状水文字便可窥见一斑。同时，透过这些"他者"之眼，外界得以窥见西南山水胜景的丰富斑斓。

历史上，很多人是通过《徐霞客游记》才了解到原来在西南这样的檄外之地居然隐藏着那么多"不出人间"的奇山异水，所以称徐霞客为西南山水的"第一知己"毫不为过。不过，先于徐霞客一个世纪，已经有人在诗文中大量描绘了边地的美景、奇景，堪称西南山水的第一位"有缘人"，此人便是杨慎。杨慎因嘉靖三年（1524年）的"大礼议"事件触怒明世宗，被杖责罢官，谪戍云南永昌卫（今云南保山地区）。杨慎戴罪谪居西南三十余载，内心的愤懑失意可想而知，幸而"山川之美，独可登临，使余了谪居，而忘故里"①。失意时寄情忘怀于山水间，历来是中国文人文化中的一个传统，杨慎也概莫能外，"我辞承明到南滇，登临足迹遍山川"②，在寻幽访胜中，杨慎得以饱览众多"向者未尝见"之山水，"如醉而醒""神爽飞越"③。有研究者指出，杨慎的山水诗"不仅数量多，而且佳作也多，其中尤以写云南、贵州之作最出色，可以称得上是他诗歌中最精彩的部分"④，这自是得"江山之助"的缘故。

---

① （明）杨慎：《安宁温泉诗序》，见秦栋编注：《杨慎戍滇诗集》，云南民族出版社2012年版，第151页。

② （明）杨慎：《鸡足山歌》，见秦栋编注：《杨慎戍滇诗集》，云南民族出版社2012年版，第55页。

③ （明）杨慎：《游点苍山记》，见《升庵遗集》卷二十一，上海古籍出版社1993年版。

④ 丰家骅：《杨慎评传》，南京大学出版社1998年版，第64页。

就风格而言，杨慎的边地山水诗可大致分为两类：一类以长居地滇中一带及诗人常游的大理为书写对象。此类诗数量最多，所涉也广，多记诗人与友人交游唱和、泛舟滇海、登临名山、寻访古刹，描写四时美景、奇花异草等，写景优美，文字清丽明快，反映出诗人谪居生活中宁静闲适的一面。

> 苹香波暖泛云津，渔枻樵歌曲水滨。天气常如二三月，花枝不断四时春。
>
> 海滨龙市趁早畬，江曲渔村弄晚霞。孔雀行穿鹦鹉树，锦莺飞啄杜鹃花。①

这两首诗中，前一首描绘滇池一带四季如春、鸟飞花盛的优美景色，后一首写的是大理洱海渔帆点点、轻波荡漾之景，笔触柔婉，极富诗情画意，堪比江南水乡的宁静秀美。滇中及大理洱海地区为西南极少的地势平缓之地，且气候宜人，物象丰富，经济上较为富裕。在这样的环境里，杨慎内心的郁愤得到了暂时的慰藉与舒缓，诗歌气象趋于宁静平和，内在情感愉悦，显示了大自然对人心灵的疗治、陶冶之神奇功效。

另一类格调上却大有异趣。像滇中、大理这样的"温柔真此地"②毕竟极少，西南大部山峦绵亘，陡峭奇险，杨慎谪戍期间曾十余次

---

① （明）杨慎：《滇海曲》，见王文才选注：《杨慎诗选》，四川人民出版社1981年版，第166、167页。

② （明）杨慎：《安宁温泉诗》，见秦栋编注：《杨慎戍滇诗集》，云南民族出版社2012年版，第151页。

返川探亲，所经路途为川、滇、黔交界最为险峻之地，加之他常年在云南各地漫游，翻山越岭极是寻常，所以诗中也多对雄险山地景象的描绘：

　　十里闷头箐，三盘滴泪坡。白日景曈隔，青泥岁月多。步滑云中藓，手攀天上萝。朱鸢沾不度，玄猿喋似踽。马蹄畏湿泞，车耳愁登陁。倦头暝驿宿，旅影春灯讹。自古行路难，君今可若何。且欣故里近，酌言聊遂歌。①

与《滇中曲》相比，这首《自鬼崖至桐梓》可谓笔意陡转，褪尽婉丽而尽显刚硬。诗歌描写在不见天日的高山深峡中行路的艰难，但见陡峰峭立，直插云端，如此险境，连飞鸟、猿猴都难以穿越，诗人穿行于云雾中，脚下苔藓湿滑，只能用手攀着崖壁上的藤萝艰难行进，不由发出"自古行路难"的感慨。此类写景，较有代表性的还有："玄箐不知春，白谷常如晓。俯瞰无人居，仰观绝飞鸟"②；"一盘溪谷低，仰首愁攀跻。蚕崖白云上，鸟道金天西。……六盘穷攀援，真如上青天。下瞰已峻极，上望更巍然"③；"蜻蛉川，砸碌野。铁箐穷崖，飞鸟不下"④；"君不见雪

_____

① （明）杨慎：《自鬼崖至桐梓》，见《升庵集》卷三，上海古籍出版社1993年版。
② （明）杨慎：《木瓜十二渡》，见秦栋编注：《杨慎戍滇诗集》，云南民族出版社2012年版，第20页。
③ （明）杨慎：《七盘劳歌》，见《升庵集》卷三，上海古籍出版社1993年版。
④ （明）杨慎：《蜻蛉谣》，见秦栋编注：《杨慎戍滇诗集》，云南民族出版社2012年版，第77页。

山玉立天西头……恍如方壶与瀛洲"①……这类作品，既生动描写了西南艰险至极的自然环境，同时也表现了无比雄奇壮丽的荒野之美。

西南特殊的生态环境开始引起西方关注是在近代。美国探险家、植物学家约瑟夫·洛克（Joseph Charles Francis Rock）是较早进入西南腹地的西方人之一，他也是系统地向西方社会展示西南自然美景与民风习俗的第一人。20世纪20年代，洛克受美国《国家地理杂志》、美国农业部、哈佛大学植物研究所委托，深入西南的川、滇、藏接合部一带进行考察，此后痴迷于纳西东巴文化，在丽江等地生活长达二十七年。在考察期间，洛克撰写了系列介绍西南自然美景、风土人情的文章，拍摄了很多图片，刊发在美国《国家地理杂志》上，引发了西方对中国西南这片人间秘境的兴趣和关注。作为一名来自文明世界的"他者"，洛克在面对西南社会状况、土著文化时，不可避免地流露出某种优越的心态，然而，他却深深地为西南大地上壮美的自然之景所折服，甘心在这样的人间奇景面前俯首称臣。他常常是怀着激动的心情描绘各种美景，文字中充满抑制不住的惊叹和赞美：

> 世界上还有什么地方能比云南西北部更美吗，这些河流不仅将高原变成了巨大的山脉，而且制造了阴影深深的深谷和无人能进的幽谷……在我们经过的路上，铁杉下面主要是些藤丛，地表上覆盖着厚厚的苔藓，起伏的路就像蓝白相间的海洋，还有龙胆和火绒草都开得十分鲜艳。在铁杉林的外围是一片片杜鹃，这儿确实是花

---

① （明）杨慎：《雪山歌》，见秦栋编注：《杨慎戍滇诗集》，云南民族出版社2012年版，第57页。

的海洋，各种花争奇斗艳，空气爽人心脾，阳光明亮辉煌，鸟儿欢歌乱舞。整个世界焕发出勃勃生机，万物都享受着愉悦的生命。视野所及之处是从北到南绵延无尽的山脉……我们的四周都是雄伟之景，奇特宏伟的山脉、古怪神秘而不为人知的深渊、奔腾的大河以及住在峡谷深岭中的神秘部落，这一切组成难以抵挡的魅力……（《神奇的原始山谷》）①

在这段文字里，洛克不吝溢美之词，向世人描绘了一个由高山深峡主宰的世外绝境，那里大河奔涌，林木茂盛，各种花草争奇斗艳，阳光明媚，空气澄净，一切充满勃勃野性生机。这种原生态自然，正是在西方文化中极受重视的荒野。美国于1964年颁布了《荒野法》，其中对荒野的定义是："土地及生命群落未被人占用，人们只是过客而不会总在那儿停留的区域。"20世纪20年代，呈现在洛克面前的西南，大部分地区就是这般与人世无涉的原始荒野，它们从亘古以来就一直这般模样存在着。可以想见，带着收集动植物种子、标本使命而来的洛克，面对这样物种丰沛的荒野大地，是多么新奇、兴奋，因而尽力用极富魅力的语言向遥远的西方读者呈现中国西南腹地无与伦比的野性美。

洛克关于西南的最重要的著作《中国西南古纳西王国》，同样大量描写了西南的荒野自然。此书根据作者在云南、四川、西藏接合地带所进行的田野考察而写成，具有极其珍贵的历史和地理价值，同时也是一部出色的山水游记。书中用了很多篇幅来描写在考察途中所见的千变万

---

① 转引自王坤红：《原始之镜——怒江大峡谷笔记》，云南人民出版社2001年版，第217页。

化、美不胜收的绮丽景致，处处可见"异常美丽""十分美丽"等极富感情色彩的字眼，另外，"其美丽难以用文字形容"，"使我永生难忘"，"这里的景致的确壮美非凡"，"这里的确是一幅难以描写的美丽图画"，"它的风景是美丽无比的，等待着爱好自然者的欣赏"，"这里的确是一个荒野但美丽的区域"，"我们面前是一幅美丽的画境"①……类似的惊叹与赞美在文中屡屡出现。在鬼斧神工、层出不穷的自然美景面前，作者已经深感语言的匮乏。不过在作品中，洛克还是竭力通过笔下的文字来传递那些摄人心魄的美景：

> 永宁湖②是全云南最漂亮的一个湖，无法想象还有比这更美的环境，深蓝色湖水清澈得像水晶一样，在长有森林的小山脚下，山的各边形成深谷，谷里的小溪流入湖里。这里的一片安静和平气氛的确太美妙了。小岛像船只一样浮在平静的海上，一切都是宁静的，真是一个适合神仙居住的地方。③

> 峡谷本身的景致真是无以伦比，顶上覆盖着白雪的悬崖，像钻石的皇冠闪闪发光。17000英尺（5182米）的山峰高高地耸入藏区蔚蓝色的天空，而在山脚，约10000英尺（3048米）以下，亚洲最大的河流在奔流。峡谷越深越窄，平静的江水渐渐变为汹涌澎湃咆哮怒吼的洪流，飞溅的浪花冲击着狭窄的峡谷。目睹这条江水凶猛

---

① ［美］约瑟夫·洛克：《中国西南古纳西王国》，刘宗岳译，云南美术出版社1999年版，第190、227、145、153、175、190、227、227—228页。

② 永宁湖：今称泸沽湖。

③ ［美］约瑟夫·洛克：《中国西南古纳西王国》，刘宗岳译，云南美术出版社1999年版，第290页。

的气势，不禁使人毛骨悚然。这条江水冲破很多坚硬的黑石灰岩，冲击着雄伟的玉龙山山脚。这条雄伟的大江越往前，开辟越深，冲决着一个个的山岩障碍，甚至冲决了这座高近20000英尺（6096米）的大山的阻拦。……在上万英尺高的峡谷上面，看下面狭窄山谷里汹涌的江水，禁不住使人头晕目眩。①

正是这样大量的对西南无与伦比自然美景的描绘，激发了当年远在西方的詹姆斯·希尔顿的灵感和激情，从而创作出《消失的地平线》这样的经典作品来。1949年离开中国后，洛克对西南这片奇异的土地念念不忘，他深情地说道："那么多美丽绝伦的自然景观，那么多不可思议的奇妙森林和鲜花，那些友好的部落，那些风雨跋涉的年月和那些伴随我走过漫漫旅途、结下深厚友谊的纳西朋友，都将永远铭记在我一生最幸福的回忆中。"②辞世前在夏威夷的医院里，他在写给友人的信中这样说："与其躺在医院凄凉的病床上，我宁愿死在那玉龙雪山的鲜花丛中……"③

西南的自然美景在当代知青文学中也有体现。20世纪六七十年代，西南边疆成为知青上山下乡的重点区域，从这里走出去了一批知青作家，如王小波、阿城、叶辛、邓贤等。这些作家在个性气质、创作风格

---

① ［美］约瑟夫·洛克：《中国西南古纳西王国》，刘宗岳译，云南美术出版社1999年版，第173页。
② ［美］约瑟夫·洛克：《中国西南古纳西王国》前言，刘宗岳译，云南美术出版社1999年版。
③ ［美］S.B 萨顿：《约瑟夫·洛克》，见约瑟夫·洛克：《中国西南古纳西王国》，刘宗岳译，云南美术出版社1999年版。

上各有特色，但在他们描写知青生活的作品中，却共同拥有一种或浓或淡的西南边地味道，其中自然少不了对西南边地绮丽自然景致的描写。王小波的《黄金时代》中，地处中缅边境的热带山野是孕育、容纳王二和陈清扬"革命情感"的温床，充满勃勃生机的稻田、热带森林、橡胶林、芭蕉叶、河畔的鹭鸶……与一个混乱年代里逆势生长的激情相得益彰，这个意在张扬个性、人性的故事，如果重新置换一个环境，不能想象其艺术感染力是否还会如此强烈？阿城在当代属于低产高质的作家，他广为人知的代表作"三王"系列及短篇集《遍地风流》中的不少篇什以云贵高原为背景而展开，其中的景物描写极为出色，为小说增色不少。"山被直着劈开，于是当中有七八里谷地。大约是那刀有些弯，结果谷地中央高出如许，愈进峡口，便越低。森森冷气漫出峡口，收掉一身黏汗。近着峡口，倒一株大树，连根拔起，仿佛谷里出了什么不测之事，把大树唬得跑，一跤仰翻在那里。峡顶一线蓝天，深得令人不敢久看。一只鹰在空中移来移去。峭壁上草木不甚生长，石头生铁般锈着。一块巨石和百十块斗大石头，昏死在峡壁根。"①这是《峡谷》一篇中极精彩的一段景物描写，用的正是阿城所擅长的白描手法，间以拟人手法，文字精练之至，不过寥寥数笔，将高原深山峡谷万仞陡立的险奇景象状写得栩栩如生，一股坚硬的高地气息扑面扑来。还有写万丈绝壁间的怒江峡谷："怒江在西北天际亮亮而来，深处似涓涓细流，隐隐喧声腾上来，着一派森气。俯望那江，蓦地心中一颤，惨叫一声。急转身，却什么也没有，只是再不敢轻易向下探视。叫声漫

---

① 阿城：《遍地风流》，作家出版社 1998 年版，第 9 页。

开，撞了对面的壁，又远远荡回来。"①阿城摒弃了细节描写，只从人的感觉着手，将人面对怒江峡谷时所产生的震撼、畏惧心理如实传达，反衬自然的险奇。这样的环境描写，若非有切身的生活体验，是绝难写得如此形神兼具的。

对于从平原或是从文明渊薮区域来到西南的异乡"他者"而言，千姿百态的高原山地在他们眼前呈现出的是一种陌生的、极富冲击力的审美形态，在他们心里形成异样的生存体验和审美感受。在这种野性自然面前，作家原有的美学经验已悄然失语，无法准确地去描述这种全新的感知，于是，几乎是本能的选择，在叙事上，作家大多舍弃自己熟悉的话语方式，转而追求用最直接也最朴实的方式去进行书写，即不加修饰地把所见所感忠实地记录下来，从而使文字直接与自然对接，最大程度地传达出自然荒野的本色。

二、山非山，水非水：物我交融的生命经验

在他者眼中，西南充满野性的荒野山水是纯粹的客观在场，人们的描写、惊叹，更多是基于一种本能的审美反应。在这种审美关系中，主体与客体之间的界限是清晰的，审美行为的发生合乎心理逻辑规律，主体在其中始终占据主导地位，控制着审美活动的过程，也就是说，这种审美活动是偶发性的、碎片化的。本土作家的审美体验却不同于此。于他们而言，大自然既是外在物质世界，也是内在的精神家园，对于自幼就熟悉的山山水水，审美已经在不知不觉中退居其次或是转为内在，而对自然的尊崇、敬畏、感激等种种主体感受往往上升成为主导因素。佛

---

① 阿城：《遍地风流》，作家出版社 1998 年版，第 11 页。

教以人对山水的了悟程度来象征人生的三重境界：看山是山，看水是水；看山非山，看水非水；看山还是山，看水还是水。如果去掉其中的象征意味，纯粹从人与山水的关系来说，他者眼中所见西南荒野，不过是看山是山，看水是水的初级审美，而对于生长于斯的西南作家来说，山水已经打上他们的情感烙印，二者之间不可能只是一种简单的主客审美关系，而是升华为具有情感投射的"山非山，水非水"的更深美学范畴。因而，他们所描写的自然物象，既有客体的特性，更蕴含着写作主体的生命感受，在他们笔下，荒野自然具有了人格化的甚至是某种神性特质。

秋天的下午 我独坐在大高原上 / 巨大的红叶 飘在阳光和天空之中 / 世界的声音涌来 把我的耳膜打湿 / 那是树叶和远方大海的声音 / 那是阳光和岩石的声音 / 那是羊群和马群的声音 / 那是风和鹰的声音 那是烟的声音 / 那是蝴蝶和流水的声音 /……/ 秋天的下午 我独坐在大高原上 / 听到世界的声音传来 / 这伟大的生命的音乐 / 使我热泪盈眶 ①

这是诗人于坚于 20 世纪 80 年代创作的众多"高原诗"中的一首。"大高原""阳光""天空""树叶""岩石""羊群和马群""风""鹰""蝴蝶""流水"等一系列密集意象，构置出一幅壮阔的高原荒野图像。这幅图像并不是诗人"看"（审美）的结果，而是"听"（心灵）的结果，呈现了一种人（主体）与自然（客体）之间的交融共生、亲密无间的生存经验。诗歌并没

---

① 于坚：《于坚的诗》，人民文学出版社 2000 年版，第 55 页。

有具体去描写客观景象，而是以"听"为导引，直接进入主观抒情层面："这伟大的生命的音乐／使我热泪盈眶"。在这里，诗歌消弭了主体与客体之间的隔阂和界限，独坐在大高原上的"我"，不过是这浩大世界的一个部分，人与自然达到了一种和谐共存的美好状态。

　　这样的写作取向，主要取决于于坚自小在自然山水中所获得的美学启蒙，他始终视大自然为自己的人生启蒙导师，声称对自然一直怀着炽热的"爱情"①，因而，他所描绘的各类山水意象，无不充溢着一种内在的激情，使得荒野有了生命，有了温度，而不仅仅是冰冷的客观对象。

> 在我故乡的高山中有许多河流
> 它们在很深的峡谷中流过
> 它们很少看见天空
> 在那些河面上没有高扬的巨帆
> 也没有船歌引来大群的江鸥
> 要翻过千山万岭
> 你才听得见那河的声音
> 要乘着大树扎成的木筏
> 你才敢在那波涛上航行
> 有些地带永远没有人会知道
> 那里的自由只属于鹰
> 河水在雨季是粗暴的

---

① 参见于坚：《大地随笔》，陕西师范大学出版社 2010 年版，第 25 页。

> 高原的大风把巨石推下山谷
>
> 泥巴把河流染红
>
> 真像是大山流出来的血液
>
> 只有在宁静中
>
> 人才看见高原鼓起的血管
>
> 住在河两岸的人
>
> 也许永远都不会见面
>
> 但你走到我故乡的任何一个地方
>
> 都会听见人们谈论这些河
>
> 就像谈到他们的神 ①

　　"河流"是于坚诗歌中写不尽的一个重要意象，另一个是高山，这首直接命名为《河流》的诗，首先以一种全景视角描绘高原大地上的河流，它们在高山峡谷间自在而寂寞地奔涌，波涛滚滚，江面辽阔，流域内很多地方人迹罕至。雨季时河水暴涨，高原上的狂风把山上的巨石吹落进江水中，大量泥土被雨水冲刷进江流里，江水呈现出血液般的红色。从表达内容来看，诗歌描绘出高原江流的雄伟气势与神秘气质，显示出荒野的不羁野性。然而诗人并非客观写景，而是融进了自己的情感体验："我"和"你"角色的嵌入，对河流的拟人化设置，以及不加掩饰的崇拜抒情——"但你走到我故乡的任何一个地方　都会听见人们谈论这些河　就像谈到他们的神"，——从而使诗歌游走于客观写实与主观抒情之间，景物描写始终为作者的情感所支配。

---

① 于坚：《于坚的诗》，人民文学出版社 2000 年版，第 10 页。

需要指出的是，于坚这种写作方式与传统山水文学中的情景交融有着本质上的不同。中国古典文学历来重视文学创作的"移情"作用，以"观山则情满于山，观海则情溢于海"为写景的绝佳境界，主张审美主客体交融一体，故而王国维才会说"一切景语，皆情语也"。这种审美范式将主体情感投注进审美客体身上，追求物我浑然一体的境界，在"昔我往矣，杨柳依依，今我来思，雨雪霏霏""感时花溅泪，恨别鸟惊心"这样的诗句中，其中物象，无不承载着抒情主体的喜怒哀乐，也即客观景物完全受主体意志、情感的支配，二者之间的主次关系极为分明。而在西南这种特殊的生态环境里，自然崇拜一直有着适宜的生存土壤，在人与自然关系中，自然在很大程度上依然占据主导地位，反映在文学创作心理上，即表现为写作主体对自然对象的单向度虔诚，这种虔诚主要以崇拜、畏惧心灵感受等为特征。就像在于坚写山状水的文字中，读者感受到的并非是诗人的一己情感、私欲的象征性表述，而是某种具有共性特质的、博大而纯粹的人类对于荒野自然的尊崇与膜拜。概言之，传统山水文学主要借山水来抒发个体的小我情感，而在西南文学中，则主要表达人类对大自然所具有的一种原始情怀——敬畏，以及从这种关系中获得的震撼和感悟，从本质上说是一种"大我"情感。

因为对自然的崇拜，在西南作家对山水自然的描摹中，常常表现出明显的超验意境，用现象学美学家英伽登（Roman Ingarden）的话来说就是作品具有"形而上质"——艺术家所创造的意向性客体所具有的"崇高、悲剧性、恐怖、震惊、神秘、丑恶、神圣、悲悯"等特征，"他们往往透露于复杂的和往往是零零散散的情境或事件中，犹如大气弥漫于该情境只能感知的人与物上，以其光芒穿透和照亮每一对象"①。还是以于坚诗歌为例，他所描写的高山、河流等对象总是给人以神秘、神圣的印象，是超越人格的力量存在，人在这种存在面前不由自主地感到渺小和无力。

越过这块空地

世界就隆起成为高原

成为绵亘不绝的山峰

越过这片空地

鹰就要成为帝王

高大的将是森林

坚硬的将是岩石

身后是平坦的天空

我和高原互相凝视

越过这块空地

我就要被它的巨影吞没

一叶扁舟

在那永恒的大波浪中

悄无声息 ②

---

① ［波兰］英伽登：《对文学的艺术作品的认识》，陈燕谷译，中国文联出版公司1988年版，第291页。

② 于坚：《作品111号》，《上海文学》1999年第2期。

这首诗充满了从山地生存经验中获得的哲学感悟。在自然面前，人试图与之平等对话（相互凝视），然而在对视的一刹那，"我就要被它的巨影吞没"。与伟岸、永恒的自然界相比，人的生命不过是大波浪中一叶悄无声息的扁舟。正是大自然让诗人意识到自身的渺小，明白了人应该在荒野中持有谦卑的姿态。

> 高山把影子投向世界
>
> 最高大的男子也显得矮小
>
> 在高山中人必须诚实
>
> 人觉得他是在英雄面前走过
>
> 他不讲话 他怕失去力量
>
> 诚实 就像一块乌黑的岩石
>
> 一只鹰 一棵尖叶子的幼树
>
> 这样你才能在高山中生存（《高山》）

> 怒江流得冷静
>
> 一身黑衣的大法官
>
> 目光炯炯（《横渡怒江》）

> 群峰像一群伟大的教父
>
> 使我沉默
>
> ……
>
> 面对千山万谷我一声大叫
>
> 想听自己的回音但它被风吹落

······

我颤抖着贴紧发青的岩石

就像一根发青的白草（《作品 57 号》）①

在这些诗句中，人与自然构成了鲜明的对照。大自然是巨大、神圣、威严的，诗人用了"英雄""大法官""伟大的教父"这类在世俗人间里代表着力量与正义的形象来类比，突出山水在心中神圣不可侵犯的巨大存在感；与之相比，人则尽显渺小、无力、卑微，对自然充满敬畏之心。这种生命感受，对于没有长期山地生活经历的人而言，是很难想象和理解的，这也是西南自然文学的特色之一。

当然，于坚的写景文字也有柔软的一面，在这类作品中，他笔下的高原大地呈现出另一种质感。"云南在中国南方以西，西部以南；永恒的春天、阳光、花朵，总是在开放的省；在云南，花朵在每一日开放。舒缓的红色高原、河流、湖泊、巍峨的蓝色群山，云南的西部向世界的高处攀援，南方则进入亚热带丛林，长满世界上最美丽的植物。这是中国最柔软的省份，就像云南这个词一样，给人一种永远是蓝蓝的天，飘着些懒洋洋的白云的印象"②；"在美丽的大地上漫游。虫子们在各种不同的高度吟唱，白鹭站在田埂上看农人种地。气味，竹子和草的气味，牛和狗的气味，鸟和米的气味。道路，在雨季泥泞的道路，我们的祖先最初就是这样在路上走。水井，白色石头垒起的水井。少女们。"③ 在这

---

① 于坚：《于坚的诗》，人民文学出版社 2000 年版，第 3、12、38 页。

② 于坚：《大地随笔》，陕西师范大学出版社 2010 年版，第 60 页。

③ 于坚：《大地随笔》，陕西师范大学出版社 2010 年版，第 103 页。

类书写中，于坚同样放弃对景物状貌的具体描摹，而是在内在情感驱动下直接进入"形而上"层面抒情写景，大自然既是有形的——体现为各种物象，也是无形的——一种无所不在的威力与魅力，就像古希腊诗人赫西俄德在《神谱》中描绘的奥林匹斯山、伊达山一样，处处显出神圣与威严。

除了于坚式的"激情"写景外，在西南文学中还存在另一种书写自然景观的方式：以冷峻、客观的态度来描摹高原山地环境的险峻峭拔，在不动声色的呈现中潜含着敬畏、无奈交织的复杂情感，同样也表现了人在大自然面前的渺小和脆弱。这种写景手法，在西南一个重要的当代地方文学群体——昭通作家群的创作中十分普遍。

昭通作家群崛起于地域环境极为特殊的乌蒙山区。乌蒙山是云贵高原上的主要山脉之一，位于滇、黔、川三省交界，是金沙江与北盘江的分水岭，由云南昭通绵延至贵州威宁、赫章一带，总长在 250 千米。整个乌蒙山区群山起伏，绵延不绝，平均海拔在 2000 米以上，域内峡谷深切，如斧劈刀削，交通不便，大部分山区生存环境十分恶劣。这里也是历史上西南地区最早与中原文明发生接触的地带，《史记·西南夷列传》所载"秦时尝额略通五尺道"中的"五尺道"即由四川宜宾进入云南昭通地区，因而这一地区又有着悠久的历史文化传统，千百年来文脉不衰，昭通作家群即是这一特殊地理环境与人文环境共同作用下的产物。受自然条件影响，昭通作家群创作中的一个共性是擅写乌蒙山区景致，笔力沉郁坚硬，具有悲壮美的气质。

曾获鲁迅文学奖的夏天敏自幼生长于乌蒙山区，对这样的地理环境自然十分熟悉，他的作品中有大量险奇壮美的景色描写。这些外在景物描写，既突显了作品硬朗冷峻的叙事风格，同时也是烘托人物个性、情节主题的重要因素。在长篇小说《两个女人的古镇》中，故事发生地"是个古老的集镇，有山、有水、有古驿道。山不是平庸的山，是雄奇险峻的山，雄奇得摩天连云，青兀兀地横亘；水不是隽秀的水，是浩浩荡荡、急流回旋的水。这里的山壁立千仞，刀劈斧削似的。苍鹰飞旋，是贴着崖壁的。绝壁的对面，仍然是山，山与山之间夹一线江水，是谓峡谷了"①。古镇的位置十分险峻，高悬于山壁之上，终日云遮雾绕，一条窄窄的五尺道从小镇中心穿过，又伸入远处的天边。摩天连云的高山、急流回旋的大江、刀劈斧削的绝壁、深不可测的峡谷、盘旋于峭壁间的苍鹰、悬挂山腰的古镇……小说开篇以精炼笔法，寥寥数笔即勾摹出大山深处特有的景致，如在读者眼前展开了一幅立体逼真、雄险异常的高原山水图卷，读之令人生畏。

小说《猴结》里的环境描写也十分出色，夏天敏采用了类似"分镜头"的手法，引领读者从不同角度感受乌蒙山的雄奇险峻。先俯瞰："站在山上看金沙江，金沙江是千山万壑中的一线细流，江水是橙黄色的，是凝止沉重固定的，它不流动，就像有人在莽莽群山构成的谷底浇注的钢水，钢水尚未冷却，在山谷间蒸腾着腾腾热气，腾腾热气凝结成雾、成云、成岚，一个山谷就云蒸霞蔚，流岚缭绕了，把山谷分割得七零八落，支离破碎。"再近看："只有走入谷底，你才领略体味到什么是雄浑壮阔，什么是神奇深邃，什么是摧枯拉朽，什么是振聋发聩。凝止的钢水溶化了，一线细流变成了深邃湍急的江流，橙黄色的江水咆哮着，奔涌着一个一个湍急的漩涡，把人的魂魄都漩走了。巨大的浪花，百折不挠地啃噬钢蓝色的崖脚，把耸入云天的山崖啃噬

---

① 夏天敏：《两个女人的古镇》，云南人民出版社 2010 年版，第 1 页。

得簌簌发抖，一根巨大的圆木，或者一条小船，眨眼之间就不见了踪影，被江水吞没到了深不见底的江底。"最后是仰视："金沙江边的山崖，高得令人头晕目眩，山崖壁立垂直，钢蓝色的崖壁，使人想到冰冷、坚硬、钢浇铁铸、万古不变等词汇。山峰一座接一座，峰峰陡直，仰头看山，看得自己渺小，看得自己压抑，看得自己缺少自信。"[①]通过观赏视角的转换，以一种多维立体的方式将乌蒙山腹地峭壁入天、湍流奔涌的壮阔景致做了最生动的描绘。这样的大自然，已远远超出人类可把控的范围，它不可能成为人类力量和意志所能控制的审美客体，反而是支配一切的力量象征，任何人在它面前，只会感到自身的渺小和微不足道。

　　孙世祥是昭通作家中极富才华却又不幸英年早逝的作家，他留下一部"用自己的生命写下和赋予抚育他的大地一样真实、厚重的书"[②]——《神史》。这部长篇小说中所描写的乌蒙大山深处民众苦难而愚昧的生命状态真实得令人发颤，他们寄身其间的生存环境之艰险也到了令人难以置信的地步。书中名为"法喇"的小村子位于群山重重环绕之中，其名源于彝语，"法"意为"悬崖"，"喇"意为"沟箐"，合起来即是悬崖下的大沟之意——仅从村名就可见出其环境的险恶。从现实的人的生存视角来看，这里的环境是险恶、荒凉、没有生命色彩的：法喇村海拔近4000米，"东、南、北三面巨壁，中间大沟，泥石流西去。高山荒凉，树木稀少"，村民居住的"黑梁子上全是倾斜

---

① 夏天敏：《好大一对羊》，云南人民出版社2006年版，第158—159页。
② 钱理群：《这本书竟是如此沉重》，《读书》2006年第8期。

达四十多度的陡坡，三层悬崖，路在悬崖上绕行"①，但是从审美视角来看，这样的环境充满着人类难以征服的野性，自有壮阔雄奇之美。

小说中一出情节写孙平玉、孙天俦父子半夜进山找柴，在大红山巅目睹了一场震撼无比的日出盛景，尽显自然之瑰奇与人之渺小。小说通过主人公孙天俦的视角，较为详细、完整地描写了这一场难得一睹的天地"盛宴"：在太阳即将升起之初，眼前只见"霞光万道，曙色南北拉开，遥迢万里，直到天尽头最黑暗处"，向下俯瞰河谷，"河谷始时清澈透亮，能直见谷心的牛栏江。渐渐起了河雾，把江掩住了。从大红山直向东方红光亮处，也是万里遥迢。……曙色向南北两方无限扩展而去，遥远得令人痛苦。江东无数黑暗的群山，迅速化为辽阔黑暗的云海，向东方伸去。高山之巅成了礁石，变化之速，令人惊愕"②，饶是孙天俦自幼在山上长大，看到这幅景象，也"深觉骇然，他从未见过如此无限辽远深邃的景象"③。而这时，低下头，方见太阳从群山脚下冒出来，那景象，仿佛是"极黑极暗的海底，一痕神圣不可侵犯的彤红色在升起。它是天地之主、万物之主，豪迈、雄伟，往上升腾"④，突然，山梁震动起来，数不清的燕子不断从山崖中飞出来，竞相朝东方的朝阳扑翼而去，一瞬间，"天地间响起了长江大河的波涛声。数万燕子先是一团，像核弹射出，在空中爆裂、膨胀、翻卷，终于聚成巨浪，向空中射去。一浪接一浪，波涛不绝，仿佛大海在汹

---

① 孙世祥：《神史》，语文出版社 2011 年版，第 2、3 页。
② 孙世祥：《神史》，语文出版社 2011 年版，第 110—111 页。
③ 孙世祥：《神史》，语文出版社 2011 年版，第 111 页。
④ 孙世祥：《神史》，语文出版社 2011 年版，第 111 页。

涌澎湃"①。太阳越升越高，百万燕子在光芒里扑翼翱翔，渐渐地，下面的云海涌上来，淹没了下面的万丈悬崖，漫到了孙氏父子脚下，有的雾纱飘到了他们身上。随着景象的变化，主人公的内在感受也不断增强、升华："天侸心在战栗，血在向头上奔涌，即刻感觉整个灵魂变得异常神圣肃穆"，"孙天侸魂在溶化，心在飞翔，彻底醉了。他的心脏剧烈地跳动，仿佛要爆裂，他生恐自己因激动、快乐而心裂死亡，不敢看了"，当太阳已完全升高，"天地间只有牛马吃草的声音和山泉的喧响。天侸仍未站起来，他只想永远生活其间"②。

　　这段写景是全书的精华之一，孙世祥并没有依赖任何写作技巧，仅仅是从人物视角真实描绘出了高山之巅的日出盛况，景象宏伟壮丽，栩栩如生，具有十分强烈的画面感和感染力。《神史》本身具有鲜明自传性质，作者拥有丰富的高山生存经验，孙天侸观看日出时的种种细微感受，很明显是作者将自身难忘的经历完全融注到人物形象身上去了，这部分写景文字才可能如此逼真传神，充满激情和张力。更重要的是，通过对摄人心魄的自然奇景及人物强烈的内心活动描写，人之弱小无力、大自然之博大强悍呈现出极其鲜明的反差。在这样的对比中，大自然作为一种超越人力的力量得到彰显，体现出康德所言的"力学的崇高"之所指：力量的巨大和不可抗御。面对这样的对象，人完全为之所慑服，崇敬之感油然而生，发乎本能地对自然充满敬畏与赞美，从而也形象解释了，何以在西南这样以高山大川为主体的地域里原始自然崇拜经久不衰的原因所在。

---

①　孙世祥：《神史》，语文出版社 2011 年版，第 114 页。

②　孙世祥：《神史》，语文出版社 2011 年版，第 111、114、115 页。

第二节　向天而生：山地农耕形态的文学映像

对于人类而言，大自然不仅仅是一个外在的客体，它更重要的意义还在于为人类提供生存环境和资源，维系人类的生存与繁衍，这是决定人与自然之间密切关系的根本原因。环境、气候等自然条件，决定着具体的生产方式，也决定了人与自然的相处模式。文学作为一种直观、生动记录人类生活的重要载体，必然能动地反映着不同地域环境下不同的生产方式。早在东汉时期，班固已注意到《诗经》中不同地域诗歌所反映出的生产、生活形态大为不同：

> 故秦地于《禹贡》时跨雍、梁二州，《诗》"风"兼秦、豳两国……其民有先王遗风，好稼穑，务本业，故《豳》诗言农桑衣食之本甚备。
>
> 天水、陇西，山多林木，民以板为室屋。及安定、北地、上郡、西河，皆迫近戎氏，修习战备，高上气力，以射猎为先，故《秦诗》曰："'在其板屋。'又曰：'王于兴师，修我甲兵，与子偕行。'及《车辚》《四载》《小戎》之篇，皆言车马田狩之事。"①

班固指出，豳地农业发达，老百姓勤劳本分，因而"国风"中出自豳的诗歌多言农桑衣食；秦地林木茂盛，当地人多以木材造屋舍；安定、北地、上郡、西河等地因与西北戎氏少数民族相邻，时时习武备

---

① （东汉）班固：《汉书·地理志》下，浙江古籍出版社2000年版，第569页。

战，射猎之风盛行，这些地域特征、时代风尚在"秦风"中也得到了鲜明体现。

西南地处高原山地，山区多平地少，动植物资源丰富，山地居民因地制宜，创造出了与生存环境相适应的劳作方式。远在汉代，司马迁在《史记·西南夷列传》中就已经对西南部族主要的社会生活方式进行了归类：夜郎、滇、邛都诸族为"耕田"民族，巂、昆明为"随畜"民族；筰都、冉駹为半耕半猎民族。耕田之民有邑聚，有君长，其俗魋结。随畜之民无常处，无君长，其俗编发。①根据司马迁的描述，古代西南至少存在着农耕、游耕、游牧、狩猎等多种劳作形态，民族史学家马长寿认为此分类"以经济、政治与习俗为标准，简言之，以文化为标准。精辟独到之处，汉以后学者不能及也"②。而事实上，由于西南地质形态的丰富多样，农业生产形态也远比司马迁概括的更为复杂，而且山地农业形态与平原生产模式相比，与大自然的关系更为密切，准确来说是人对大自然的依赖程度极高，在二者关系中，人更多时候处于被动状态，只能顺应大自然自身的特性与规律去进行生产，而无法做到像平原农业那般可以在一定范围内去改造、驾驭环境条件。如果说代表了成熟、先进的中原农耕文化是一种"天人合一"的形态，那么，西南山地农业在很大程度上则是"向天而生"的原生农业模式。

在一切人类社会中，生产方式是最基本也最重要的一种存在形态，它从根本上决定了人与自然、人与人、人与社会的关系，影响着一定区域内的生活与社会形貌。所以马克思在《资本论》第一卷序言中表明：

---

① 参见司马迁：《史记》第四册，中华书局 2011 年版，第 2601 页。
② 马长寿：《中国西南民族分类》，《民族学研究集刊》1936 年第 1 期。

"我要在本书研究的，是资本主义生产方式以及和它相适应的生产关系和交换关系。"[①] 文学描写社会，反映人生，也如镜子般映射着相应的生产方式、生产关系，表现一定时代、地域内特有的人与物质资料之间的关系。

一、形态丰富的山地混合型农业

中国疆域辽阔，地域形态多样，因而生存形态也因地而宜，各有不同。传统上，一般将全国分为中原旱地农业文化圈、北方森林草原狩猎游牧文化圈、西部农牧文化圈、江南稻作文化圈[②] 几个大文化圈。但是很显然，这些文化圈都不能准确体现西南山地的生产形态。复杂多变的山地形貌，决定了西南地区不可能如一马平川的平原、草原地区那样生成某一种相对单一整齐的生产生存形态，山居之民必须根据具体的生存环境来采用与之相适应的劳作及生活方式。从大的方面看，精细型的稻作、粗放型的刀耕火种以及山林放牧、狩猎、采集、渔业等主要生产形态一应俱全，从细部看，更是五花八门，形态丰富，比如西双版纳水田稻作、苗族混农林经营、侗族"稻—鱼—鸭共生系统"、哈尼族元阳梯田、瑶族植物药浴、乌蒙山区的草山混牧耕系统等等。故而，无法用一种单一的名称来准确概括命名西南山地的生产形态，只能笼统称之为山地混杂型农业。这种形态既不同于游牧文明逐水草而居的流动、灵活特性，也异于中原精细型农业的稳定、定形，在很大程度上可称为是一种

---

① ［德］卡尔·马克思：《资本论》第 1 卷，人民出版社 2004 年版，第 8 页。
② 参见梁庭望：《中华文化板块结构和多民族文学史观》，《民族文学研究》2008 年第 3 期。

典型的"自然型"农业形态，即生产高度依赖自然条件，人的主观能动性在这样的环境里往往无施展之地，只能利用有限的环境资源进行选择性生产。西南劳作方式上的多样性，既反映了西南山地农业的艰辛，也体现了山地居民的生存状况和生存智慧。

在涉及西南的古代文学中，对西南山地复杂的生产形态有较多的描写。杨慎谪戍西南期间，四处游历，深入民间，对于山地农业形态有一定程度了解，在作品中有所描写。"山农异平地，火种复刀耕。牛角方田出，龙鳞原隰生。膏腴仰冬水，丰泽候雷鸣。是处堪投老，何为羁远征。"[1]诗歌以浅白平实的语言，描写了山地农业刀耕火种、丰瘠均仰仗于天的原始农业形态。他还模仿民歌体形式写下"最高峰顶有人家，冬种蔓菁春采茶"[2]的诗句，反映的是居住在高山之巅的民族根据地势、气候条件有选择地进行种植的情况。山地农业的复杂多样性不仅体现在区域差异上，即便是同一地域，由于山脚到山顶海拔不同而在种植上也呈现出一种垂直差异。《徐霞客游记》中记载了这种高原山地独有的农业分布形态。他曾深入高山、大江、深峡密集的怒江一带，披荆斩棘、猿行蛇攀似的费尽艰辛登上高山之巅，但见高山民众"所居皆茅，但不架栏，亦保保之种。俗皆勤苦垦山，五鼓辄起，昏黑乃归，所垦皆硗瘠之地，仅种燕麦、荞麦而已，无稻田也"；从高山下至较低的半山腰时，看到有泉淙淙汇为湖，茅屋临湖而筑，"垦坡布麦"；到了谷底，则又是另一番景象："晚稻香风，盈川被陇，真边境之休风，

---

① （明）杨慎：《午食山农家》，见秦栋编注：《杨慎戍滇诗集》，云南民族出版社2012年版，第141—142页。

② 王文才选注：《杨慎诗选》，四川人民出版社1981年版，第149页。

而或指以为瘴，亦地之常耳。"① 徐霞客通过实地勘查，形象地记录了怒江大峡谷南段地区从高山到峡谷地带民族的垂直分布状态及因地而异的生产劳作方式，是古代关于西南高原族群生活、生产形态的珍贵文字记录。

徐霞客当年游历的怒江地区，直至今日依然是一个外界知之甚少之地。该地位于横断山脉中段，北与西藏地区相连，西与缅甸克钦邦接壤，境内高山林立、大河纵流，自西向东有担当力卡山、高黎贡山、碧罗雪山、云岭山脉呈北南走向的褶皱山系和独龙江、怒江、澜沧江三条由北向南大江深切谷相间排列，构成世界上最长的高山峡谷之一，也是世界自然遗产"三江并流"奇观的一个部分。怒江州总面积 14703 平方公里，境内除少量较为平坦的山间槽地和江河冲积滩地外，多为高山陡坡，可耕地面积少，且耕地沿山坡垂直分布，半数以上的耕地坡度均在 25 度以上，生存环境十分艰险。由于历史原因，傈僳族、怒族、白族、独龙族等少数民族就生活在这样的环境里，依靠高山农业生存。当代本土作家存文学曾数次深入怒江的深山峡谷，对当地的生存境况十分了解，其长篇小说《碧罗雪山》即是以怒江大峡谷为背景，描述了生活在高山上民众的生活情形：麦地村是一个位于怒江大峡谷深处的小村庄，只有十几户人家，村民们过着与世隔绝的生活，幽深的峡谷、咆哮的江水就是他们眼中的世界，狼、虎、熊常常出没在他们的生活中。整个村子筑在悬崖陡坡上，别说是土地，就连土都很少，种粮食也只能是寻找石头缝点种一些苞谷，收成极为有限。

---

① （明）徐弘祖撰：《徐霞客游记校注》中华书局 2017 年版，第 1260、1261、1274 页。

　　时至今日，受环境制约，当地的生产方式变化不大，"从海拔五六百米的峡谷底到六千多米的雪山峰顶，望天一条线，看地一条沟，山鹰飞不过，猴子也发愁，垦殖系数不足五个百分点"①，现代技术在这里无法发挥作用。可喜的是，在当地政府的指导帮助下，人们利用这样的环境条件，种植一些经济价值高的作物、药材，如今，在怒江沿岸，"星星点点的耕地像图画一样挂在垂直的山坡上，海拔四五千米的地里种植的都是名贵药材"②，主要以重楼为主，驰名中外的云南白药中的主要配方之一就是重楼。重楼对生长环境要求较高，干燥了不行，太湿了也不行，必须在山坡潮湿处或灌木丛林下才能生长。在怒江峡谷的高山上，大部分地区植被茂盛，气候温润，雨量充沛，云雾笼罩，虽然不适合规模种植高产粮食作物，却最适合重楼生长。生产观念、种植种类的转变，明显改善了当地民众经济状况。从古至今的文学，勾勒出了西南山地农业生产在历史上的大致情况，尤其反映了在自然条件艰险的高海拔地区，人力的作用十分有限，因而千百年来生产方式几乎没有太大改变，农业发展十分缓慢。

　　西南文学中较为珍贵的是对刀耕火种、狩猎渔业等古老生产形态的记载性书写。刀耕火种是人类农耕文化初级阶段的产物，在中原文化区，随着农业生产的发展，它早已成为历史遗迹。可是在西南地区，这种生产方式却长期延续，尤其是很多生活在深山密林中的民族，在近现代，依然普遍依赖这种原初生产模式生存。晚清任职于今云南德钦、怒

---

① 孔祥庚：《一步千年——八个"直过民族"的伟大跨越》，《边疆文学》2020年第12期。

② 孔祥庚：《一步千年——八个"直过民族"的伟大跨越》，《边疆文学》2020年第12期。

江一带的官员夏瑚，对当地民情习俗勤于记述，其中有很珍贵的关于生活于独龙江的独龙族生产方式的记录：

> 忙苦渡河以上，惟产莜麦、高粱、小米、苞谷、稗芋之类，以下则产旱谷。……江尾虽有曲牛，并不以之耕田，只供口腹；农具亦无犁锄，所种之地，惟以刀伐木，纵火焚烧；用竹锥地成眼，点种苞谷。若种荞麦、稗、黍等类，则只撒种于地，用竹帚扫匀，听其自生自实，名为刀耕火种。①

20世纪20—40年代，约瑟夫·洛克长期在滇西以及川滇藏交界一带考察，高山上、森林里，到处可见山民刀耕火种的生产痕迹。"他们砍伐了一些森林，砍倒那些粗壮、坚硬的黄松，用火焚烧；把那些较小的枝堆成长方形堆，用草土盖上，亦用火焚烧，将此灰用为肥料。这是中国志书上记载的关于山民的农耕方法。他们把林区变为耕地，焚烧森林的烟云弥漫在整个地区"，"山民带着他们不多的财产，去金沙江的东面和北面寻找新的地方去烧荒。他们离开以后，在那些耕种过的荒山上又长出了新的松树"②……诸如此类的记载在《中国西南古纳西王国》一书中很多。作为一名植物学家，洛克不免为在这种生产行为中被人类损毁的森林深感惋惜和痛心。然而，这种劳作方式在西南地区长期存在是有其现实合理性的，它是山地民族在特定环境与低下生产力制约下逐

---

① 夏瑚：《怒俅边隘详情》，见方国瑜编：《云南史料丛刊》，云南大学刻印本第六十九卷，第121页。

② ［美］约瑟夫·洛克：《中国西南古纳西王国》，刘宗岳译，云南美术出版社1999年版，第152、153页。

渐摸索出来的一种相宜的生产模式。山地地形复杂，难以形成有效灌溉系统，而且高山地区气温较低，不少地方山高水少，发展灌溉农业十分困难。受制于这样的自然条件，刀耕火种成为山地居民所能选择的一种权宜生产方式。在漫长的古代，刀耕火种"通过破坏和补偿两种机制，调整生产与生态环境的关系，实现二者的平衡。很多民族在此过程中曾有秩序地实施着'轮歇制'，即根据地力恢复的年限，规划若干块林地，一年砍种一块，周而复始，动态地保持着一定的平衡。在当时的历史条件下，还未达到破坏生态平衡的程度。只是后来由于人口增加、过度砍伐等因素造成了对森林的破坏"①。在当代，由于社会的发展、人口的增长以及环保意识的增强，这种带有原始性质的生产方式在西南已逐渐退出了历史舞台，不过，为数不少的文学以非虚构的方式记录下了这种曾经在山地历史中发挥着重要作用的古老形态，也记录下了在山地生活模式中人对自然的利用与依存。

军旅出身的张昆华于 1986 年刊发于《当代》的长篇小说《不愿文面的女人》，关注的是西南西部怒江大峡谷中少为人知的独龙族、傈僳族等高山少数民族的生活、文化情况，其中较为详细地描绘了 20 世纪五六十年代在独龙族中依然延续的刀耕火种的原始生产方式，用文学手法还原了如今已少为人知的劳作形态。20 世纪中期，生活在独龙江畔莽莽高黎贡山原始森林中的独龙族尚处于原始氏族社会形态，小说中写到的茂顶氏族是其中的一个部落，族人们在族长茂丁率领下过着原始集体生活。山地农耕是部落重要的生活资料来源，春天来临，人

① 施惟达、段炳昌等编著：《云南民族文化概说》，云南大学出版社 2004 年版，第 173 页。

们会在村寨附近的山林里选中一块"香木朗"，即独龙语火山地之意。具体过程是：

> 先在一片山坡上把森林砍倒，晒干后，用火烧林木成灰烬，叫作"砍倒烧光法"。几天后，等灰晾得凉了，随即就在这片大火烧过的山地上播种苞谷和稗子。种上一两年之后，肥力耗尽，就将这片火山地丢荒，歇上几年，待荒地上长出树木杂草，又将树木杂草砍倒烧光，再种上一年，又丢荒轮歇。这种原始的刀耕火种的山地，是以树木作为农业生产的重要条件，一般是第一年砍烧后的土地收成最好。由于独龙人种地时不再另施肥料，地力逐年消耗，所以，凡是去砍烧新的林地是件很重要的活动。①

由于砍烧关系到部族的主要生存来源，因而氏族所有的劳动力均需参与。山火烧过三天之后，待山灰完全冷却，氏族成员来到火山地开始播种，男人在前面用尖木棍或尖竹尖戳出一个个坑来，女人紧随其后，将种子放进去，再用脚掌把林木烧出的灰烬扒去盖上，人们一边播种一边唱歌，劳动场面十分欢快。种子播下之后，高山之上无法实施灌溉，只能完全依仗老天爷了，一两场春雨过后，种子就能冒出芽了。至于最后收成如何，则完全取决于这一年的气候状况。由于生产力的低下、劳动工具的缺乏，独龙人主要以集体形式进行劳动，在族长的统一安排下，所有劳动力一起砍伐、烧荒、播种、收获，劳动成果也是一律均分共享。

---

① 张昆华：《不愿文面的女人》，文汇出版社 2013 年版，第 4 页。

除了山林农耕，狩猎是独龙人另一项重要的生产活动，小说也真实再现了独龙族古老的狩猎传统形态。独龙族居住在高黎贡山的密林之中，山林中各种各样的飞禽走兽为人们提供了丰富的生活资源，几乎每一个独龙男子都是优秀的猎手。不过由于狩猎工具简单原始，基本上都是采取集体狩猎的形式，独龙人称之为"节德哇"，像过节一样隆重。族长茂丁的女儿阿婻长大了，有另一部落的人要上门提亲，按独龙人的传统，用野牛肉招待客人是最有面子的，于是茂丁邀约部落中的猎人上山狩捕野牛。行动之前，茂丁要准备好弓弩、毒箭、砍刀、角叉等狩猎工具，其妻木金娜负责祭祀山神的祭品。黄昏时分，猎人们开始进山，他们先在一片空地上举行祭祀山神仪式，仪式结束后，猎人们取出弓弩，在用面捏成的动物面偶上进行预习射箭，以此来判断此次狩猎的结果。最后，茂丁解下挂在腰间的酒葫芦，挨个拍着每一个猎人的肩头，让他们喝上一口，最后自己也喝了一口。当月亮已升上高黎贡山顶峰，猎人们披着从森林中漏下来的斑驳月光，牵着猎犬，开始向狩猎地虎爪箐出发。众人全力合作，成功捕杀了一头大野牛，当他们返回到村寨时，已是第二天清晨。在看得到寨子的地方，猎人吹响了牛角号。"按照独龙人的规矩，只要猎到大型的野兽，氏族里的男女老少，任何人都可分到一份。这号角声在向寨子里的亲人们报告喜讯的同时，也就通知他们准备去分兽肉了。"① 听到号角声，族人们纷纷从竹楼中跑出来，看到自己的亲人平安归来，悬挂了一夜的心终于放了下来。在分肉时，按规矩，第一个射中猎物的茂丁分到了牛头和一条后腿，人们向他发出了欢呼。茂丁把野牛头放在房檐下的走廊上，那里已经安放着许多个牛头

---

① 　张昆华：《不愿文面的女人》，文汇出版社 2013 年版，第 115 页。

骨和麂子、马鹿、老熊、豹子、老虎的头骨了，它们都是茂丁几十年狩猎得来的胜利品，"它们被放在门口显眼的地方，就是表明主人家的英勇和光荣，当然，也是财富的一种象征。谁家的牛头骨和野兽骨摆得越多，谁家的威望和地位就越大"①。

另一个军旅作家彭荆风在20世纪80年代初广受好评的长篇小说《鹿衔草》，描写了西南少数民族中极为特殊的一支——苦聪人在20世纪中期的部落生活形态。苦聪人是西南地区在新中国成立后直接从原始社会进入现代社会的少数民族的典型代表，古称"锅搓""古宗"，主要居住于哀牢山、无量山一带海拔2000米左右的深山密林中，长期与世隔绝。1956年，一支解放军工作队在地处中越边界的原始森林里发现了苦聪人的踪迹，后经三次艰巨的大规模寻访，共找到苦聪人2177人。从20世纪60年代开始，经过艰苦细致的工作，苦聪人逐渐走出山林，告别狩猎生活方式，开始了定居定耕的新生活。1987年，经政府批准，云南省苦聪人归属拉祜族。《鹿衔草》即以此为素材，以文学的手法逼真再现了生活在哀牢山南段与世隔绝的莽莽原始森林中苦聪族人的原始生活形态。他们世世代代生活在密林深处，完全依靠大自然生存，仅以兽皮和芭蕉叶蔽体，以采集各种植物果实及狩猎为主要生活来源，在恶劣的生存环境中逐渐总结出一套适应丛林生活的经验法则。偶尔也有族人受外界诱惑而走出密林，却因不能适应外界的生活又重返部落，直至后来在政府的感化和帮助下才逐渐告别原始生活形态，迁出森林，开始一种全新的定居农耕生活。

《不愿文面的女人》《鹿衔草》这类作品不仅仅是文学创作，同时也

---

① 张昆华：《不愿文面的女人》，文汇出版社2013年版，第107页。

有特殊的史料价值。它们真实、形象地反映了居住在高山丛林中的西南少数民族在漫长的历史中主要的生产生活形态，这种形态甚至是延续到了新中国成立之后的很长时间，在政府的帮助下，才逐渐向现代社会过渡，许多原始的生产、生活方式也慢慢被改变。这种变迁是西南历史发展进程中的重要节点，是边地民族向现代社会转型的珍贵历史见证，也就很自然地成为文学的一类特殊素材，为西南文学所特有。这类作品中关于民族生活、生产形态的细节描写，大多属于非虚构，创作背后有作者扎实的调研作为基础，具有客观真实性。以《不愿文面的女人》为例，20世纪70年代，张昆华随一支考察队，徒步翻越人迹罕至的高黎贡山，克服重重艰险，进入当时尚与外界隔绝的独龙江，深入独龙族生活中，收集到了大量珍贵的一手资料，所以小说中对独龙族种种生活、文化形态的描写，是对民族生活影像的重要记录、留存，这些描写在丰富小说的表现空间的同时，也赋予作品一定的人类学、民俗学价值。

除了对西南山地民族中长期沿袭的刀耕火种农耕、山林狩猎等生产劳作方式的文学书写外，其他诸多类型的山地农业形态在西南文学中也多有反映，譬如孙世祥、夏天敏、肖江虹等人小说中对乌蒙高寒山区艰辛环境中粗放型农业的书写，哥布、艾扎等作品对高山上的哈尼梯田稻作生产模式及文化的反映，张昆华的《蓝色象鼻湖》、存文学的《望天树》等小说中所描绘的西双版纳热带平坝地区稻作、渔业、采集业的兴盛场景，黄佩华的"红水河系列小说"对大河流域壮族稻作生产生活状貌的描写等。这些生产方式是西南山地民族生活中最根本也最重要的内容，它们表现了山居之民与自然的基本相处模式，是西南山地文化体系中一个醒目的标志。西南文学在再现地域历史文化与现实生活时，必然要植根于这样的生产形态，从而使作品呈现出与平原农耕文化区、西北游牧文化区不一样的文化底蕴与风味。

二、以自然为本的人地关系

1844—1847 年间，被视为美国自然文学先驱的亨利·戴维·梭罗（Henry David Thoreau）远离繁华都市，在康科德附近的瓦尔登湖度过了一段离群索居的生活。在根据这段经历写就的《瓦尔登湖》中，他传递的一个重要理念是：人应该返璞归真，重新回到大自然的怀抱。梭罗此举一方面是其倾情自然的本性使然，一方面也是对西方社会进入工业化时代后对大自然的疏离及破坏所进行的一次反拨努力。梭罗的行为为泛工业化时代人与自然日趋紧张的关系敲响了警钟，也成为充满焦虑的工业化时代、后工业化时代的一帖清醒剂。

在西南，梭罗所向往的理想自然形态，由于边缘位置，由于群山的重重围护而得以相对完好存在，成为当代人与自然和谐相处的为数不多的净土之一。这种关系不仅表现在根深蒂固的原始自然崇拜观念意识层面，也存在于山地农业中的人地关系模式之中。在形态丰富的西南山地农业形态中，一个最显著的特征是，自然界始终占据主导位置，人则处于被动状态。自然资源分布的不均衡，山陡径深的地形条件，制约了人的主观能动性的充分发挥，不能像平原地带那样因具备灌溉及实施机械操作条件而使人在人地关系中掌握了主动权。在现实条件面前，山地民族只能老老实实顺应自然，配合具体的环境条件逐渐摸索出与自然最相宜的生产方式，这也是西南会同时存在如此多形态各异的山地农业形态的根本原因。除了少量地势相对缓和地带外，在绝大部分山区，千百年所传袭的生产方式无不体现出鲜明的自然中心意识。

　　"向天而生"的生产关系，一个突出表征是人对大地的敬畏。在前文提及的张昆华的小说《不愿文面的女人》中，不论是烧荒还是狩猎，独龙人都要通过祖辈传下来的仪式表达祈祷、感激之意，以宗教的形式与大自然进行交流。人们小心翼翼地讨好大自然，生怕其一不高兴而破坏种植和收成。比如选择烧荒的林地，什么时候砍伐、焚烧、播种、收获，必得由族中"纳木萨"（巫师）择定吉日，并且每一个步骤均有固定仪式。在选定的日子里，族长茂丁率领族人进山砍伐火山地，其他人都扛着斧头或挎着砍刀，只有茂丁的两个女儿阿妮和阿嫡用背箩背着锅、竹筒、竹碗、木碗等器具，专门烧开水给劳动的族人喝。那一天，人们不能像往常外出劳作那样畅饮甘甜的山泉水解渴，而只能喝热水，因为，"独龙人祖祖辈辈传下来的规矩说：砍火山地那天，喝了冷水，不但会招来暴风雨；过一会儿，砍倒在地里的那些大树和枝叶会烧不着火，肥不了地；而且，种上包谷和谷子之后也会被暴雨山洪冲跑掉"。并且，不是选定了林地就能随便砍伐的，在头一天，茂丁带着族中各家的家长事先来到林地，砍倒一棵麻栗树作为"号"地记号，再根据参加集体耕作的人数，砍下数量相等的树枝，整整齐齐排列在地上。第二天，如果树枝依然排列整齐，没有被野兽或是风雨弄乱，说明山神允许他们在这儿种火山地了，反之则要重新选择地方。小说中，当族人们到达林地，看到地上的树枝丝毫未乱时，悬着的心才放下来，禁不住发出了欢呼声。之后，大家在茂丁的指挥下开始伐木，将它们放倒自然晒干。过一段时间之后，选定一个吉日，大家又集体来到这里烧荒。在点火之前，先辟出防火线，以免大火烧进森林中去，准备工作做好后，由茂丁点燃一支火炬，他"举起火炬，向着当顶的太阳扬了扬，好像是要让火炬从太阳吸取火焰似的。接着，他喃喃地祈祷着，意思是请天神和地神帮帮独龙人的忙,让大火熊熊燃烧,让火山地多多长出粮食"①。仪式结束后,茂丁将火炬投入早已晾晒干透的木材中,熊熊大火顿时燃烧起来,人群中发出了欢呼声,男人们在大火旁手舞足蹈跳起舞来。这时,烧荒才算正式完成,接下来就是进入播种的环节了。

小说也写到了独龙人狩猎前的祭祀仪式:猎人们用面团捏出老虎、豹子、马鹿、老熊、野猪、羚羊、野牛等动物模型,将它们摆放在树枝上,然后唱起祈祷歌:

啊,仁慈的且卜拉山神,

我们是撵山打猎的独龙人,

请听我们虔诚的祈祷吧!

我们献上面粉塑的各种野兽,

表达我们对山神的尊敬,

请笑着把它们收下!

面熊换老熊,

面虎换老虎,

面豹子换豹子

面野牛换野牛……

这是两厢情愿的事呀,

但愿山神不会因为失去野兽而发怒!②

……

---

① 张昆华:《不愿文面的女人》,文汇出版社 2013 年版,第 100 页。

② 张昆华:《不愿文面的女人》,文汇出版社 2013 年版,第 178 页。

独龙人相信，山里的万物都是属于且卜拉山神，人们要想获取猎物，必须向山神祈祷，取得同意之后再用面食捏塑的动物与他交换。

小说中所描写的独龙人生产劳作中种种繁复而充满宗教色彩的仪式、规矩，并不能简单以愚昧落后或迷信来论之，其实质，是独龙人这样的高山民族在与神秘诡谲、险恶艰辛的大自然相处中所产生的畏惧心理的宗教化体现。人们清楚，要在这样的生境中存活，一切必须得依仗于大自然，顺从其意志。这样的认知心理及宗教仪式在西南山地民族中十分普遍。独龙族带有原始意味的刀耕火种劳作形态代表了西南不少山地民族在历史上漫长的农业形态，时至今日，由于国家政策的制约和人们观念意识的进步，烧荒的情况已基本被禁止，但在一些偏远的山区，轮耕作为一种适应山地环境的方式还一定程度上存在着。

与刀耕火种不同的是，生活在西南地区南部哀牢山上的哈尼族，充分利用亚热带气候炎热、雨水充沛的自然条件，奇迹般地在高山陡坡上开辟出一道道梯田，在高山上进行水稻种植，开创了高山稻作生产方式。自20世纪末起，哈尼梯田开始受到外界关注，被称为"大地上的雕塑"，其中的元阳梯田于2013年成功申报世界遗产名录。哈尼梯田可说是高山民族以自然为本、创造性地改造自然的一个绝佳典范，梯田文化也成为哈尼族文化的象征。从小生长于这样生态环境中的哈尼族作家哥布，对母族文化充满了深厚情感和自豪感，他不仅坚定地成为西南为数不多的母语诗人之一，而且他的作品里始终充满浓郁的民族、地域元素，其中，哈尼族独特的梯田及梯田文化是他常常描写、歌咏的重要意象。

　　八月的阳光照耀着梯田／八月的稻谷金灿灿／我在一束稻子上

漫步 / 就像一个帝王 / 漫步在自己的金山上 ①

远处一片连着一片的梯田 / 大大小小的线条清晰而美丽 / 天水在阳光下闪闪发光 / 远处的寨子一簇一簇 ②

在祖先留下的梯田里 / 在世代劳作的梯田里 / 金灿灿的稻谷 / 就像黄金铺满了大地 ③

一群小女孩 / 在寨脚的梯田里 / 学习栽秧 / 一如竹鼠生来就在竹棚下面打洞 / 梯田的主人 / 怎么能够离开土地 ④……

在这些诗句里，可以感受到诗人为祖先创造的这一文化奇迹无比自豪的心理，以及对梯田壮美景致和大地的赞美、对丰收的喜悦等诸多丰富而强烈的情感。确实，相较于平原地带阡陌纵横、耕作与浇灌均便利的精细型梯田而言，高山梯田无疑是哈尼人在艰险的自然环境中努力适应自然、改造自然的成果，是人类农耕文化史上一项了不起的壮举。在从哈尼族文化中汲取丰富资源、以仿史诗体写成的长诗《神圣的村庄》中，诗人更是热情洋溢地盛赞哈尼祖先留给后世子孙这一无与伦比的遗产："祖传的梯田 装金装银的木盆 / 祖传的梯田 一个民族的辉煌 / 出产着孩子们喜欢的稻树之果 / 出产着延续人类的好药良方 / 三月布谷鸟在

---

① 哥布：《一只蚂蚱在歌唱》，《红河文学》2008 年第 4 期。
② 哥布：《高高的多依树》，《诗刊》2006 年第 23 期。
③ 哥布：《金灿灿的稻谷》，《红河文学》2008 年第 4 期。
④ 哥布：《一群小女孩在学习栽秧》，《红河文学》2008 年第 4 期。

山谷嘹亮鸣叫／我们开始在梯田里栽秧／秋天当蜻蜓在天空飞舞／我们来把收获的歌热烈吟唱……十代的祖先开创的梯田／五代的祖辈留下的玩场／那是哈尼的全部财富"①。

　　与中原汉文化语境下的梯田文化不同，哈尼梯田明确体现的是哈尼族"遵从自然，顺应天道"的自然崇拜观念，哥布在小说《哈尼梯田之歌》中借故事道出了哈尼人、哈尼文化的精神实质：

　　　　……哈尼人通过对自然的观察摸索出了农业耕作的规律。哈尼人的一生是顺应自然、遵从自然、敬畏自然、学习自然的一生。哈尼人一生下来就面对自然界不计其数的神灵，这些神灵成为他们生活的导师，他们的伦理道德和生活准则无不是在它们的教导下形成的。也就是说哈尼人的整个思维方式和精神世界的形成与自然密切相关，或者说哈尼人的思维方式和精神世界是在自然界的强大背景中形成的。这就从本质上决定了哈尼人与自然的亲密关系，决定了哈尼族文化中自然因素的重要参与。②

　　在哈尼人的生活、文化中，大自然的影响随处可见：通过对遮天大树的研究创造了哈尼历法，模仿森林中蘑菇的形状搭建房屋，模仿白鹇鸟优美的舞姿编出了《白鹇舞》，为动植物编出了长长的谱系等。在居住环境的选择与高山梯田系统的设计上，是哈尼人将自然观发挥到极致的最好体现。生活在高山上的哈尼族特别讲究村寨地理位置的选择，

---

① 哥布：《布谷声声》，云南人民出版社 2015 年版，第 206 页。
② 哥布：《元阳故事》，云南民族出版社 2017 年版，第 124 页。

"有着一整套苛刻的法规。村寨均坐落在山峦环合、古木怀抱的'凹塘'（山窝）里，因而终年有叮咚作响的清泉萦绕，人畜用水富足。座座山腰有无数银带般的水渠，保证了连天接云的梯田常年饱水"①。哈尼人的祖先根据周遭自然环境的特性，以梯田为中心，构建起一个颇具现代性的生态体系：村寨建在山坡上，后面是森林，哈尼人称为"寨神林"，视之为庇佑哈尼人的自然神灵居住之地，村寨前面就是一直延续到山脚的梯田，从森林流出来的山泉通过人工修凿的导引渠层层流入梯田，巧妙解决了高山灌溉难题。在山脚水渠的末端则修建碾坊，村边的溪流旁也零星安置捣米的石臼，将水流的力量最大限度利用起来。哈尼人热爱树木，不仅不允许砍伐寨神林里的树木，村里村外还种着核桃树、竹子、棕榈树等林木，整个哈尼村寨就是一个生机勃勃的生态系统，大自然在这个系统中居于最顶端，是哈尼人膜拜的对象。

哥布在《哈尼梯田之歌》中描写了很多哈尼人尊崇自然的习俗：一年一度的"寨神节"是哈尼族最隆重盛大的节日，祭祀的对象是树木和自然；哈尼老人会告诫人们不能随便砍伐树木，那是保佑寨子平安的神灵；如果确实因盖房等原因需要砍伐，他们会在伐木前虔诚祈祷："砍树不是从我开始；砍了大树树桩在，树桩请发出小树来"。小说中还描写了主人公鲁朴的邻居家在栽秧前举行"开秧门"的仪式：田主人在田边用竹片编一个简单的祭台，放上猪肉、染黄的糯米饭、鸡鸭蛋等祭品，念祭辞，大意是代表全家祈求寨神保佑庄稼苗壮成长，病害不要来侵扰。祭辞念完之后磕头，这才开始栽秧。经过祭祀之后的水田变得神圣，人们不能在这里吐唾沫，不能对它有不恭行为，要对它毕恭毕敬，

---

① 史军超：《哈尼族文学史》，云南人民出版社、云南大学出版社2015年版，第6页。

七八月份过"新米节"吃新米饭时也只能从田里象征性地割谷子，只能用这块田里的谷子祭祖祭神。主祭人必须是这个家庭的主妇或管家的男人。祭礼完毕，主祭人先象征性地插上几株秧苗，表示打开了秧门。这时，下到田里的女人们不约而同抓起稀泥向男主人抛去，嘴里喊着"不打男主人谷子不会饱满"，不一会儿，男主人就浑身泥浆狼狈逃离，在欢笑声中，人们正式开始插秧。①

在宗教的起源这一问题上，"自然崇拜论"的提出者马克斯·缪勒（Friedrich Max Müller）认为宗教起源于人类的原初神圣感，而这种神圣感源自对各种不可把握的自然力量的崇拜。人类生活在自然环境中，大自然千姿百态，变幻无定，这些现象震撼着原始先民的心灵，从而产生普遍而又强烈的恐惧心理，这就是宗教的源头。费尔巴哈（Ludwig Andreas Feuerbach）也持相同观点，认为"人的依赖感是宗教的基础，而这依赖感的对象，亦即人所依靠，并且人也自己感觉到依赖那个东西，本来不是别的东西，就是自然。自然是宗教最初最原始对象；这一点是一切宗教和一切民族的历史所充分证明的。"② 马克斯·缪勒还特别强调，人类与生俱来就有对"无限者"的感知力，人类正是凭借这种感知力去构想那些"不可构想者"，言说那些"不可言说者"。"自然崇拜论"虽然遭到不少人类学家非议，但是以之来解释何以生活在西南这样生境中的山地民族会有如此丰富的宗教信仰，何以自然崇拜一直延续到当下，显然有其合理的一面，也极具说服力。

---

① 参见哥布：《元阳故事》，云南民族出版社 2017 年版，第 72—73 页。

② ［德］路德维希·费尔巴哈：《费尔巴哈哲学著作选集》下卷，荣震华、李金山译，商务印书馆 1984 年版，第 436—437 页。

第三节 大地伦理：自然崇拜与生态意识

从外在形式看，西南文学与 20 世纪下半叶兴起于美国的自然文学有诸多相似之处：崇尚荒野自然；反对对自然的破坏及过度掠取；追求人与自然平等、和谐相处。然而，二者之间却是有着本质的区别。美国的自然文学出现的背景是工业文明对大自然的践踏与破坏，严重危及自然界的生态平衡，对人类生存构成了极大威胁。自然文学希望通过积极的介入、干预，呼吁人类社会重建生态伦理，重新寻求人与自然和谐相处的途径，从而帮助人类走出环境生态危机[①]。也就是说，这是一种破坏后的重构诉求，混杂着救赎与拯救的热望，带有明确的目的性和功利性。西南文学却没有类似的社会及思想背景，它对自然的热爱与歌咏，是源自人类本能的生命反应，具体说是对远古时代就形成的原始自然崇拜的延续和传承，其中既有集体无意识的成分，更有置身西南自然环境中而形成的现实生存经验。还有，与自然文学中人试图从人类中心主义禁锢中走出来，寻找与自然平等对话的姿态不同，西南文学中一个鲜明景象是人始终保持着仰望自然的谦卑，在文学中常常是发乎本心地表达对大自然的崇拜与敬畏，这是西南山水文学最富

[①] 当代专事研究美国自然文学的学者程虹，在其《寻归荒野》一书中所定义的自然文学是："以文学的形式，唤起人们与生态环境和谐共存的意识，激励人们去寻求一种高尚壮美的精神境界，同时敦促人们去采取一种既有利于身心健康、又造福于后人的新型生活方式。其次，它强调人与自然进行亲身接触与沟通的重要性，并试图从中寻求一种文化与精神的出路。"——见程虹：《寻归荒野》，生活·读书·新知三联书店 2011 年版，第 27 页。

华彩也最具价值之所在。

一、自然崇拜情结

自然崇拜是指把自然物和自然力视作具有生命、意志和伟大能力的对象而加以崇拜，是最原始的宗教形式，也是人类社会童年时期共有的记忆。在华夏文化圈依靠得天独厚的生存环境创造出灿烂的古代文明而远远告别蒙昧状态之时，西南由于特殊的地理、政治、经济、文化形态，在漫长的岁月里一直徘徊在文明的边缘，从而也使一些远古时期的文化基因得以延续下来，自然崇拜便是其中之一。在早已迈进文明社会的当代，这种意识在西南还普遍存在，其中缘由，一是西南以高山大川为主体的自然环境；二是西南特定的山地混合型农业生产方式，这两个原因决定了大自然在西南的现代性发展与人们生活中依然具有难以取缔的作用，再加上远古就传承而来的崇拜自然的集体无意识，使得古老、朴素的自然崇拜与现代文明在这片依然充满野性力量的大地上并行不悖，成为一道边地文化奇观。

在素有"动植物王国"美誉、自然物象最繁密的云南，"山峰、河流以及负载着一切的大地，自古以来一直被当地人崇拜和敬畏着。神灵住在大地之上，而不是天国或者寺庙里。神灵住在青山中、流水上、岩石上、丛林深处、山洞、湖泊之内，这是不言自明的事，人们天生就知道。即使彻底的唯物主义流行于这个世界，依然没有完全动摇人们对大地的迷信和敬畏之心"①。这不仅是于坚的生命体验，也代表了生长于如

---

① 于坚：《苍山清碧溪遭遇神灵记》，见《于坚集》卷四，云南人民出版社 2004
年版，第 158 页。

斯环境中人们的普遍观念，同时，这段话也提供了一个答案——何以于坚在文学中充满激情地描写、歌咏高原大地，而且几十年如一日，这种激情从未消退，这几乎是一个奇迹。在各种思潮、流派风起云涌的当代文坛，若非是内心拥有宗教性的虔诚，是难以做到这种坚守的。正因有如此根深蒂固的信仰力量，于坚笔下所描写的种种自然物象，均有着审美与人格双重特性，寄予了作者对大自然毫无保留的热情与崇拜，因而具有一种不动声色的、素朴的感染力。

《众神之河》可视作迄今为止于坚自然崇拜情结的一部集大成之作，这是一部纯粹的自然大书，是作者献给河流的赞美诗，也是当代文坛独一无二的关于澜沧江的河流"史诗"。2006—2009 年间，于坚数次沿着澜沧江—湄公河展开生态、文化考察，第一次以全景视角全面展现了河流流域内壮观瑰丽的自然美景、多元并存的生命形态，以及令人眼花缭乱的各类文化景观、信仰习俗，热情洋溢地赞美了这条哺育了中国西南与东南亚文明的大河，全书具有较高的文学、文化学、民族学、民俗学、地理学、宗教学等多重价值。引人注目的是，书中自始至终贯穿着强烈的自然崇拜观念，指出生活在这片大地上的人们"信奉万物有灵，大地不仅仅是人的大地，也是神的大地，而这个神不是一个单一的偶像，而是人之外的几乎一切，森林、河流、草木、野兽……都属于一个庞大的神灵体系"[①]，从这样的理念出发，书中随处可见对大地、山川、河流等种种物象毫不吝啬的赞誉与膜拜："大地像一位苍老的父亲，宽厚而沧桑。世界美到完全丧失了意义，我明确地感受到何谓伟大。美是平庸的东西，伟大其实是平庸的积累。天地有大美而不言，你也不要说

---

① 于坚：《众神之河》，太白文艺出版社 2009 年版，第 60 页。

话，任何赞美都相当弱智"；"溪流纵横，山势平和，忽然进入了一片天堂般的谷地……热泪两行就要夺眶而出"[①]……这种不加掩饰的直抒胸臆，与于坚在第三代诗歌中不动声色甚至是冷漠的话语方式构成意味深长的强烈反差。

于坚对大自然的虔诚膜拜不仅停留在内在情感和语言上，还通过极富冲击力的行动表现出来。书中写到了作者两次情不自禁、心甘情愿的下跪。一次是在澜沧江源头：

> 我抵达的这个源头位于扎那日根山海拔4875米处的一块岩石旁。2006年的9月18日中午12点左右，我来到这里，看到未来的大河就从这石头下泪水般地冒出来。我跟跄几步跪下去，我一生从来没有这样心甘情愿地下跪过。泉水在我的两膝下汩汩而出，那不只是出水的地方，也是诸神所出的地方，是我的母亲、祖先和我的生命所出的地方，一个世界的源头啊！[②]

第二次是在香格里拉高原上，看到巍峨的梅里雪山像"群峰组成的大雄宝殿在大地和天空之间升起，诸神的头上戴着巍峨雪冠，比天空还高，好像刚刚获得谁的加冕"，面对整个澜沧江—湄公河流域最伟大的山峰，"我再次在大地上跪下，朝着卡瓦格博三扣"[③]。俗话说，男儿膝下有黄金，是一种怎样的力量使作者如此谦卑和臣服？这样的举动，

---

① 于坚：《众神之河》，太白文艺出版社2009年版，第7、28页。

② 于坚：《众神之河》，太白文艺出版社2009年版，第5页。

③ 于坚：《众神之河》，太白文艺出版社2009年版，第52页。

绝非作秀，也不是一时心血来潮，熟悉于坚诗歌的读者不难从其创作中寻找到答案，从引领他走上诗坛的高原山水诗开始，于坚从未停止对山川自然的歌咏与崇拜。对于一个敬畏大自然的人来说，面对神奇雄伟的大自然所产生的内心的震撼与臣服，往往不由自主地通过肢体动作来传达。那是一种本能的、神圣的情感体验，正如作者后来所言："面对澜沧江湄公河那些伟大的现场，我无法不下跪。其实我是像原始人那样跪下，我像原始人那样在大地的神性力量面前战战兢兢，双膝发软。"①

如果说《众神之河》是于坚献给河流的赞美诗，那么《在高黎贡在》就是汤世杰为高山奉上的颂歌。在西南作家中，汤世杰的散文创作以自然崇拜、生态立场鲜明而闻名②，他提出的"山水中心观"是当代西南生态文学的一面鲜明旗帜。2007年由人民文学出版社出版的《在高黎贡在》是极具代表性的一部生态作品，是一部专门为高黎贡山③所写的

---

① 朱宵华：《对话于坚：我为什么要写〈众神之河〉》，《云南信息报》2009年10月20日。

② 雷平阳曾写过一首诗《听汤世杰先生讲》："一条河水从中间流过／河水是中心，北边是河北／南边是河南；一座山峰在中间矗立／山峰是中心东面是山东／……／他讲话的时候／动了真情：'以前，大地才是中心／村庄和城市，一直都是／山河的郊外。'我当时就很冲动／很想站起身来，弯腰向他致敬／……"——见雷平阳：《山水课》，作家出版社2015年版，第24页。

③ 高黎贡山位于云南西部，北起滇藏交界的独龙江地区，沿中缅边界绵延进入云南保山、腾冲地区，余脉伸展至中南半岛，全长四百多公里，最高峰嘎娃嘎普峰海拔为5126米。山上动植物资源丰富，被世界野生生物基金会于1992年评定为具有国际重要意义的A级保护区；联合国教科文组织2000年认定为"世界生物保护区"，是联合国"人与生物圈计划"网络成员之一。

"传记"，全书的中心即是他的"山水中心观"：

> 以山水为中心，正是以大地为中心。山河湖海从不属于哪座
> 城市，反过来，大大小小的城市村庄其实都属于山水，是山水湖
> 海的附属、郊区。一座山犹如一座大城，山下的城镇村寨都是山
> 的郊区。①

这样的观念完全颠覆了中西方社会长期盛行的"人类中心观"，将
山水自然不容置疑地置放于人类社会之上，并且作者声称："大自然中
的一切都有生命，不仅大树灌木花朵，飞禽走兽鸣虫，甚至水塘、瀑
布、山崖、石头、阳光、雨丝、云雾，都是活泼泼的生命。"② 在汤世杰
的自然观中，既有与美国自然文学、当代生态文学相通之处，同时也体
现了西南普遍存在的"万物有灵"的原始自然意识。汤世杰正是怀着对
万物生灵的敬畏之心数次深入高黎贡山，攀爬、赏景、露营，与守林人
一起巡山，在山中温泉洗浴，追寻穿越山岭的马帮古道，也关注这一区
域中不同少数民族的生活与习俗，全方位地呈现作者心目中高黎贡"大
城"的风采。在将人类社会与自然山水的传统主次位置进行置换之后，
汤世杰用类比方式来描述这座自然"大城"：

> 从远处凝望，高黎贡大城磅礴崔嵬，气象万千。大城东西宽
> 十余公里，南北长三百公里；日出日落，云起霞飞之间，群峦叠嶂

---

① 汤世杰：《在高黎贡在》，人民文学出版社 2007 年版，第 9 页。
② 汤世杰：《在高黎贡在》代序，人民文学出版社 2007 年版。

连绵蜿蜒，一如城楼雉堞，蔚为壮观。高黎贡山至少造就了两条大江，东麓的怒江和西麓伊洛瓦底江的上游龙川江，两条江如两条护城河绕城而流，浩浩荡荡，千转百回，气象森严……至于小江小河，则无计其数：山间崖畔，溪流横切，道道白浪翻滚，飞瀑直下，处处紫烟升腾。有时抬眼一望，遍山大树如亿万伏兵，密集拥挤；四时花草如庭院清供，蒇蕤纷繁；而那些不断游走着的熊啊老虎啊羚羊啊麂子之类，则是那座大城的巡行者，或威严万端，雄镇一方；或灵性千重，行踪诡秘。肉眼不及之处，有成千上万种昆虫，羽翅蜂鸣，姹紫嫣红的花朵，争娇竞艳。[1]

汤世杰以现代之眼来反观大自然，以城池来喻山水，这样的想象十分奇绝大胆，更能够让越来越脱离大自然的现代人从自己熟悉的视角认识原生态自然的生机与活力。这段文字，一方面生动阐释了汤世杰"一座山犹如一座大城，山下的城镇村寨都是山的郊区"的山水中心观，同时也提供了一种认识大自然的新思路与新视角。

与于坚激情迸射的写景文字相比，汤世杰的山水摹写更趋理性和克制，并且其自然崇拜意识中较多地掺杂进了现代生态环保理念，前者是根基，后者是时代产物，或者说是原始自然崇拜在工业文明时代里的一种发展，这在西南文学中较具有代表性。这种观念较之于西方自然文学，最大的区别在于它不仅视自然界为可兹尊敬的客观存在，更将其作为具有人格意志的超验力量加以崇拜。在高黎贡山，作者曾穿行于莽莽原始丛林，寻找一棵山上最老的杜鹃花树王。在历尽千辛万苦，终于见

---

[1] 汤世杰：《在高黎贡在》，人民文学出版社 2007 年版，第 11—12 页。

到了那棵树龄在 360 岁以上的树王时，作者的描绘充满了某种神秘的意味："天阴晴不定，临近黄昏，林中光线黯淡。一缕阳光却突然把花王最高的枝桠照亮——让你不能不信，确有神灵与那棵伟大之树同在——它的大半身子依然隐藏在幽暗之中，只任最高的枝杈穿透云海，像钻出波涛的桅杆，让生命的花帆在阳光里闪耀"①。

除了表达对大自然的虔诚崇拜之外，《在高黎贡在》一个显著的特色是作者对人与自然关系、生态问题的反思始终贯穿其间，作品充满鲜明的生态批评意识。面对博大而沉默的高黎贡山，作者不禁产生哲学之思："它到底在思考着什么？人类真能理解它的思考吗？相对于大地山河，人类是渺小的；而作为渺小人类中一个无足轻重的个体，我既感到了我的无力，更感到了它的诱惑，一心要亲近它，读懂它，破解它……"越是亲近高黎贡山，作者这样的感受越强烈："无论怎么看，任何时候对任何人，高黎贡山都是一位伟大的导师"；在高黎贡山深处的原始森林中，置身于自在生长的参天大树中，作者一方面倍感人类的渺小，一方面不由慨叹："亿万年前，人正是从那样的大自然中走出来，也是由大自然养育大的，凭什么那么快就忘记了自己的衣胞之地，甚至忘恩负义地去毁弃自己真正的家园？"他甚至提出建议，设置一个关于与大自然相关的感恩节，"每到那天，我们都要对大地行礼对森林鞠躬：感大地之恩，感水之恩，一句话，感大自然之恩"②。

汤世杰既极力呈现高黎贡山的原始野性美、生态美，同时也关注那

---

① 汤世杰：《在高黎贡在》，人民文学出版社 2007 年版，第 354—355 页。
② 汤世杰：《在高黎贡在》，人民文学出版社 2007 年版，第 9、19、113、350 页。

些与大山休戚与共的子民们的生存状态。高黎贡山生活着十余种民族，他们大多数依然保持着传统的生活方式和原始自然崇拜，与自然和谐相处。在山脚下的傣族村寨，每一个村寨都有一片神圣不可侵犯的山林，叫作竜山。傣族认为竜山里的树木花草都是有灵性的，护佑着全寨的村民，按照老祖宗传下来的规矩，严禁任何人随意进入竜山，更不许在山上狩猎、采集；逃进去的野物一律不准伤害；枯倒的树木掉下来的果子，宁可任其腐烂也不准攀摘……作者参与了一个名为曼和翁村一年一次祭祀树神的仪式：竜山里的树神是棵直径三米左右的老榕树，树前摆满了各式祭品，主持仪式的是一个七八十岁的傣族老者，他口里念着祷语，在大树前跪下，长久地匍匐在地，而傣家少男少女们敲响铓锣、象脚鼓，在歌声中手牵手围着大树跳起"嘎秧"舞。仪式结束后，每一户人家端出精心制作的傣家美食，在寨子中心广场上摆开百家宴，人们聚在一起开怀畅饮，表达对神灵的感恩。主持祭祀的老人劝作者多吃点，说："现在有得吃哦，都是它的保佑。他指指那棵大树，笑得满脸皱纹乱颤。"①

在当代文学中，像《众神之河》《在高黎贡在》这类以大自然为主角、专门为山水"作传"的作品并不多见，至少在主流文学中是匮乏的，但在西南文学中却是很具有代表性。荒野处处的自然环境，绵延深厚的原始自然崇拜观念，充分孕育了作家对大自然的天然情感，激发他们书写、歌咏大自然的内在热情，从而形成了当代西南山水文学十分发达的独特景观。

---

① 汤世杰：《在高黎贡在》，人民文学出版社 2007 年版，第 103 页。

二、对生态危机的忧思和批判

在西方生态文学中，奥尔多·利奥波德（Aldo Leopold）是一个重要代表。他继承梭罗"我要为自然说话"的宗旨，进一步提出了"土地伦理"观念，呼吁人们关注生态问题，重新认识大自然，培养"生态良心"，对人类赖以生存的自然环境持有一种伦理上的责任感。与利奥波德的"重构"诉求有所不同，西南文学中天然地存在着一种"大地伦理"，人们认识到大自然是一切生存之源，对它充满敬重与感激，对与之有损的行为表现出本能的排斥与抗拒。正因如此，在西南向现代化转型过程中，作家们普遍对工业化、商业化时代出现的生态环境危机现象十分敏感，作品中表现出的忧思与批判意识也极为突出，成为当代西南文学的一大特色与亮点。

早在 1984 年，来自贵州的作家戴绍康发表在《山花》杂志上的第一部中篇小说《在故乡的密林中》，表现出了在那个时代所罕见的对生态问题的关注和批判。小说发表后被《作品与争鸣》转载，在当时引发了一些争议。作品描写的是贵州深山中落脚村杨家父子两代人在砍伐森林致富这一事件上的激烈矛盾冲突。受改革开放、发家致富时代风潮的鼓动，主人公杨茅一心想成为"万元户"出人头地，他邀约村中的青年一起去砍伐山中的林木售卖，遭到了父亲杨大昌的拼死阻拦，于是，杨茅不顾危险跑进在当地被称为"鬼门"的原始森林中，用炸药炸出树兜熬制柏香油。当他历经寒暑终于熬制出价值 15000 元的柏香油后，却在返程的路上遭遇大洪水，柏香油全部被冲走，杨茅侥幸在激流中捡回性命，而家乡落脚村却被洪水所冲毁。对于这部小说，当时评论界的评价褒贬不一，肯定的意见认为小说塑造了渴望通过劳动致富的新时代农民形象，符合时代潮流，而对小说进行批评的重点主要集中于认为作品在思想认识上存在问题，"作者是以唯心主义'宿命论'和'因果报应'来结构其作品的，从而留下了一些令读者拍案而起的败笔"①。

遗憾的是，不论是支持者还是批评者，在当时都没有解读出这部作品的真正闪光点，即作品对环境生态的关注与批判。确实，从20世纪80年代初期的时代环境来看，这是一部明显"不合时宜"的小说，它不仅对主流话语有所背离，甚至是对当时一窝蜂追求经济效益的社会大潮表现出了某种超前的忧虑。这种忧虑主要通过杨大昌这一形象体现出来。在改革的大潮面前，杨大昌并非是一个因循守旧的人，他阻拦儿子砍伐树木、破坏森林，是有着自己独到的认识的。在他看来，森林是祖祖辈辈赖以生存的家园，平日里为人们提供各种取之不尽的生活资源，人生病了，进山采草药就能医治；20世纪60年代的大饥荒时代，实在生活不下去的人钻进森林里，靠满山的野菜野果度过了危机……小说还以对比手法描写了环境的变迁：落脚村后面的密林变成了荒坡，常年不断的溪水变成干石谷，气候变得干燥，原本清亮的子午河也变浑浊了，夏天一涨水，满河床都是红泥浆。杨大昌认为"这是人们砍了树，刨了树兜，不仅毁了山的皮肉，还伤了山的筋骨，从大山上流下来的红褐色浑水，自然是大山的血！"②更令他深感痛心的是他儿子这一代年轻人对环境的恶化无动于衷，"什么洪水、暴雨、瘴气对他们来说，没有丝毫

---

① 转引自王明析：《敏锐的思考与艺术的表达——戴绍康作品阅读随想》，《贵州作家》2016年第12期。

② 戴绍康：《在故乡的密林中》，《山花》1984年第2期。

影响，就像现在的地蚕子、包谷虫已经习惯了六六粉、滴滴涕和敌敌畏一样，据说这叫什么抗药性。那么杨茅他们这一代是不是也产生了一种抗药性呢？"①这样的文字即使是放置到三十多年后的今天来看，也同样尖锐而令人警醒，戴绍康所欲表达的已不止是一种对环境破坏的谴责和批评，也包含了深刻的忧思与自省。在绝大多数人连"生态""环境破坏"等概念都没听说过的时代，在整个国家刚刚从政治劫难中挣脱出来、满怀信心地发展经济的大变革中，这样一部小说被误读也就可想而知了。从某种意义上说，戴绍康的这部小说是中国当代最早关注生态问题并有尖锐批判的作品之一。但是，就因为小说在思想认知上的超前性，导致了在当时不被理解，在新时期又被视为老旧的命运，陷入历史的"夹缝"中，未得到应有的评价与认可，不能不说是一个时代的遗憾。

严格来说，戴绍康的这种"超前"意识并非科学意义上有预见性的"超前"，而是对自然传统的找寻和回归。经过20世纪50年代中期以来"人定胜天"、大炼钢铁等一系列思想改造和社会运动，极其严重地破坏了几千年农耕文明所牢固树立的人与自然的和谐关系，即使是在西南这样的偏远边地也概莫能外，很多原始森林被损毁，土地遭受破坏。但是一旦从政治狂热中冷静下来，像西南这样有着非常厚重的原始自然崇拜传统的地域，传统意识的复苏、释放就显得十分明显。

20世纪80年代之后，中国社会更迅速地向工业化、商品化时代转型，人与自然之间的对立日趋明显、尖锐，即便是在西南这样的经济不发达地区，环境遭受破坏的程度也触目惊心，西南文学中的生态批评因

---

① 戴绍康：《在故乡的密林中》,《山花》1984年第2期。

而更为活跃和尖锐，山水文学在不知不觉中出现了明显转向：由描写、歌咏自然向生态关注过渡，文学中对环境问题的书写与批判骤然增多，表现出决绝、尖锐的批判姿态。这在全国文学中都是具有领先意义的，只不过由于西南文学的边缘地位及社会对环境危机长期以来缺乏应有的重视，在当时并未引起足够关注。

早在 20 世纪 90 年代初期，于坚写作了具有尖锐批判力度的长诗《哀滇池》，这首诗可看作是西南生态书写正式吹响的号角，也是一个标杆式的生态批评作品。诗歌一反于坚山水诗中一贯充满激情与赞美的特色，而是混杂着冷峻的批判、深情的赞美、痛心的自责、愤懑的谴责等复杂情感，直陈被誉为"高原明珠"、昆明人的母亲湖——滇池所遭受的令人震惊和痛心的污染，情感强烈，控诉有力，是于坚诗歌中非常有分量的诗作，也是当代少有的优秀生态长诗。"在这个时代 日常的生活几乎就等于罪行 / 谁会对一个菜市场的下水道提出指控"，诗歌开头即是一声有力棒喝，奠定了全诗尖利批判的基调。尽管诗歌在回忆与现实、生活现场与生态批判之间来回游走，但根据其内在情感线索，基本上可分为两大部分：回忆与批判。

> ……红色的高原托着它 就像托着一只盛水的容器 / 万物 通过这一水平获得起源 / 周围高山耸立 犹如山裸裸 在垂青地上的酒 / 河流从它开始 淌到世界的下面 落叶乔木和野兽的水罐 / 在土著人的独木舟中 坐着酋长的女儿 / 天空上白云堆积 总是被风一片片切开 / 像没有天鹅领头的 自由羽毛 / 静静的淡水 沙鸥永远向着一日的重点飞行 / 当它停下来 就像芭蕾舞先知 / 在虚构的镜子上 折弯一只芦苇 / 南方之岸是滇青岗林和灌木丛 / 北方之岸是神话和民歌 /

东面的岸上是红色的丘陵和盆地 / 西面的岸上是洞穴和孔雀 / 到处是钻石的语词 / 到处是象牙的句子 / 到处是虎豹的文章 / 哦 上帝造的物 / 足以供养三万个神 / 足以造就三万个伊甸园 / 足以出现三万个黄金时代

……我像傣族女人那样蹲下 俯伏到你温存的身体中 / 我曾经在西山之巅 听到过月光之锤在午夜敲打高原的声音 / 我曾经在晋宁城外 一个中国寺院的后庭 / 远远地看见你嵌在世界的黑暗里 泛着黄金之波 / 啊 滇池 你照耀着我 / 我自命是第一个用云南话歌颂你的那个人 ①

这是诗人对充满荒野气息的滇池的回忆，节奏优美舒缓，抒情浓郁，体现出于坚山水诗特有的情感质地和语言华彩。身为土生土长的昆明人，于诗人而言，滇池已不只是一个高原湖泊，"在我的心里，这湖是个神，他是神灵一般的湖"，他在诗里回忆少年时代在滇池里畅游、泛舟、探幽的经历，将之称为"生命的希腊时期"②。

第二部分，诗歌由美好回忆回到残陋现实，这个美丽、神圣的高原明珠被人类的贪欲所玷污，诗人悲愤难抑，诗歌的情感、笔触也随之陡然逆转：

怎么只过了十年 提到你 我必须启用一部新的词典 /……/ 发生了什么可怕的事 / 为什么天空如此宁静？太阳如此温柔 / 人们像

① 于坚：《飞行》，云南人民出版社 2018 年版，第 152—154 页。
② 于坚：《飞行》，云南人民出版社 2018 年版，第 155 页。

什么也没有发生一般 继续着那肥沃的晚餐？ / 出了什么可怕的事？ / 为什么我所赞美的一切 忽然间无影无踪？ / 为什么忽然间 我诗歌的基地 / 我的美学的大本营 我信仰的大教堂 / 已成为一间阴暗的停尸房……哦 千年的湖泊之王！ / 大地上 一具享年最长的尸体啊 / 那蔚蓝色的翻滚着花朵的皮肤 / 那降生着元素的透明的胎盘 / 那万物的宫殿那神明的礼拜堂！ / 这死亡令生命贬值 / 这死亡令人生乏味 / 这死亡令时间空虚 / 这死亡竟然死亡了 [①]

诗人一气连用多个问句，使诗歌情感旋律一下子攀升到了巅峰——这已不是前面那种恬静美好的情感，而是激愤的情感大爆发。一连串极富力度的发问将诗人心中混杂着愤怒、痛苦且难以置信的强烈情感表露无遗，使诗歌迸发出震动人心的艺术力量。诗歌的最后，是一场特别的"审判"，诗人以犀利无比的口吻，对世界、法官、人们、诗歌以及诗人自身一一发出质问：

世界啊 / 你的大地还有什么会死亡？ / 我们哀悼一个又一个王朝的终结 / 我们出席一个又一个君王的葬礼 / 我们仇恨战争 我们逮捕杀人犯 我们恐惧死亡 / 歌队长 你何尝为一个湖泊的死唱过哀歌？

法官啊 / 你何尝在意过一个谋杀天空的凶手？ / 人们啊 / 你是否恐惧过大地的逝世？

诗歌啊 / 当容器已经先于你毁灭 / 你的声音由谁来倾听？ / 你

---

① 于坚：《飞行》，云南人民出版社 2018 年版，第 158—159 页。

的不朽由谁来兑现？

> 诗人啊 / 你可以改造语言 幻想花朵 获得渴望的荣辱！ / 但你
> 如何能左右一个湖泊之王的命运 / 使它世袭神位 登堂入室！ / 你
> 噤声吧 虚伪的作者 / 当大地在受难 神垂死 你的赞美诗 / 只是死神
> 的乐团！ ①

诗人的质问掷地有声、铿锵有力，也带着一种幻灭感与无力感，诗歌基调由慷慨激越转向沉郁哀痛。

《哀滇池》宛如一支雄浑有力的交响曲，情感的流动支配着各个乐章的高低起伏、快慢变化，既使抒情张弛有度，也大大增强了批判力量。不论是生态意识的扬举，还是批评的激情表达，这首诗都有资格在当代生态文学中占有重要的一席之地，它是一个倾情山水的诗人向时代发出的最强有力控诉，也是最动人的山水情诗，显示了在一个深陷环境危机时代里诗人的自觉与抗争。

这种生态转向在雷平阳的诗歌中也极其鲜明。其早期诗作带着清新的山水气息，常常不加掩饰地抒发心中的一往情深，笔下的山水充满荒野的生机和力量，是诗人献给壮丽而神圣的大自然的颂歌："悬崖卷起波浪 / 天空发出声响 / 帝王的人马，浮雕于河床上 / 子嗣绵长啊，自由而哀伤"，"怒江侧，群山向上 / 开疆拓土。每块沉默的石头 / 都有雷电交加的思想。树木 / 也站了出来，高举着烈火 / 横渡怒江"②，"大理苍山，靠近玉局峰 / 一个山谷中。乔木杜鹃，每年春天 / 都把花粉，一点不剩

---

① 于坚：《飞行》，云南人民出版社 2018 年版，第 159—160 页。
② 雷平阳：《云南记》，长江文艺出版社 2009 年版，第 59 页。

地/给了一座悬崖"①……然而，渐渐地，诗人目睹人类贪欲的触角不断向大自然延伸，山河失色，千疮百孔，几乎与此同步，原来充溢文字里的山水诗意渐渐消减，而忧患意识与批判锋芒却不断增强。土地污染，森林砍伐，大山被掏空，原本自由不羁的大河被拦腰截断……诸如此类的生态话题频频进入诗中，他用文字记录下人类对自然犯下的罪行，愤怒而哀痛，诗歌风格也悄然向沉郁悲壮转化。

> 一愣：山神的宫殿，那块巨石/被汽车运走了，安置在银行或衙门/一愣：缅寺塌陷了，挖矿的人/掏空了这座古老的山岭/一颗佛头掉下，砸死了孤独的老佛爷/一愣：雨林遭受灭顶之灾/替代的橡胶林或桉树，样子与规模/就像一支嗜血如命的军队/一愣：庞大的山体长出翅膀/向下俯冲，把一所学校压进了地心/一愣：父子反目，儿子手提砍刀/在众人的注视下追赶父亲/父亲气喘如牛，众人视而不见/一愣：自由流淌的江水/被一次次截断，类似于有人/在我的血管里筑坝，安装发电机/一愣：邻家野花一样的阿妹/悄悄去了广东，操持神秘的职业/春节时回家，又带走了更多的阿妹/一愣：列祖列宗安息的坟山/被夷为平地，一座化工厂/在白骨上拔地而起②

在现代汉语里，"愣"的主要含义是"失神；呆"，是一种精神状态描述，诗人以之作为全诗诗眼，将这个时代里众多常见的景象串联起来：神殿前的巨石被挖去当作衙门或银行门前的摆设；山上的缅

---

① 雷平阳：《云南记》，长江文艺出版社 2009 年版，第 18 页。
② 雷平阳：《山水课》，作家出版社 2015 年版，第 211 页。

寺因矿山把山体掏空而毁塌；热带雨林被砍伐，种上了能带来经济效益的橡胶树、桉树；山体滑坡冲毁村庄；儿子砍杀父亲，众人视而不见……安葬祖先的坟地上建起了化工厂。这些对很多人来说已是见惯不怪的现象，却令诗人"一愣"，传神表达出内心的抗拒与愤怒。另外，从诗中可看出，雷平阳所关注和批判的不仅仅是外在环境危机，也深入泛物质化时代里信仰缺失、道德沦丧等精神层面的困境，从而使诗歌的批判内涵更显丰赡。

受物欲驱动，人类在不断毁灭自己的生存家园和精神家园。面对残破的生活现场，雷平阳只有到更偏远的地方去寻找心目中的"旷野"，走向更遥远的荒野：基诺山古老的茶山、司岗卓杰、密支那……他的脚步不断与现代物质化的进度赛跑，期望能够在更遥远的边地找到尚存的诗意家园。考察雷平阳的诗歌世界，会发现其中有一条清晰的路径：从故乡出发——关注现代生存现状——重返山野——深入寺庙、边远之地。很明显，这是一个不断逃离现代文明的过程，诗人的主观意图也很明确——找寻真正的旷野，搭建一片纸上旷野。这样的旷野对诗人而言意义非凡："我一度将'旷野书写'当成一个书生对工商文明的反对，希望世界永远保有一丝乌托邦气质，希望人间凡有心灵的地方都有一座寺庙，我知道这种愿望的不切实际，所以，后来我将写作本身的意义调整为'呈现'。"① 可是，诗人不无痛苦地发现，这样一种仅仅是"呈现"的意图也渐渐变得勉为其难，现代工业、商品经济的触角已是无孔不入，即便是遥远的边地，也难以逃脱其侵蚀，那种古老的纯真正在人类的生活中渐行渐远。"同样是基诺山，从杰卓老寨到孔明山的那一条道

---

① 杨昭编：《温暖的钟声：雷平阳对话录》，中国青年出版社2017年版，第33页。

路，基诺人视其为人间通往天国的路。2007年我在那一带长住的时候，道路的两旁全是雨林，这次再去，雨林没了，全是橡胶林，我的痛苦可想而知，日记里我写道：'我从来不反对人们对天国的向往，但我不相信，通往天国的路边，只能栽种橡胶林'"，诗人只能悲叹："旷野在缩小，我能想象到它的消失，代之的'天国'或'工业文明天国'会是什么样子，或说为之付出的代价会有多大，我们现在都难以测度，我现在能做的，只是不停地将旷野平移到纸面上"，只是，诗人也清楚，"这旷野的样子，一如泡影"[①]，悲愤之情溢于言表。

在雷平阳这一路孜孜不倦地对旷野的追寻过程中，我们仿佛看到了一个现代意义上的堂吉诃德，他作战的武器是一颗热爱自然、关心人类命运的悲悯诗心，是一首首为天地山水、自由生命状态而歌的诗作，诗人反抗的姿态悲壮而决绝，他高声宣告："我一生也不会歌唱的东西 / 主要有以下这些：高大的拦河坝 / 把天空变黑的烟囱；说两句汉语 / 就要夹上一句外语的人 / 三个月就出栏、肝脏里充满激素的猪 /……我想，这是诗人的底线，我不会突破它"。[②]

生态写作在西南小说中也十分普遍，而且与诗歌相比，小说能充分发挥自身的篇幅优势，对生态问题的揭示更为具体而深入。继戴绍康的《在故乡的密林中》之后，存文学的《碧罗雪山》《望天树》，赵剑平的《困豹》，王华的《桥溪庄》等作品，都可视为当代西南生态文学的重要收获，这些作品从不同视角关注愈发严峻的生态问题，反映人与自然关系的畸形演变，同时表达出深沉的忧思。

---

①　杨昭编：《温暖的钟声：雷平阳对话录》，中国青年出版社2017年版，第33页。
②　雷平阳：《山水课》，作家出版社2015年版，第35页。

存文学的长篇小说《碧罗雪山》是一部具有魔幻现实主义色彩的作品，小说前半部分描写的人与自然的和谐关系生动感人。麦地村位于怒江畔高山上，村民们世代依靠大山生存繁衍，视熊为图腾，当地的黑熊首领托拉深受人们敬重，当它来到村寨时，人们轮番给它喂食，为它梳理毛发，给它挠痒痒，而托拉也尽心尽力庇护着村民：当男主人公迪阿鲁有孕在身的妻子阿南恰失足滚下山坡昏死过去时，是托拉救了她并将其送回家；当阿南恰和孩子在木屋遭受狼群围攻时，又是托拉带领一群熊及时赶到，吓退狼群；在迪阿鲁的儿子肯碰迪眼里，托拉甚至具有人的形象，他不止一次告诉父亲和老祖，托拉是一个高大伟岸的汉子、一个慈祥的长者。可是当饱受贫穷落后及自然灾害之苦的村民为了子孙有一个更好的生长环境而欲搬出大山之时，他们碰到的最大障碍是要想获得政府资金支持，就得将托拉的熊掌献给某位掌握实权的人物。负责全村搬迁的迪阿鲁陷入巨大的矛盾之中。就在这时，发生了严重的泥石流，麦地村损毁严重，唯一能为麦地村带来山外信息的李冬死了，被泥石流挟带着冲进滚滚江水，他的恋人妮吉疯了。在家园已无法保住的现实面前，麦地村已经没有退路可走。在小说的结尾，迪阿鲁来到托拉居住的山洞，举起抹了毒药的弓箭，却在托拉出现在面前的一瞬间情不自禁后退而跌入深谷，而明白过来的托拉一掌把自己的眼珠拍了出来……小说不啻是一则现代寓言，在社会写实的基础上，用魔幻手法揭示人类与大自然在面临发展问题时必然会遭遇的冲突与对峙，并且设置一个充满悲壮意味的结尾，给读者留下了无尽的思考空间。

赵剑平的长篇小说《困豹》则是直接将一只名为"疙瘩老山"的豹子作为小说的一条重要叙事线索，通过它到处被追捕猎杀的遭遇来隐喻生态环境在当下的重重危机。疙瘩老山最大的困境不仅在于已被人类追撵得没有立锥之地，与人类相互仇视，而且还在于它已经找不到一个自己的同类，最后和公狗"黑宝"相依为命，但黑宝还是死在人类的枪口之下，而疙瘩老山生下一只非豹非狗的怪物。小说中魔幻手法的出色运用，使读者能够置身于疙瘩老山的处境，感同身受地体验生存空间越来越逼仄，最终无路可走的巨大痛楚，更能感受人类与自然界尖锐对立所形成的压力和恐惧。小说的另一条线索是写人类遭遇的困境，通过一个偏远的木家寨在商品经济时代的种种异化现象：拐卖妇女、吸毒、考试作弊、惨绝人寰的强制节育……正面表现人类的生存、精神上的双重困境。对于这部前后花了17年时间创作的小说，评论家孟繁华给予了高度评价，称其为一部表现"生态失衡"的小说，"是一部借助生态环境的危机，表达或示喻中国乡村生存困境和精神困境的小说，是一部以独特和深刻的方式阐释中国问题和矛盾的小说"[①]。

作家王华发表于2005年《当代》并获当年度文学拉力赛第一站冠军的长篇小说《桥溪庄》，是当代生态文学中不容忽视的一篇力作。小说所写的桥溪庄是一个移民村庄，因为这里有一个水泥厂，为了进工厂打工挣钱，有五十多户人家自愿迁居住到这里。水泥厂效益很好，机器声从早到晚响个不停，整个村庄上空烟尘弥漫，遮天蔽日，飘散的粉尘无处不在。时间久了，人们发现气候变得异常，整个桥溪庄不会下雨也不下雪，于是人们给生下的孩子起的名字中都带有"雪"字，企望能降下洁白的雪花。但更令人恐慌的事随之发生，村子里男人死精、女人怀

---

① 孟繁华：《生存困境与精神困境——评赵剑平的长篇小说〈困豹〉》，《小说评论》2007年第1期。

气胎的越来越多，李作民的老婆好不容易才怀上二胎，最终顺利生产，但这个被起名为雪豆的孩子一降生就会说话，而且说的是"完了"二字，人们将她视为神灵附体而膜拜，并在她的指示下捐钱建观音庙，但事情毫无转机，各种怪事、死亡的悲剧不断出现，桥溪庄陷入巨大的恐慌中。小说的高妙之处在于以人类繁衍的核心——生殖为切入点，以现实主义与荒诞派相结合的手法来描写了一个村庄的生殖危机，批判的锋芒直指造成这一危机的罪魁祸首——工业污染。小说虽有一定的寓言、荒诞性质，但是，如果任由生态危机继续恶化，小说中的那些现象距离人类并不遥远——事实上，在一些环境急剧恶化的地方，比小说中所写更为严重的现象已屡屡发生。早在20世纪70年代初，罗马俱乐部发布了题为《成长的界限》的报告，震惊寰宇。报告指出，如不有效抑制经济与人口增长，地球及生活在地球上的人类将由于环境污染和食物不足而在100年内毁灭。从某种意义上说，《桥溪庄》正是以文学的方式形象演示了报告中所警示的灾难性后果，具有深刻的生态意义。

马克思深刻指出："物质生活的生产方式制约着整个社会生活、政治生活和精神生活的过程。不是人们的意识决定人们的存在，相反，是人们的社会存在决定人们的意识。"[①] 西南山地复杂多样的地质形态，移步换景的自然景致，丰富充沛的自然资源，高度依赖自然的传统山地农业，生成了一种以自然为本的山地生存形态与心理模式。在这片充满勃勃生机的荒野大地上，自然不仅是外在景观、生活场域，它更内化为山

---

① ［德］马克思、恩格斯：《马克思恩格斯选集》第2卷，人民出版社2012年版，第475页。

地居民某种牢固的生命理念，深深渗透进思维观念之中，受这种普遍的生命意识影响，西南文学表现出倾情山水自然的倾向，摹山状水，自然崇拜，生态意识强烈，既有与主流山水文学同质的一面，又具有鲜明独特的地域特性，在整体上呈现出一种朴素的大自然质感，具有鲜明的自然属性。

第四章

"绝域殊方"：西南文学的
多元民族文化特质

"西南总是与'民族'二字相联系。"[1]

说起西南，相信这是绝大多数人的共识。在全国56个民族中，西南就有三十多个，占了一半以上，是全国少数民族最多、最集中的区域，其中基诺族、德昂族、傈僳族、怒族、水族等多个少数民族又为西南所独有，多民族杂糅成为西南文化中最突出也最重要的特色。基于此，有学者甚至主张从族群分布的角度来界定"西南"概念及地域范围："'西南'之所指，范围并不固定；在民族志研究中，它时常特别地与'民族'结合起来，成为族群地理概念。"[2]将地域意义的西南与少数民族关联起来，这样的认识在秦汉时期就已形成，司马迁在《史记·西南夷列

---

[1] 王铭铭：《中间圈："藏彝走廊"与人类学的再构思》，社会科学文献出版社2008年版，第129页。

[2] 王铭铭、舒瑜编：《文化复合性：西南地区的仪式、人物与交换》导论，北京联合出版公司2015年版。

传》中，将当时聚居于巴国、蜀国之外西南地区的诸多民族统称为"西南夷"，显然是注意到了这些民族的"异族"特色，"西南夷"也就成为主流社会对西南的共识。在历史上，西南由于远离中央权力视域的边缘位置，加之山高水险的自然环境作为屏障，因而成为众多处于弱势地位的少数民族的理想栖居场所。这里一直是重要的民族迁徙目的地，中国古代的氐羌、百越、百濮、苗瑶等几大族群在西南均有繁衍，经过不断的分化、融合，最终形成如今三十余个少数民族"大杂居、小聚居"的分布格局。由于历代统治力量的鞭长莫及，这些族群在西南的崇山峻岭中繁衍生息，避免了被强大汉文化同化的命运，自身民族文化得以保存下来。20世纪中期中华人民共和国成立之后，施行民族平等政策，重视对少数民族文化的保护，西南异彩纷呈的多民族特色得以从千山万壑的遮蔽中真正浮现出来，向世界展示自己的特色和风采。

西南少数民族文化的最大特色与魅力，在于其原生形态，以及构成上的丰富性、杂糅性。西南山地山切水割的地质形貌，形成了一个个相对独立的地理单元，每一种民族都有相对独立的生存空间。在少数民族种类最多的云南，"藏缅语族各民族多分布于海拔较高的横断山脉区和云南高原区，壮侗语族壮傣语支各族多分布于海拔较低的滇南山间盆地区的坝子，孟—高棉语族各民族多分布于滇南山间盆地区的山区（半山区），苗瑶语族各民族多分布于滇中、滇东的高海拔和滇南的低海拔山区。"[①] 这种相对集中的分布，保障了民族内部的凝聚力，使民族文化得以顺利传承，同时，共同的地理大空间，又使得各个民族间不可避免地

---

① 施惟达、段炳昌等编著：《云南民族文化概说》，云南大学出版社2004年版，第22页。

发生接触、交流，千百年来文化相互渗透、彼此影响，因而构成了西南地区极其斑斓驳杂的文化景观。"概括起来讲，西南少数民族的总体文化特征是：多元一体，多源一体，多维立体，奇异古朴。"[1] 在费孝通提出的"中华民族多元一体格局"[2] 中，西南地区的多元特色异常鲜明突出，在这样的文化生境中，西南文学天然地受其熏染，得其精髓，形成了异常丰富灿烂的多元民族文化特色。

第一节 丰富的民族民间文化资源及精神养分

文学艺术的发展和社会历史的发展常常呈现出不平衡的态势，文学的发展并不总是与社会的发展成正比，对此马克思早有论述："在艺术本身的领域内，某些有重大意义的艺术形式只有在艺术发展的不发达阶段上才是可能的。"[3] 这种不平衡特性在古代西南少数民族民间文学中得到了充分的印证。历史上，居于帝国政治文化边缘的西南各个少数民族长期处于经济不发达状态，被主流视为远离文明的"蛮夷"，然而，这些少数民族创造了丰富灿烂、形式多样的民间文学，在很大程度上是对中国传统文学中文人文学或雅文学兴盛而民间文学相对贫弱的不平衡形态的有效弥补，同时，这些民族民间文学也成为现当代西南文人文学特

---

[1] 李子贤等著：《多元文化与民族文学——中国西南少数民族文学的比较研究》，云南人民出版社、云南大学出版社 2013 年版，第 17 页。

[2] 费孝通：《中华民族的多元一体格局》，《北京大学学报（哲学社会科学版）》1989 年第 4 期。

[3] 《马克思恩格斯选集》第 2 卷，人民出版社 1972 年版，第 113 页。

别的背景资源和精神养分。

一、对民族文学传统的直接继承

专事少数民族文学研究的李子贤认为，"西南少数民族文学是一部活的文学发展史"，因为，"从古至今，在人类社会各个不同发展阶段上产生的各种文学样式，在西南少数民族中都有存留，可取到活生生的样本"，这在世界范围内都是极为罕见的。不仅如此，"人类历史上所产生的各种口头文学样式，在西南少数民族中均应有尽有，而且保留着口头文学之典型的存在形态——活形态"①。在西南少数民族文学中，神话、史诗、传说、故事、歌谣、宗教祭辞、抒情叙事诗、民间戏剧等大量存在，几乎每一种民族都存留着从远古时代就流传下来的文学资源。以人口较少的独龙族为例，这个在中国境内仅有五千余人的民族，竟然拥有至今学术界所了解到的神话的主要类别，包括"天地形成神话、人类起源神话、洪水神话、射日神话、人与鬼斗争神话，以及火、谷种、酒、药等起源的文化发明神话"②。这些神话及其他民族文化资源，正是构建起独龙族族裔群体意识与民族精神的重要符码。

心理学家卡尔·荣格（Carl Gustav Jung）将人类头脑中继承下来的祖先经验，称之为原型，或是"种族记忆""原始意象"，并将神话视为一切文学艺术的原型。他在《论分析心理学与诗歌的关系》（1922）中认为，原型在本质上是一种神话形象，"每一个原始意象中都有着人类

① 李子贤等著：《多元文化与民族文学——中国西南少数民族文学的比较研究》，云南人民出版社、云南大学出版社 2013 年版，第 17 页。
② 李子贤等著：《多元文化与民族文学——中国西南少数民族文学的比较研究》，云南人民出版社、云南大学出版社 2013 年版，第 28 页。

精神和人类命运的一块碎片，都有着在我们祖先的历史中重复了无数次的欢乐和悲哀的一点残余……"① 受此启发，加拿大学者诺思洛普·弗莱（Northrop Frye）提出了对文学研究极具意义的原型批评说，强调从先祖那里世代传承下来的集体无意识对文学创作的潜在影响。弗莱进一步强调文学"归根结底来自神话"，"文学原来是一种重构的神话体系，它的结构原理都来源于神话的结构原理"②，鉴于此，弗莱把神话看作文学本质属性的基础，认为任何文学作品都是"由人类的希望、欲求和忧虑构成的神话世界中写成的"③。事实上，不仅是神话，在其他类型的民族民间文学形式中，都隐藏着少数民族的某种生存记忆、生存经验，它们都是神话原型的某种变体形式。这些承载着各民族历史记忆的民间文学形式不仅把民族历史、文化习俗一代代传承下来，也成为少数民族文人文学宝贵的精神资源和素材来源，直接影响着作家的创作心理和创作形式，构建出独具民族特色的文学图景。

　　"任何民族都有自己的神话，自己心理建构的原型。作为生命隐秘的启示，以点石生辉。神话并不提供蓝图，他把精灵传递到一代又一代人的手指上，实现远古的梦想。"④ 当少数民族作家开始自己的文学创作之路时，那些千百年积淀、传承下来的母族文化遗产很自然地成为他们

---

① ［瑞士］卡尔·古斯塔夫·荣格：《心理学与文学》，冯川、苏克译，译林出版社 2011 年版，第 85 页。

② ［加］诺思洛普·弗莱：《诺思洛普·弗莱文论选集》，中国社会科学出版社 1997 年版，第 131、133 页。

③ ［加］诺思洛普·弗莱：《诺思洛普·弗莱文论选集》，中国社会科学出版社 1997 年版，第 233 页。

④ ［瑞士］荣格：《荣格文集》，冯川、苏克译，改革出版社 1997 年版，第 227 页。

的文化背景、创作资源，在很大程度上决定着创作的视域和方向。在谈到普米族诗人鲁若迪基的诗歌时，诗人、评论家吉狄马加指出其创作背后丰厚的民族资源积淀："普米族没有民族文字，却在自己的语言中拥有丰富的传承。有口传神话《捉马鹿》《洪水滔天》，有爱情故事《爱情鸟》、创世古歌《恭得里利》，以及多种事物来源的故事。农事、喜丧、婚恋、节庆礼仪中丰富的歌谣，都为诗人蕴藏了取之不尽的营养。"他同样也指出摩梭诗人拉木·嘎土萨的作品不仅描写了独特的母系家庭制和浪漫的"阿夏"走婚，"在诗人的语言和文化血液中，流动着更多关于人类起源、物种起源、习俗来历等神话传说，回响着丰富的民歌韵律和生动智慧的民间故事。摩梭诗人们的诗歌，继承了传统民歌与情歌的浪漫、热情和真挚，也继承了传统生活中充满温馨和甜蜜的依恋之情，充满相思或离别的悲苦之情。"① 作为一个少数民族作家，吉狄马加对作家文学创作与民族文化之间关系的认识与捕捉是敏锐、准确的，而这样的现象在西南少数民族作家中十分普遍。

白族诗人晓雪1956年在武汉大学中文系读书期间，出版了研究艾青诗歌的评论专著《生活的牧歌》，这是当代第一部诗歌评论著作。这部给晓雪带来声誉的作品，在随后的政治运动中却成为"罪证"——艾青被打为"右派"，晓雪因此成为"中右"。这段大起大落的人生经历成为晓雪在文学创作上的一个转机，此后晓雪主要专注于诗歌创作，并且将目光转向自己的母族文化，从中汲取资源养分。白族是一个历史悠久、文化灿烂的民族，历史上曾创造过大理国这样的辉煌时代，是古代

---

① 吉狄马加：《献给故土的恋歌》，见马绍玺主编：《小凉山诗人诗选》序，长江文艺出版社2014年版。

西南地区为数不多拥有较发达文明的民族之一。白族信仰众多，佛教、道教、原始崇拜、本主①信仰等并存不悖，民间文学也十分发达。这些丰富多彩的民族文化、文学成为他创作中的独特源泉，甚至有学者指出，"论晓雪的诗而不涉及他那些以民间传说为题材的叙事诗，将不可能对他做出全面的评价。在某种程度上可以说，他是以写这类诗而开始创作生涯的"②。确实，晓雪的诗不仅引入民间文化、文学因素，更在于他对一些在白族民间广为流传的神话、传说等直接进行现代性改写，形成了他诗歌中很特别的一种类型：充满神话色彩的叙事抒情诗。这类作品在他的诗歌中占据了一定的比重，重要的有《大黑天神》《望夫云》《播歌女》《蝴蝶泉》《美人石》《羊龙潭》《三月街》《飞虎山》等，内容上均直接取材于白族古老神话传说，并赋予现代性解读，体现了晓雪作为一名白族诗人对母族传统文化的依恋和自觉传承。叙事长诗《大黑天神》是这类诗作的代表，曾为诗人赢得了众多赞誉，被称为"晓雪在民间传说题材创作上所达到的新的高度"③。诗歌中的大黑天神是白族民间故事里天庭的一员干将，因骁勇善战而深得玉皇大帝信赖。后来，玉帝因妒忌人间的繁华，命大黑天神到人间播撒瘟疫种子。当大黑天神到人间目睹了人类的勤劳朴善之后不忍下手，又无法回天庭复命，便毅然吞

---

① 本主崇拜是云南大理地区白族独有的一种宗教信仰。所谓"本主"，又叫"本主神"，是白族民众从原始信仰诸神中选择某一神位主神，作为保护本地一方之主。白语称"武增""武增尼""增尼"等等，意为"我们的主人"，具有村社祖先的含义，但不等于祖先崇拜。"本主"有偶像，供于本主庙内，一般一村一个。本主分为自然物与人物两大类型。——见欧昆渤：《滇云文化》，辽宁教育出版社1998年版，第124—126页。
② 叶橹：《苍山云霞 洱海风帆——论晓雪的诗》，《文学评论》1985年第2期。
③ 叶橹：《苍山云霞 洱海风帆——论晓雪的诗》，《文学评论》1985年第2期。

下瘟疫种子，脸和身体变成黑色而亡。白族人民感念他的恩德，将其奉为本主神世代祭奉。晓雪对民间神话故事的现代重写，既是对族群文化的守护与传承，也包含着对白族人民所尊崇的正义、善良、勇敢、坚贞等美德的赞美和宣扬。

生长于广西山地浓郁壮族文化氛围中的韦其麟，在大学时以一首叙事诗《百鸟衣》而成名。这首长诗描写一对壮族青年为了追求爱情和幸福而向邪恶势力坚决斗争并取得胜利的故事。青年古卡和美丽的姑娘依娌相爱，可是垂涎于依娌美貌的土司仗着权势将她抢走。古卡爬过九十九座山，射了一百只雉鸡，用雉鸡羽毛做了一件神奇的"百鸟衣"，杀死了土司，救出了依娌，终于幸福地生活在一起。诗作直接取材于民间传说，采用壮族民歌形式，反映壮族人民的生活，具有鲜明的民族特点和强烈的浪漫主义色彩。《百鸟衣》之后，《玫瑰花的故事》《寻找太阳的母亲》《山泉》等作品，同样是韦其麟从壮族民间故事中获取素材和灵感而创作的。此外，韦其麟还吸收了壮族民歌体作为作品的体裁。众所周知，广西素有歌海之称，壮族人民能歌善舞，出口成歌，被誉为"歌仙"的刘三姐就是其中的佼佼者。"山歌好比春江水咧，不怕险滩弯又多"，"山中只见藤缠树，世上哪见树缠藤，青藤若是不缠树，枉过一春又一春"，"竹子当收你不收，笋子当留你不留，绣球当捡你不捡，空留两手捡忧愁"……这些广为传唱的民歌，大量运用比兴和象征的艺术手法，传达壮族人民的爱憎情感和生活智慧，给人们留下极深的印象。在韦其麟的作品中，运用得最多的也是这些艺术手法。"土司想着依娌，/口水流了三尺又三寸；/蛤蟆见了天鹅，/睡不着三天又三夜"，"画眉关在笼子里，/有翼不能飞；/依娌住在衙门里，/有脚不能逃。恨不得长上翅膀，/像鹰一样飞。/恨不得多生两条腿，/像马一样奔"①……比兴、象征等的艺术手法的大量运用，活泼生动的民间口语，正是壮族山歌的突出特征。韦其麟诗歌中古老的原型形象，加上活泼的民歌形式，给读者留下独特的印象。有研究者指出了韦其麟文学创作道路与民族文化之间的关系："丰富的壮族民间文学陶冶了他的心灵，从而使他走上了以壮族民间题材为主的诗歌创作道路。"②

少数民族作家不仅善于从自己的母族文化中获得创作灵感和素材来源，也从其他族群的历史文化中获取写作素材。这并非是简单的借鉴，而是由西南地区多民族之间文化的杂糅性所决定的。西南三十余个少数民族在历史上是由氐羌、百濮、百越等几大族群演进、分化而来，又呈现一种"大杂居、小聚居"的混杂居住状态，文化的同源性及相互间的影响十分普遍。王宪昭的《我国少数民族神话中的同源共祖现象探微》一文搜集到全国少数民族 1223 篇人类起源神话，其中同源共祖神话 200 篇，而西南 21 个民族共有 133 篇，占 66.5%。③ 这类神话强调的是几个民族来源于一个共同的母体，所以少数民族作家的跨民族书写就不足为奇了。在晓雪的诗歌中，除了白族题材之外，还有从纳西、傈僳等民族那里获取的素材来源，谢冕说："白族以及西南各民族世代相传的民间传说和民歌是他诗歌创作的深厚土壤，他由此出发并使之融入中国新诗的宏阔背景，从而造成他的诗歌创作既是中国的又是民族的二者

---

① 韦其麟：《百鸟衣》，人民文学出社 1959 年版，第 5、61 页。

② 王敏之：《评说壮族诗人韦其麟的创作道路》，《广西师范学院学报（哲学社会科学版）》2005 年第 1 期。

③ 王宪昭：《我国少数民族神话中的同源共祖现象探微》，《长江大学学报（社会科学版）》2007 年第 6 期。

完好契合的独特性。"① 侗族作家苗延秀根据在广西融水县与贵州榕江、从江县广大苗侗杂居山区流传的苗族民间故事《亨兄佩烈》，创作了"民间故事体裁小说"（苗延秀语）——《大苗山交响曲》；仡佬族作家包玉堂的诗歌极富民歌气息，常以仡佬、苗、壮等民族的神话故事为题材，其代表作叙事长诗《虹》就是在小时候听一位房族奶奶讲的苗族民间传说基础上加工而成的。这首诗发表后被《人民文学》转载，"这标志着仡佬族农民之子的诗，赢得了全国诗界的认可，仡佬族文学史当代作家文学的可纪念一页，由此揭开"②。

由于历史原因，西南大部分民族是新中国成立之后才开始出现本民族第一代文人作家。以上几位作家的创作情况，基本上代表了西南当代第一代少数民族作家的一个重要文学取向：回到自己的母族文化中去获取创作素材和资源。这样的倾向是有着历史和时代的双重原因的，有学者指出，中国少数民族文学并没有像汉族主流文学那样经历"五四"文学、革命文学、左翼文学、解放区文学或沦陷区文学、国统区文学等阶段，没有经历这些概念所标志的现代文学意义的洗礼，也没有参加到这些概念所标志的意义的建构中去。它是一个在当代才有意识地加以构筑的话语体系和知识谱系，在20世纪中国文学的整体进程中，它是一位姗姗来迟的到场者，它的到场是一次当代事件。③ 正是由于边缘性导致的在主流文学史中的长期缺席、失语，少数民族文学参与到当代文学进程中的发声方式也就显得另类而新奇，它讲述的不是被主流文化所掌控

① 谢冕：《晓雪的风格》，《民族文学研究》1996年第2期。
② 龙殿宝等：《仡佬族文学史》，广西教育出版社1993年版，第12页。
③ 参见陈祖君：《汉语文学期刊影响下的中国当代少数民族文学》，中国社会科学出版社2009年版，第51—52页。

的大众化的历史，而是带有本民族气质的小众性的边地民族历史和记忆，世代传承的民族神话、史诗、传说、歌谣等很自然地成为作家们最直接的创作背景和资源。

当然，少数民族作家对本民族世代相传的民间文学资源的书写，已经不是简单的复述，而是有所改造甚至再创造，或赋予时代新意，或使故事情节、人物形象更富于文学性和艺术性。换句话说，他们从自己民族的文化遗产中获得文学创作的驱动力和灵感，同时也使古老的神话原型焕发新的生机。晓雪在写大黑天神这个深受白族人民尊崇的悲剧英雄时，并没有一味地拔高其身姿、突出其英雄事迹，而是更注重渲染原本忠勇的大黑天神在执行天命时的矛盾与挣扎，力图超脱出"神性"的拘绊而刻画出其"人性"的丰富层面，挖掘出大黑天神为拯救民众甘愿牺牲的英雄壮举背后的大悲悯。韦其麟在《写〈百鸟衣〉的一些感受和体会》一文中，也直观地道明了其写作《百鸟衣》时对壮族传说的借鉴，以及对原作所作的"若干重要的改造"："《百鸟衣》的传说是童年时听到的，后来据我了解，它流传得很广，故事情节虽各有出入，但基本上还是一致的……为了把主题更加明朗起来，赋予它积极的社会意义；为了把人物的性格更加突出、明朗和丰富，使人物的形象更趋于完美、鲜明，就不能单纯地把原来故事不加选择原原本本地记录下来，而必须经过一番整理，在原故事的基础上进行艺术加工。"① 这种"改造"过程既呈现出韦其麟对民间文学的自觉吸收与借鉴，又表达了他关于壮族文化的创造性思考。苗延秀的《大苗山交响曲》的故事原型《亨兄佩烈》原本是

---

① 转引自周作秋编：《周民震、韦其麟、莎红研究合集》，漓江出版社1984年版，第393页。

歌颂婚姻自由的主题，苗延秀几次修改，最后将其改写成为苗族人民敢于反抗压迫的故事，赋予人物及故事以全新的面貌和内蕴。

总之，对本民族民间文学资源的直接继承与改造，主要表现在各个民族第一代作家的创作中，这既是民族情感使然，同时也是由作家所处的文化环境及思想深处的文化背景所决定的。与他们之后的第二代、第三代等后辈作家相比，第一代作家基本上是在一种纯粹的民族文化环境中长大的，与主流文化隔膜较深，当他们开始文学创作之路时，近乎是本能地返回到自己熟悉的母族文化中去获取资源和灵感，也在无意中充当着将民族文化、民族文学向主流社会进行推介的文化使者。

二、传统民族文化的潜在影响

与直接从民族民间文学中汲取素材进行叙写的方式相比，更多的少数民族作家则是以"碎片化"或是更隐蔽的形式来呈现创作中的文化基因，即在叙事、抒情中穿插进一些神话、故事、歌谣等民间文学作为背景或补充，又或是在创作中反复运用一些具有特殊民族文化象征意义的原型意象。这种运用，对于少数民族作家来说，是一种自觉的或者说是无意识的行为，其中潜隐着深沉的民族情感。

董秀英是佤族第一代知识分子，也是第一位佤族作家，她的作品以关注自己的族群尤其是阿佤山的女性命运为主体，具有浓郁的民族风情和反省批判意识。她常常在作品中引用佤族的故事传说、山歌民谣，营造出鲜明的地域民族氛围。发表于 1985 年的中篇小说《马桑部落的三代女人》是董秀英的成名作和代表作，小说在开篇的"序"中引入了佤族最重要的创世神话《司岗里》，讲述佤族先民的由来，以及他们如何走出山洞进入莽莽丛林的发展变迁，营造出一种蒙昧久远的历史氛围。

在这则神话中，佤族的创世始祖是一位女性，她受孕于日月，诞下子嗣，从此才有了佤族的先祖。神话明显是母系氏族时代的产物，后来随着男性在劳动中占据越来越重要的作用和地位，佤族女性的尊崇时代一去不复返，成为依附于男性的弱势群体。自小在佤山村寨中长大，董秀英对佤族女性的命运遭遇有着切身的体会和认识。后来走出大山后，在现代文明的启迪下，董秀英对女性命运有了全新认识，《马桑部落的三代女人》正是一部反映近现代佤族女性充满苦难的生存境遇的小说。通过对神话故事的引用，一古一今，一荣一辱，形成了鲜明的对照，作者的意图不言而明。

哥布的母族哈尼族是古代从北方迁徙而来的民族，自隋唐起开始在西南南部红河畔的哀牢山、无量山中定居，创造了以梯田文化为核心的丰富灿烂的民族文化。以民间文学为例，神话、史诗、歌谣、叙事诗、传说、故事、习俗礼仪歌、殡葬祭辞、哭丧歌等各种形式应有尽有，内容上涵盖了民族起源、迁徙历史、英雄传统、生产劳作、习俗礼仪、节日庆典、道德规范等各个方面，成为哈尼子孙世代传承的宝贵精神遗产。哥布曾回忆幼年时所获得的重要启蒙教育主要来自于父亲讲述的各类民族神话传说[①]，而更重要的是自幼成长的民族文化环境对他的精神

---

① "应该说我童年时代就开始接触文学了。父亲的肚子里除了犁田耙田的经验、打铁凿石的技巧，还装着许多故事。每当夜的门把山寨关在茅屋外，在乍明乍暗、飘忽不定的火光中，父亲在火塘边铺一条蓑衣躺下，就开始讲述那些永远讲不完的故事……我渐渐地在那些故事中睡去，渐渐地我在那些故事中长大。那里有光怪陆离的鬼神妖魔故事，也有很贴近生活的，不管什么样儿的，都明显带着他自己和祖先的道德观和人生经验……"见史军超：《哈尼族文学史》，云南人民出版社、云南大学出版社2015年版，第732—733页。

世界的全方位影响。因而在拿起笔开始文学创作时，哥布很自然地以自己熟悉的民族生活和文化作为起点，也作为书写的主要对象，因而，其诗作中的哈尼文化元素随处可见，成为诗歌的耀眼标志。在诗中，哈尼、梯田、红河、寨子、山谷、羊群等地域符号及丫多、汉那坡、婆多得、多仰阿迪等地域名称，《哈尼阿培聪坡坡》《都玛简收》《阿密抽》等哈尼民间文学，寨神节、苦扎扎节、窝筛筛节、密米米节等[1]节庆频频出现，构筑起独属于诗人及自己的母族的抒情空间，也通过这样的途径与世界进行沟通与交流。

> 一月到了 / 岁月来到这里 / 哈尼要祭寨神了 / 杀猪宰鸡 / 把糯米染黄 / 把鸡蛋染红 / 献给寨神 / 寨神不是可爱的姑娘 / 也不是寨子里的老人 / 寨神是谁 / 谁也没有见过寨神他 / 寨神住在哪里 / 他住在寨子里人们的心中 / 赐给我们健康和财富[2]

> 要是远远地看 / 像一窝鸡雏 / 我们亲爱的寨子 / 天上的白云一样 / 山野的风一样 / 在山间流浪 / 如果细细地倾听 / 猪狗的叫声 / 也仿佛能听见 / 当一天黑下来的时候 / 我们亲爱的寨子 / 好像一个刚刚诞生的婴儿 / 在大山母亲的腿上熟睡 / 我的眼前一片黑暗 / 内心也空寂[3]

这两首诗较能体现哥布诗作中对民族文化传统的吸收和运用。前

---

① 寨神节、苦扎扎节、窝筛筛节、密米米节等均为哈尼族传统节日。
② 哥布：《布谷声声》，云南人民出版社 2015 年版，第 75 页。
③ 哥布：《布谷声声》，云南人民出版社 2015 年版，第 53 页。

一首直接取材于哈尼族的民间宗教信仰，描写了哈尼村寨中隆重的祭寨神仪式。哈尼人世世代代依赖大自然，在深山中生存，原始自然崇拜盛行，人们相信每一个村寨都有自己的寨神，也就是自然神，保佑着全寨人的平安及农业上的风调雨顺，所以每一年哈尼村寨都会举行祭祀活动，感谢并祈祷寨神的保佑。诗中描述了寨神节的时间、哈尼人忙碌准备祭品的情形、人们对寨神的感恩，为读者展示了哈尼人的民俗文化生活的一个场景。后一首是清新舒缓的抒情诗，以诗人生活的哈尼村寨为描写对象。诗歌采用远景镜头遥瞰，远远看去，"我们亲爱的寨子"就坐落在群山怀抱中，像一窝小小的鸡雏，夜晚来临时，又像一个刚刚诞生的婴儿，在大山母亲的腿上熟睡。它像天上的白云、山野的风，本身就是大自然的一部分。诗歌语言清新质朴，比喻形象生动，传神描写了哈尼村寨身处群山环围中的地理情形，以村寨之小衬出自然之大，既抒发对家乡的热爱之情，也传达出哈尼人对自然的依恋与尊崇。

　　美国学者本尼迪克特·安德森（Benedict Anderson）指出民族在实质上是一种"想象的共同体"，因为"即使是最小的民族的成员，也不可能认识他们大多数的同胞，和他们相遇，或者甚至听说过他们，然而，他们相互连接的意象却活在每一位成员的心中"[①]。那些将所有成员连接起来的意象包括民族历史、文化、习俗、宗教、节日等方方面面，正是通过对这些独属于一个民族的意象的共同记忆和拥有，所有成员得以确认自己的民族身份并与其他成员产生一种族缘情感。这也就意味着一个民族的文化元素并不独属于某一人，而是为同一族群的全体成员所

① ［美］本尼迪克特·安德森：《想象的共同体：民族主义的起源与散布》，吴叡人译，上海人民出版社2016年版，第6页。

共有，在同一个民族的不同作家中，常常会发现他们作品中拥有共同的文化符号和精神底色——尽管每个人的创作个性、创作风格各有不同。这些共性是独属于民族作家的身份密码和精神暗号，也是他们共享的文化资源。这种特性在西南彝族文学中尤其鲜明。

彝族是西南地区人数较多、分布最广泛的少数民族，云南、贵州、四川、广西西部都有分布。在历史上，彝族创造了独特而灿烂的民族文化，建立了南诏国，拥有自己的书写文字，文化体系较为丰富完备，是古代西南少数几个拥有较高文明程度的民族之一。也许是受这种深厚的文化背景影响，彝族作家在西南少数民族文学中是非常活跃的一个群体，作家人数多，作品质量高，影响广泛，特别是在彝族最为集中的川滇交界的大小凉山地区，"凉山诗人群""凉山作家群"是西南最有实力的少数民族作家群体，在当代文坛占有一席之地。以李乔、普飞、吉狄马加、阿库乌雾、倮伍拉且、李骞、纳张元、马德清等为代表的彝族创作队伍，显示了令文坛瞩目的实绩和影响力。

西南彝族作家的创作普遍流露出浓郁的民族情感，具有鲜明的民族特色和地域特色，其中一个醒目共性是他们的作品中密集出现一些相同的意象。这些意象对于彝族而言具有特殊的历史文化内涵，寄托着他们共同的民族情感。其中出现频率最高的一个意象是"火"。彝族是个崇尚火的民族，火是重要的文化、精神图腾，在彝族神话中，人是火创造的，有了火才有了世界，才有彝族。彝族人的一生都与火有密切关系：孩子出生，要由长辈抱到火塘上方绕一绕，祈求得到火神"阿依迭古"的庇佑；成婚时新人要从火盆上跨过去，能祛灾辟邪；死后进行火葬，灵魂在神职人员"毕摩"的指引下返回祖居地。西南彝族最重要的节日也是与火相关，就是火把节。每年农历六月二十四日，云南、贵州、四川等省的彝族同胞都要欢庆火把节，节日期间，村村寨寨、家家户户都会在村寨中和家门口插上火把，人们盛装唱歌、跳舞，通宵达旦狂欢。可以说，"对火的崇拜，贯穿于彝族人民生活和信仰的各个层面，他们的人生历程，与火有不解之缘，出生火迎接，生活火相伴，死亡火相送"①。因而，"火"也就成为彝族文学中最常见也是最重要的意象。

　　给我们血液，给我们土地 / 你比人类古老的历史还要漫长 / 给我们启示，给我们慰藉 / 让子孙在冥冥中，看见祖先的模样 / 你施以温情，你抚爱生命 / 让我们感受仁慈，理解善良 / ……然而无论贫穷，还是富有 / 你都会为我们的灵魂 / 穿上永恒的衣裳（吉狄马加：《彝人谈火》）②

　　是火焰照亮了所有的生命 / 同样是火焰 / 让我们看见了死去的亲人（吉狄马加：《火焰与词语》）③

　　彝人居住的地方 / 都有火神游荡…… / 彝人的火 / 在彝人的血管里 / 沸腾为苍劲的大山 / 引发许多的惊叹 / 彝人的火是挡不住的诱惑 / 通到太阳 / 通到地心（马德清：《彝人的火》）④

　　……

---

① 陈永香：《论彝族的火崇拜》，《楚雄师范学院学报》2002 年第 2 期。
② 吉狄马加：《吉狄马加自选诗》，云南人民出版社 2017 年版，第 6 页。
③ 吉狄马加：《吉狄马加自选诗》，云南人民出版社 2017 年版，第 257 页。
④ 马德清：《彝人的火》，见凉山彝族自治州文学艺术界联合会编：《凉山 60 年诗歌选》，四川民族出版社 2014 年版，第 90—91 页。

　　"鹰"是彝族文学中另一个重要意象。彝族自称雄鹰的后代，在彝族文化中，鹰是祖先崇拜的神物，是神圣、吉祥的化身。诗人李毕在《鹰的传人》中再现了古老的民族神话："遥远的从前／天空中飞翔着一只巨鹰／遥远的从前／地上行走着一个花朵般的女郎／她的名字叫普莫列侬①／传说鹰血滴穿了九重天／也滴穿了普莫列侬的九层裙裾……／圣祖的翅膀下／我们的祖先生儿育女／我生儿育女／深眼睛高额头卷头发／我们是鹰的传人"。在彝族神话中，一只巨鹰将血滴到普莫列侬身上，她怀孕生下了支格阿鲁（也译为支格阿龙、支格阿尔），支格阿鲁被视为彝族的创世始祖。这样的神话，与汉民族周族的始祖后稷是其母姜原踩踏巨人脚迹而孕生的传说极为相似，同属远古时代的感生神话。李毕在回溯民族神话之后，直抒胸臆，表达对鹰的尊崇之情："圣鹰啊圣鹰／你翱翔在大西南的天空／你的铁翅膀推开厚重的云朵／你凝聚万众的目光／永远温暖彝人的胸膛"②。雄鹰崇拜实质上是一种祖先图腾崇拜，彝族作家笔下的"鹰"意象，已远远超越其自然物象存在，成为一种民族文化、民族精神的载体，作家们热衷于写鹰、颂鹰，其内在是对民族历史文化的精神对接与认同，是对自我身份的无意识确认："我曾一千次／守望过天空／那是因为我在等待／雄鹰的出现／我曾一千次／守望过群山／那是因为我知道／我是鹰的后代"③，"传说中／我们是雄鹰的后代／是支格阿鲁的子孙／千百年来族人的想象里／黑色的山冈／一直有我们

---

① 普莫列侬：传说中的彝族远古始祖英雄支格阿鲁的母亲。

② 李毕：《鹰的传人》，见云南省作家协会编：《新时期云南少数民族文学作品选（彝族卷）》下，云南民族出版社 2015 年版，第 617、619 页。

③ 吉狄马加：《身份》，江苏文艺出版社 2013 年版，第 24 页。

的思念/有我们的向往"①……

此外，彝人、毕摩②、送魂经、孜孜普乌③、火塘、招魂草、大小凉山、彝山、口弦、雪等也是彝族文学中频繁出现的意象。与"火""鹰"一样，这些意象在彝族文化语境中都有特定的内涵，它们是彝族古老文化传统的积淀与象征，传递着千百年从未断绝的民族精神血脉。彝族写作者通过对这些独属于本民族的文化符号的书写，既是对民族文化传统的张扬与继承，同时也隐秘地达成精神意义上的"返乡"。

少数民族作家对本民族丰富民间文学资源的吸收和运用，更多是基于一种本能选择，即荣格所说的"潜能"，这种潜能"以特殊形式的记忆表象，从原始时代一直传递给我们；或者以大脑的解剖学上的结构遗传给我们……它仅仅在艺术的形成了的材料中，作为一种有规律的造型原则而显现，也就是说，只有依靠从完成了的艺术作品中所得出的推论，我们才能够重建这种原始意象的古老本原"④。正是在这种看不见的"潜能"推动下，少数民族作家在创作时自觉地钟情于本民族的意象、素材，通过自己的书写建构起与历史文化传统的联系，作品也就表现出鲜明的民族特色。那些被少数民族作家一遍遍重复的自幼从父辈和族人那里获得的神话、史诗、传说中的意象，实际上"每一个意象都有着人

---

① 英布草心：《生命之花》，见凉山彝族自治州文学艺术界联合会编：《凉山60年诗歌选》，四川民族出版社2014年版，第163页。

② 毕摩：毕摩为彝语音译，"毕"为"念经"之意，"摩"为"有知识的长者"，是彝族中具有崇高声望的知识者和祭司。

③ 孜孜普乌：彝族传说中祖先生活的地方。

④ ［瑞士］荣格：《心理学与文学》，冯川、苏克译，译林出版社2011年版，第84页。

类精神和人类命运的一块碎片，都有着我们祖先的历史中重复了无数次的欢乐和悲哀的一点残余……"① 因此，丰富绚烂的少数民间文学、文化资源，既为少数民族作家提供创作源泉，同时也是作家通过文学这一特殊形式与先祖达成一种无意识精神交流的神秘符码。

尤为值得一提的是，西南丰富的少数民族文化和文学资源不仅是少数民族作家精神上、创作上的支持和动力，对非少数民族作家甚至是外来的他者也会产生强烈的吸引力，在创作中自觉地吸纳进一些"异质"元素。在 20 世纪红遍大江南北的西南军旅文学中，人们不难发现其中一个共性，那就是这些外来作家的作品，不约而同地散发着浓郁的"西南风味"，特别是少数民族风味。中华人民共和国成立后，国家极为重视少数民族民间文学，组织开展了大规模的收集、整理工作，西南作为少数民族最密集的地区，成果十分丰厚，重要的代表作品如壮族的《刘三姐》，彝族的《阿诗玛》《梅葛》《阿细的先基》，傣族的《召树屯》等等。刚进入西南不久的青年作家们有的亲身参与到这项工作中，如公刘参与了对彝族支系撒尼人叙事长诗《阿诗玛》的文字整理与改编，没有参与的作家也很自然地被西南蕴藏丰富的民族文学所吸引、所影响，在创作上主动从中寻找灵感和素材，创作了一批在当时很有影响的叙事诗。洪子诚的《中国当代文学史》对 20 世纪五六十年代叙事诗的兴盛现象进行了介绍，其中指出："在整理少数民族民间诗歌基础上创作的叙事诗，应具有较高的艺术水准。"② 诗人白桦根据傣族民间传说故

---

① ［瑞士］卡尔·古斯塔夫·荣格：《心理学与文学》，冯川、苏克译，译林出版社 2011 年版，第 85 页。

② 洪子诚：《中国当代文学史》（修订版），北京大学出版社 2007 年版，第 58 页。

事《召树屯》创作的叙事长诗《孔雀》就是一个成功范例，诗歌以傣族民间家喻户晓的"召树吞和婻塔娜"的爱情故事为内容，结构和形式上借鉴傣族民间文学和"赞哈"的一些特点，同时又进行了一定的加工改造，融入自身情感在其中，使故事更富于诗情与想象力。当然，受当时特定的时代影响，白桦有意淡化了故事中的宗教色彩，使作品在一定程度上与其生长土壤有所脱离。但白桦的改写从总体上来说是成功的，诗歌初次发表于1957年的《长江文艺》，同年由中国青年出版社出版单行本，1979年再版，1982年时，这首叙事长诗被改编为电影《孔雀公主》，由北京电影制片厂、上海美术电影制片厂联合摄制，白桦亲任编辑，担任男女主角的是当时有名的电影演员唐国强和李秀明。影片上映后好评如潮，获得了金鸡奖、马尼拉国际电影节特别奖等国内外奖项。可以说，这首叙事诗奠定了白桦在西南军旅作家群中的重要地位，诗歌的成功，除了诗人横溢的才华、青春的激情外，少数民族民间文学的独特魅力无疑是关键因素。

20世纪五六十年代，电影是流传最广、影响最大的一种艺术形式，当时在影坛刮起了一股"西南风"——一批以西南少数民族文化、生活为题材的影片持续走红。这些影片不仅数量多，而且艺术水准整体较高，成为那个时代一个特别的文化现象。这些电影剧本的创作者，大多是随军远赴西南的军旅作家。他们进入西南的时间虽然不算长，但是无不被边陲瑰丽的自然美景与丰富的民俗风情所深深吸引，于是，一部部根据西南少数民族的民间故事或现实生活创作的剧本出现了，并且大部分很快被改编、摄制成为电影，在祖国的大江南北上映。这些作品主要有：1953年白桦发表了《山间铃响马帮来》，小说以西南少数民族生活为题材，重点描写了边疆军民与盘踞在边境的国民党残部之间的斗争。

小说引起了中央电影局剧本创作所的重视，电影局决定由白桦将之改编为剧本，由上海电影制片厂进行拍摄，于1954年3月在全国上映，轰动一时。这是当代第一部以西南少数民族生活为题材的影片，也是少数民族形象第一次出现在中国的电影屏幕上。紧接着，上海电影制片厂又把白桦的另一篇小说《一个无铃的马帮》搬上银幕，影片名为《神秘的旅伴》，1955年上映，同样反响热烈。同一作家、同一题材的作品接踵登上银幕，在中国电影史上并不多见，白桦也因此成为新中国第一代优秀作家、编剧，他当时不过25岁。

继《山间铃响马帮来》之后，更多西南少数民族题材的作品不断被搬上银幕，主要有：根据彭荆风的小说《当芦笙吹响的时候》改编的电影《芦笙恋歌》，剧本由彭荆风与陈希平合作改编，长春电影厂拍摄，1957年上映。同年上映的还有彭荆风与林予、姚冷合作的电影剧本《边寨烽火》，同样由长春电影制片厂拍摄，该片于1958年获第十一届卡罗维发利电影节国际奖。另外，根据赵季康、王公浦创作的剧本《五朵金花》《两个巡逻兵》改编的同名电影分别由长春电影制片厂、上海电影制片厂摄制上映，其中《五朵金花》再一次在全国掀起了西南热，金花、阿鹏、大理、蝴蝶泉、苍山等具有鲜明地域特色的符号，成为那个年代里内地观众对西南边地的美好印象，影片在1960年第二届亚洲电影节荣获最佳导演、最佳女主角奖；诗人公刘参与了剧本《阿诗玛》的创作，剧本发表在《人民文学》上，随后由于公刘在反右运动中受到批判，电影摄制组成立后又解散，后来为大家所熟知的电影《阿诗玛》是这一剧组的作曲葛炎编剧的。这一批以西南边地为题材的影片在全国播映后，在当时几乎是家喻户晓，西南边地优美的自然风光、特殊的风俗人情成功地吸引了无数内地观众，尤其是其中充满异质色彩的少数民族风情，更是长久地留在人们的记忆之中，形成了那个时代鲜明的西南"映象"。

客观地说，西南作家群的创作是一个特殊年代的特定产物，不论是诗歌、小说还是散文，都弘扬着那个时代的政治主旋律，他们的作品之所以能在那个千人同声的大时代里脱颖而出，其中关键在于两个方面：一是作品较为真实地反映了边疆各族人民的生活状貌，二是作家虚心地从西南丰富多彩的民族民间文化、文学中汲取资源和素材。在某种程度上，西南作家群的创作，用文学的形式第一次较为全面、真实、生动地向外界展现西南多民族生活图景，而另一方面，西南边地独特的民族文化与丰富的民族民间文学也成就了这批当年怀着理想与激情奔赴边疆的青年作家。

第二节　绚烂驳杂的少数民族生活图卷

20 世纪 80 年代，费孝通在重要的国际学术演讲活动——"泰纳讲演"（Tanner Lecture）中提出了著名的"中华民族多元一体格局"说，成为界定、识认中国境内民族历史与现状的经典论断。其中的"多元"有两层含义：一是民族数量、种类上的多样，二是民族文化、生活形态上的丰富灿烂。每一个民族，在其独特的历史进程中，逐渐形成了独具特色的文化与生活体系，世代相袭，并以此区别于其他民族。这一体系的构成十分丰富，既包括形而上的宗教信仰、民族心理，也涵盖形而下的语言、服饰、饮食、婚恋、丧葬、节庆、仪式等各个方面，它们构成了一个民族的血脉、骨骼、皮肤，使之呈现出世界眼中看到的那般模样。在西南，如果说每一个民族都是一帧五彩斑斓的民俗风情画片，那么，三十多个民族组合起来所构建的巨幅民族生活画卷，足以令人眼花缭乱，惊艳赞叹，它让人见识到在一个地域单元内竟然共生着如此多元绚丽的民族风情，这不能不说是一个不可思议的人文奇观。这样的民族文化生活现场，自然成为文学创作的绝佳素材和背景，也是西南文学中独具魅力的特色之一。

一、奇风异俗：异彩纷呈的民族生活

近代以来，在西方加紧对中国的经济入侵之时，荒蛮落后的西南边地开始为外界所关注，成为很多西方人向往的原始秘境，一批批传教士、科学家、学者、探险家、旅行者进入西南，去开辟、探索这片尚未被文明之光拂照的处女地。在这些异邦闯入者的眼中，西南的魅力不仅在于充满神性魔力的自然山水，更在于那里原始神秘、有着种种奇异风俗的少数民族，俨然是一片人类学、民族学、文化学秘境。通过他们的文字，长久以来隐没在深山中的众多民族开始进入世界的视线。

在西南生活了 27 年的约瑟夫·洛克，用图像和文字形式生动记录下了大量关于西南少数民族文化、生活、宗教等方面的资料。在他的《中国西南古纳西王国》一书中，不仅重点描写纳西族的历史、文化，对生活在川滇藏结合区域的众多少数民族也有记叙，是一部兼有文学、人类学、民族学、地理学、生物学等多重价值的杰作。书中尤为珍贵的是对一些历史上很少有记载、又没有自己文字的民族的描述，比如在怒江流域，洛克第一次接触到了潞子[①]，对这个隐居在峡谷里的民族充满

---

① 潞子：今称怒族。

了好奇，"潞子没有文字，语言也很原始，他们自称为怒或怒阿"，"潞子（或怒子）是个安静而友好的民族，他们很穷，主食是玉米，他们酿造一种啤酒和另一种酒。他们很喜欢喝酒……他们性格猛悍，用弓箭狩猎。男子编红藤圈戴在头上，披发，衣服很短，是麻布制成的，裤子是红绸所制，他们不穿鞋子。妇女穿的与男子一样"，"怒子都是很好的猎手，每个小孩带一弓箭，看见鸟就用弓箭射击"。洛克还写了怒族女性纹面的习俗，"女孩在 10 岁后，脸上刺龙、凤及花纹，妇女在腰部绑一条麻布。他们采黄连为生，好食虫鼠"。[①] 洛克也注意到天主教在当地已有广泛传播，对怒族、傈僳族等高山民族的世俗生活与精神生活均有重要影响力。显然，洛克并非是个走马观花的游客，对西南少数民族的浓厚兴趣，考察者的敏锐观察力，使得他的叙述详细而尽可能客观，为后世提供了 20 世纪初期关于怒族的基本生存形态、文化习俗等方面的生动文献。除了怒族，书中对纳西族、藏族、傈僳族、白族等多个少数民族都有记录，其中纳西族是书中记叙最详细的民族，内容上涵盖了民族历史沿革、文化传统、劳作生产、社会习俗、节庆礼仪等方方面面，是洛克在纳西文化研究上的重要成果之一。

1930—1931 年，埃德加·斯诺从越南乘火车经滇越铁路进入西南，又随马帮深入滇西一带，最后从干崖（今瑞丽边境）进入缅甸。一路上所见到的族群种类之繁多、风俗之奇异，令他惊叹不已。斯诺根据这段神奇之旅的见闻感受写成的游记散文，于 1931 年分 18 次刊载于纽约《太阳报》上。斯诺辞世后，罗伯特·M·法恩斯沃斯（Robert

---

① ［美］约瑟夫·洛克：《中国西南古纳西王国》，刘宗岳译，云南美术出版社 1999 年版，第 228 页。

M·Farnsworth）整理其散篇，编辑成书并写序加注，书名为 *Journey South of The Clouds*（《旅行于云之南》）。2002 年，云南人民出版社选出其中在西南旅行的篇什，结集为《马帮旅行》出版，让中国读者了解斯诺早年独特的西南之行。

　　与洛克具有严谨的科学考察目的的游历不同，当时年轻的斯诺是带着一种近代西方对中国西南普遍具有的新奇、浪漫、猎奇等混杂心理而来，他执意要跟随马帮旅行，他对各种现象不加掩饰的好奇，都充分表露了这一点。因而他的书写更倾向于探险性的游记——以一种典型的外来者的眼光来描述他所看到、感受到的一切，具有外溢的感情色彩。斯诺在西南的这一段旅程，正是少数民族较为集中的区域，对于这些在文化上完全与自己熟悉的西方文明截然不同的异域民族，他自然十分感兴趣，游记中对各种民族的记述占据了较多的篇幅。这一特点，在叙写作者在云南大理的见闻经历一篇中最为典型。当时斯诺与洛克结伴，跟随洛克的马帮抵达大理，正碰上中国传统的除夕，斯诺看到的这座边陲古城热闹非凡，在大致描绘了城池的格局之后，斯诺十分详细地叙写了当时的大理众多民族杂处的情景：

　　　　这是访问大理的大好时光，因为城里面可以看到许多部族的人民，异彩纷呈。有瘦高型的西藏人，穿着羊皮衣服，散发着糌粑和酥油的气味。他们骑着长毛的高原马，从人群当中穿过，马背上铺着拜佛用的毛毯，马脖子上挂着叮当作响的铜铃。民家族① 妇女身穿紧身上衣，下面是蓝布长裤，镶一道红边，裤脚扎在颜色鲜艳的

① 　20 世纪 50 年代前，人们称大理白族为"民家族"。

裹腿里。她们背着大捆大捆的枞树树枝。男男女女的保保人，睁大了诧异的眼睛看着货郎担，为采购一年一度的新衣服而讨价还价。为数不多的纳西人，佩戴着宝剑，他们的服装一半用皮毛一半用小块小块的、五颜六色的布片拼缀而成……①

离开大理继续西行，沿途众多各具特色的民族，都给斯诺留下了深刻印象："勤劳的苗人；充满反抗精神的克钦人（他们有自己的宗教，他们相信他们的耶和华用一根看不见的绳子拴着每个人，掌握着他们的命运）；侬人，美丽的侬族妇女们裸露着上身；侬人以及性格温和的暹罗人和掸人……"这个奇妙的多民族世界带给斯诺的震撼是前所未有的，也令他无比留恋，以至于在旅程快结束时，他下决心"总有一天要重返这块人类学的奇境"②。

与西方的探险家、旅行者们相比，从内地进入云南的国内人士，他们内心所产生的文化震撼，并不比前者少多少。在时间上比斯诺稍早来到云南的艾芜，虽然家乡成都与云南相隔不算远，漂泊的生涯也充满苦难和种种危险，但在少数民族地区的经历见闻同样令他感到新奇无比，有如置身于异邦，从而使这段经历充满了传奇色彩。在具有自传性质的小说集《南行记》和游记散文《漂泊杂记》中，艾芜通过一个个短小的故事，一方面记录流浪西南的艰辛历程，另一方面大量叙写滇西一带浓郁的少数民族风情。

---

① ［美］埃德加·斯诺：《马帮旅行》，李希文等译，云南人民出版社 2002 年版，第 68 页。

② ［美］埃德加·斯诺：《马帮旅行》，李希文等译，云南人民出版社 2002 年版，第 102 页。

在艾芜的行程中，与缅甸接壤的滇西永昌（今云南保山市）、德宏一带的民风习俗最为独特，他对各种奇异民族风俗的描写也大大增加。这里不只气候变得炎热，眼前所见"到处流露出浓烈的异国情调"，因而"旅人的好奇心，却充分地激发起来了"①。带着强烈好奇心理的艾芜，明显感觉自己进入了一个异质世界：路上打着花纸伞的傣家女子，赤足，短衣及腹，长裙及踝，通作黑色，牙齿也染得漆黑，头部用黑绸缠着，堆高至尺许，仿佛顶了一只小桶似的；克钦男人同样头缠黑布帕子，人人腰间佩戴祖传的长刀，因为常嚼食槟榔，嘴唇仿佛啖过生肉般；小河中，男男女女在一块洗澡，彼此并不避忌，只是下身各围裙子作遮掩罢了；路旁清泉边放置洁净的饮水器具，供路人自行取用……因当地天气炎热，所食以生凉为主，且多取材于山野，蕨叶、野菌、山笋、油炸知了及各种不知名野菜是常见饮食，吃饭也不用筷子，而是用手抓取……②艾芜极为详尽地记叙了生活在中缅边境一带民族的服饰、装扮、饮食等民俗文化，对于他而言，眼前所见一切可谓闻所未闻、见所未见，令人惊诧。在这种全然异质的文化环境里，艾芜既感新奇、兴奋，同时也因文化差异而生出戒备、畏惧之心。有一晚他投宿据说是瘴气最毒的潞江坝，主人男女浑身都是黑色装束，连牙齿也染得漆黑，头部用黑绸缠得高高的，让作者禁不住联想起家乡城隍庙里的小鬼来，再加上风从用竹子做的墙壁缝中吹进来，灯光明灭摇曳，投射着主人赤脚走来走去的身影，这番景象令他胆怯。吃饭时，饮食也不同，饭是冷的，菜是炒干笋，以及用蕨叶和野菌煮成的汤。艾芜在这异乡度过了心

---

① 艾芜：《漂泊杂记》，河北教育出版社 1994 年版，第 56 页。

② 参见艾芜：《漂泊杂记》，河北教育出版社 1994 年版。

惊胆战的一夜，忍不住感慨："如果把这一夜的经历，作为到了幽冥世界一样，也许更要恰当些吧。"① 不过，作者也说："如果说旅行的幸福，是在不断地看见新的景物，得着新的刺激，那么单以中国边地这个范围而言，在云南西部旅行算是第一幸福的了。"②

在中华人民共和国成立初期进入到西南的军旅作家中，对边地民风习俗描写最为深入的当数冯牧和彭荆风。在西南边地多年工作与生活的经历，他们已非走马观花的新奇观察者，作品中关于边地种种习俗的描绘，避免了浮光掠影的"猎奇"意味，更客观也更贴近生活真实。自称是"半个云南人"③ 的冯牧，足迹几乎遍及云南的山山水水，他对云南的认识甚至远胜于大多数本地人。他的大部分散文都与西南边地相关，不仅描画出西南移步易景、变幻无穷的大自然美景，而且对各个少数民族富于特色的民风习俗怀有浓厚兴趣，所到之处，凡所见富有特色的少数民族生活场景、风俗节庆，无不做详尽记录，成为散文写作的素材来源。在 9 卷本的《冯牧文集》中，其中两卷"云南手记"较为特殊，共60 余万字，是从冯牧在云南工作期间及他后来多次重返云南所写的上百万字的手稿笔记中精选出来的，内容涉及云南边疆的政治、经济、文化、民族民俗生活等多个方面，可说是研究云南自中华人民共和国成立之后近半个世纪发展变化的重要史料。其中，关于少数民族的记载十分丰富，如繁星般散布在各个时期的记述中，每到一个地方，冯牧都十分关心当地民族的生活、文化状况，先进行走访了解，然后详细记录下

---

① 艾芜：《漂泊杂记》，河北教育出版社 1994 年版，第 51 页。

② 艾芜：《漂泊杂记》，河北教育出版社 1994 年版，第 139 页。

③ 冯牧：《冯牧文集》第五卷，解放军出版社 2002 年版，第 369 页。

来。所以这两卷手稿以及数量众多的西南题材散文，较为全面反映了新中国成立初期边疆各族人民生活状貌、民俗风情，生动呈现了一幅幅五彩斑斓的边地民族生活画面：马帮在泉水旁的林边草地上过夜，赶马人烧起篝火，用小陶罐煮着浓茶，用新竹筒在火堆上烧饭，一边唱着高亢的山歌；依旧保持着原始生活习惯的苦聪人在原始森林和岩洞里的生活；深山佤寨里人们整夜围着篝火敲着木鼓跳舞；泸沽湖畔摩梭人母系氏族的"走婚"习俗；蓝靛瑶猎人祭祀猪神仪式；傣族群众欢度"浴佛节"的盛大场面……

2018 年在昆明辞世的彭荆风，其一生丰硕的创作大多与西南边疆、民族生活紧紧联系在一起。长篇小说《鹿衔草》《断肠草》《绿月亮》等，小说集《当芦笙吹响的时候》《佤佤部落的火把》《蛮帅部落的后代》《边寨亲人》《驿路梨花》等，获得第五届鲁迅文学奖的报告文学《解放大西南》，以及散文、电影剧本等等，内容基本上以西南为背景，多取材于少数民族生活，反映边疆各族民众在中华人民共和国成立之后生活、思想、情感等方面的变迁。长期深入边境村寨的经历，使彭荆风对大多数民族十分了解，也谙熟西南多民族杂居、文化混杂的特征，并在创作中呈现出来。

《鹿衔草》是彭荆风众多边地题材小说中最具代表性的一部，小说以滇南西双版纳地区某一小县城为背景，描写了生活在那里的多种少数民族。"这是个多民族聚居的边陲小县，除了常见的汉族、苗族、瑶族、傣族、佤族、哈尼族外，还有许多人数极少，不知属哪个民族分支的、名称奇怪的民族，如头顶鸡冠的'公鸡族'，被人称为'养象人'的曼憧族，大大小小有二十多种"，这样的情况在西南少数民族聚居地区极为常见。20 世纪 50 年代初期，新中国在边地也设立了政权机构，县城召开了第一次民族代表大会，但见会场内，"红包头、黄包头、黑包头、白包头，长裙、短衫，花边、银饰，五光十色，奇形异状，好看得很"。[①] 小说中设置了具有不同民族身份的主要角色，如苦聪人白老大、小茶妹，傣族的挨赶、水送，瑶族的猎人老邓及女儿阿兰，哈尼族妇女花妮等等，他们各自拥有本民族的语言、生活环境、文化习俗，却在困难时相互扶持、帮助，使民族关系呈现温暖、和谐的动人色彩。

　　小说对几个主要民族的生活、文化都有较具体的描写，最主要的是对外界而言具有神秘色彩的苦聪人，小说主题写的正是生活在原始森林中的苦聪人在政府的帮助下，走出祖辈世代居住的山林，过上安定生活的故事，所以对苦聪人处于原始氏族阶段的游耕生活有较多描写。他们居住在阴暗潮湿的大森林里，居无定所，每到芭蕉叶黄时就另觅新的居住地。由于环境条件限制及劳动工具缺乏，只能以刀耕火种方式简单地种植玉米这样的旱地作物，即使是收成好也吃不了几个月，大多数时候靠打猎、采集维持生活，山林里丰富的动植物成为苦聪人生活的重要资源，他们甚至会酿制包谷酒、山楂果酒、多依果酒、桑葚酒等。生活在野兽出没的丛林中，为了防身也是为了生存，每个苦聪人都是天生的好猎手，白老大的女儿小茶妹，从小跟在父亲身边打猎，"听惯了各种野兽的嘶喊嗥叫，也看够了人和兽搏斗的惊险场面。老林的艰困生活，也把这苦聪小姑娘磨练得具有山茶花那种风不怕、雨不怕的坚强性格。小小的人，也背着张小小的弩弓，系着把短短的兽骨刀，遇见大动物，她不慌不怕，能从容上树闪躲；见了小动物，她也会像个猎手似的冲上去，用小弩弓射，用小刀刺。时间长了，

----

① 彭荆风：《鹿衔草》，中国青年出版社 1979 年版，第 132 页。

她也成了个'最会射弩的人'，只要把小弩弓一抬，就能把拖着大尾巴在树上飞跑的松鼠打下来"①。这段文字，塑造了一个可爱、能干的苦聪小女孩的形象，在小茶妹身上，体现了苦聪人在原始丛林中生活的艰险，以及为适应环境而积累的生存技能、生存智慧。小说中也描写了苦聪人以物易物的原始经济形态，他们将打猎获取的兽皮、鹿胎、熊掌、动物干巴及山林里采集的各类药材和山珍，带到森林边缘，与其他民族进行交换，获取盐、火药、铁器等生活必需品……小说通过大量细节描写，展现了搬出丛林之前苦聪人的原始生活形态。另外，小说对生活在河谷地带的傣族、山腰上的哈尼族与瑶族等多个民族的生产生活习俗也有一定描写，整部小说呈现出丰富斑驳的民族化色彩。

在新时期，范稳的"藏地三部曲"（《水乳大地》《悲悯大地》《大地雅歌》）是最能表现西南多民族生活图卷的厚重之作。作品以川滇藏交界的澜沧江大峡谷地区为地域背景，描绘了生活在这里的藏族、纳西族、白族、傈僳族等多个少数民族的生活情状，对各民族的历史文化、宗教信仰、民风习俗、经济往来、爱情婚姻等各方面均有表现，内容上十分丰富庞杂，显示了作者在田野调研、素材积累方面所进行的努力。事实证明，范稳在小说地域的选择上是成功的，这片区域是典型的文化杂糅之地，汉文化、藏文化以及多种少数民族文化在这里碰撞、共存，从近代开始，西方的传教士辗转来到这里传布教义，与本土文化之间发生了尖锐冲突。正是在这一背景下，作品最大限度地展现了西南独特的多元文化景观：宗教文化方面有原始自然崇拜、苯教、活佛转世、东巴祭祀、巫师、魂路图及来自西方的洗礼、祷告、礼拜、赞美诗等内容，

---

① 彭荆风：《鹿衔草》，中国青年出版社 1979 年版，第 55 页。

政治生活上有政教合一的藏传佛教体系、地方势力土司制度，民族生活方面有关于马帮、晒盐、酥油茶、火把节、对歌、殉情等相关描写，呈现了一幅幅五彩缤纷、令人眼花缭乱的边地民族生活画卷，尤其成功地描写了多种文化间既冲突矛盾又共生共存的奇妙现象。小说中一个典型情节是藏民保罗一家的经历。保罗是地道的藏民，受其祖父影响，一家人都是虔诚的天主教徒，他的曾祖父彼得是藏区的第一代教民，因为拒绝活佛的摩顶祝福而命丧喇嘛的乱石和弓箭之下，可是保罗年幼的儿子罗伊斯却被四个从云南藏区一座寺庙里来的老喇嘛认定是四年前圆寂的松觉活佛的转世灵童，要将之迎回寺庙去。曾为罗伊斯洗礼的安多德神父试图阻止这件事，他受到各方力量的劝阻，与神父相识的噶丹寺的让迥活佛劝他说："藏族人家几辈人到圣城拉萨磕长头进香，也请不来一个活佛。神父，有众生就有活佛，无众生便无活佛。众生要脱离苦海，佛就要显化身来引渡众生。刚才我来的时候，看见峡谷里的彩虹了。这就是神灵的旨意。"[①] 于是，一场宗教纠纷就被化解了。

小说还写到了纳西族特有的殉情文化现象：野贡土司家的扎西尼玛少爷爱上了美丽的纳西女孩阿美，可是土司家族有藏族不能与纳西族通婚的规矩，为了与心爱的人永远生活在一起，两人最终进入雪山深处自杀殉情。悲伤、狂怒不已的野贡土司打算血洗纳西村寨，并乘机霸占纳西人的盐田。纳西族长和万祥带着十匹骡子驮着的银子前去求和，他跪在野贡土司前，不卑不亢地说道：

> 大哥，在我们纳西人看来，世上有九十九种祸，从来不曾有女

---

① 范稳：《水乳大地》，人民文学出版社 2004 年版，第 87 页。

祸；世上有九十九种仇，从来不兴有女仇。阿美和大少爷的事，在我们纳西人的村庄里，家家都碰到过。他们不能结婚成家，但是他们又不能没有这份爱，于是他们就选择了殉情。他们去的地方人永远不会老，石头上也能长出庄稼，老虎是他们的坐骑，鸟儿会唱歌，鲜花会说话，星星可以随手摘来做胸前的宝石，彩虹可以剪来做衣裳，河里流淌的都是酥油茶，人们只需干一年的活，就一辈子吃不完，剩下的日子他们就唱歌、跳舞、吹口弦，和野兽们嬉戏玩耍。他们比活在这个世界上还幸福哩。大哥，我们该为这对幸福的年轻人祝福才是啊，干嘛要打仗呢？在这片土地上，江水缠绕着峡谷，白云依恋着雪山，纳西人不是你的敌人，是你的兄弟啊！①

这番听起来惊世骇俗的话，并非是和万祥外交式的狡辩，也非他个人的虚构，而是真实地体现了纳西族对殉情的态度。在与沙利士神父的谈话中，和万祥再次表达了纳西人的爱情观和生死观："我们认为相爱的人不能成家，就和死了一样，还不如殉情到一个你们所说的天堂一般的地方去，几乎每一个纳西人家都有年轻人到雪山上去殉情。我们是重死不重生，重情不重命。昨天和野贡土司开战，要是有男人战死了，女人也会跟着去殉情。纳西人家是很少有寡妇的。"②在纳西文化中，"殉情文化"可谓是非常独特的一个部分。纳西族是一个崇尚自由的民族，最早记载纳西人情死悲剧的东巴经叙事长诗《鲁般鲁饶》，浓墨重彩地描绘了一个爱情和青春的理想乐土，在较晚的东巴经文学

---

① 范稳：《水乳大地》，人民文学出版社 2004 年版，第 118 页。
② 范稳：《水乳大地》，人民文学出版社 2004 年版，第 124 页。

《游悲》中，将这一乐土称为"舞鲁游翠阁"，意即"雪山上殉情者（居住）之地"，其中的雪山即玉龙雪山。纳西人认为这个存在于人世之外的"舞鲁游翠阁"是情人们的天国，那里鲜花常开不败，人们可以自由相爱，永远年轻。青年男女在婚恋上受到阻挠，结合无望，贞烈的恋人往往会相携进入玉龙雪山深处的"殉情谷"殉情，他们的行为也能得到族人的理解和尊重，确实是反映了纳西族"重死不重生，重情不重命"的生命价值观。当代纳西族学者杨福泉曾对丽江一地的殉情情况展开过调查，得出的结论十分惊人："许多村寨被调查的人们仅就所见所闻就能列举出几十对乃至上百对的殉情青年。由此可以知道，丽江县纳西族在漫长的岁月中殉情人数之惊人，可以说是成千上万，无以数计。"[①]对丽江有深厚情感的俄国学者顾彼得甚至将纳西族聚居的丽江称为"殉情之都"[②]。

纳西族这一独特的习俗，成为西南文学中一个常被写及的题材。作家汤世杰以此为题材，创作了长篇小说《情死》以及 27 万字的长卷文化散文《殉情之都》等作品，对这一特异的民族文化现象予以深入的呈现。纳西族作家和晓梅直接从母族文化中的这一特殊现象汲取灵感和资源，创作了《女人是"蜜"》《情人跳》等作品，试图用小说的形式去还原、探究情死的真相。《情人跳》写的是鲁若土司的女儿吉和青年短工木私下相爱，身份地位的悬殊决定了这份情感不可能得到承认。纳西族

---

① 杨福泉：《玉龙情殇——纳西族的殉情研究》，云南人民出版社 2008 年版，第 7 页。

② ［俄］顾彼得：《被遗忘的王国》，李茂春译，云南人民出版社 1992 年版，第 226 页。

有姑舅表亲婚①的习俗，吉被家里许配给舅舅家的儿子拓。临近婚期，吉和木私奔，二人进入玉龙雪山的殉情谷，在度过了几天甜蜜的日子之后殉情而亡。作为纳西族作家，在书写本民族的这一充满悲怆意味的习俗时，和晓梅笔下少了他者必然会产生的"隔"，她绕开神秘色彩，直面这一现象，用一个寻常不过的故事还原情死的本源——不合理的传统婚姻制、社会等级差异是导致纳西青年男女殉情的主要社会原因。由于和晓梅运用了她一贯擅长的充满现代性意味的叙事手法，使一个原本平淡的故事在一种充满跳跃、诡奇的氛围中较好地达成了写作旨趣。

二、人神狂欢：通向彼岸的民俗节庆

民俗节日是西南少数民族生活中浓墨重彩的一部分。"节日是各民族依据传统的宗教祭祀、农事生产、历法等因素而形成的有相对凝固的时间及地点、活动方式的社群活动日。"②大多数节日并不是一项单纯的活动，而是具有综合性的功能，一些大的节日，"几乎是政治、经济、生产、生活（衣食住行）、宗教信仰、文化艺术、社会交往、民族心理等的综合反映，具有全息性质"③，而且节庆活动大多与祭祀、祈祷、驱

---

① 姑舅表亲婚是历史上普遍存在的一种婚姻形式，指舅舅的女儿嫁给姑姑的儿子，姑姑家也必须把自己的女儿嫁给舅舅家当儿媳。在中国的少数民族中，侗族、纳西族、苗族、独龙族、土家族等民族中都有此习俗。参见古风：《中国婚姻小史》，东方出版社 2010 年版，第 30—32 页。

② 施惟达、段炳昌等编著：《云南民族文化概说》，云南大学出版社 2004 年版，第 202 页。

③ 陶立璠：《民俗学概论》，中央民族学院出版社 1987 年版，第 187 页。

邪等娱神或禳灾的功利目的相关联，体现出"人神共在"的狂欢化特性。西南有三十余个少数民族，每一个民族都有自己的特定节日，与其他民族之间也不断发生影响、融合，同时又受到汉文化从国家层面的传播，所以在节日上显示出独特性与复合性相结合的特点。有的节日是独属于某一民族的，如苗族的牯藏节、基诺族的打铁节、彝族的赛装节、仡佬族的敬雀节等，有的节日则为多个民族所共有，比如火把节一般被认为是彝族的节日，但除了彝族外，在西南还有白族、纳西族、傈僳族、拉祜族、普米族、阿昌族等也过火把节；泼水节则为信仰南传上座部佛教的傣族、布朗族、阿昌族所共有的节日。节日庆典是西南少数民族文化生活中最浓墨重彩的环节，也是生动展示民俗文化的一扇窗口。

抗战时期，大批学者文人会聚西南，他们中的大多数自小成长于正统的汉文化环境里，初来边地，很自然地对各种奇风异俗产生浓厚兴趣，"良宵看跳月，花朝听吹笙"[1]，成为清寂艰苦的边地生活中独特的生活调剂，并留下了不少记录少数民族节庆的游记类作品。施蛰存的《路南游踪》一文记述了彝族民众欢度传统节日"龙王会"和"太平会"的盛况，其中对"龙王会"的描写颇为详细。1938 年寒假，施蛰存应当地友人邀约，到昆明石林地区一个名为东海子的彝族村寨游玩、考察，前后十余天，得以亲身体验民间节日氛围。"龙王会"是当地彝族一个十分重要的民俗节日，据《路南县志》载："正月初八日相传为黑龙潭诞辰，是日县民咸聚会于此，醵金赛神，制大香高余丈，施以彩饰，植于庙门燃之，十数日不熄。地方官亦亲临致祭，远道来聚者颇

---

① 姚荷生：《水摆夷风土记》自序，云南人民出版社 2003 年版。

多。"①节日当天，施蛰存与友人骑马进入节日场所，看到参加聚会的男男女女均身着盛装，女性的服装尤其绚丽夺目，上衣为青竹布，衣襟、袖口上装饰着她们自己刺绣的五彩图案花边，裙子是黑色百褶裙，脖颈、手腕、脚胫上佩戴着长串银的或铜的环钏，头上裹着颜色艳丽的帕子，而脚上全不穿鞋袜；若是贵族或有钱人家的女子，在背上必定悬挂一块两方尺的黑羊皮。游行队伍簇拥着两支安置在木架子上的巨型大香为中心，旌旗招展，鼓乐喧天，乐器有锣、鼓、琵琶、月琴、铜丝琴、胡琴、笛子，杂耍有高跷、台阁、装扮蚌女皂隶诸状，而祭祀现场四周摆满了小贩摊子，完全是一幅喜庆热闹的场景。仪式结束之后，盛装的青年男女在山坡上自发地对歌、跳舞，到处都是歌舞的海洋。几天之后，在另一个名为革温的小村庄，作者又碰上了彝族的另一个节日：太平会。全村男女全部集中到村子后面的树林中，杀猪宰鸡祭祀山神，在山神庙前举行类似于摔跤竞技的"抬交会"，比赛结束后全村人在树林中驾起锅灶做饭，聚在一起野餐。作者"看那些红男绿女都在很高兴地簪花斗草，饮酒歌呼，一种早已被忘却的淳朴的古风，忽然呈现在眼前，仿佛觉得自己已经回复到唐以前的时代里去了"②。

就读于西南联大并在毕业后留校的姚荷生，曾于1938年参加云南省政府组织的边疆实业考察团赴西双版纳地区进行调研。考察团在西双版纳的车里（今景洪）、佛海（今勐海）、南峤（今勐遮）等地做了两个月的调查就匆匆返回昆明，而姚荷生深为当地旖旎的热带风光、异彩纷呈的民俗风情以及淳朴热情的傣族人民所吸引，决定单独留下来继续调

①　转引自施蛰存：《施蛰存散文》，浙江文艺出版社1999年版，第44页。
②　施蛰存：《施蛰存散文》，浙江文艺出版社1999年版，第86—87页。

研，直到 1939 年深秋才回到昆明。后来，姚荷生根据这次难忘的经历以及收集到的大量资料写成《水摆夷风土记》一书出版，作品既是生动的记游散文，也有重要的社会学、民族学价值，费孝通极为认可作品的学术价值，称誉姚荷生为当今进行少数民族社会调查，特别是对傣族历史文化研究的第一人。书中较为全面地描写了当时被外界称为"水摆夷"的西双版纳傣族社会的宗教、文化、经济、生产、婚恋等各方面状况，其中对各种节庆的描写是一大亮点。西双版纳地处热带季风气候区，生活在这里的傣族是典型的稻作民族，以水稻为主要经济作物，在宗教上全民信仰佛教中的南传上座部佛教，此外还有各种各样民间原始信仰，因而节庆活动繁多且大多具有宗教色彩。姚荷生在傣族西双版纳生活了近一年时间，经历了大部分傣族节日，几乎都有记载，如泼水节、丢包节、堆沙节、关门节、开门节等等。书中对于每一种节日都有很细致的描述和介绍，既有外视角——作者作为文化旁观者所看到、感受到的节日场面和氛围，同时也有内视角——进入文化层面介绍与节日相关的传说典故、仪式内涵，揭示节庆活动所蕴含的独特文化信息。譬如堆沙节，作者转述了傣族民间的传说，介绍这一节日是傣族人民为纪念古代的一个统治者而形成的，人们会将沙子挑到寺庙的院子里，和尚们将沙子堆成三五个宝塔。沙塔堆好之后，"佛殿里和尚们趺坐着高声诵经，阖村的男女蹲在下面静静地听着。据说和尚所诵的并不是佛经，而是历史上的传说。当和尚们快唱完的时候，听众便抓起铜元，纷纷地向他们抛去。"① 傣族最隆重的节日是傣历新年，即泼水节，作者一一描写了寺庙里的诵经、河里的赛龙舟、大街小巷的泼水以及歌舞、燃火花、放高

---

① 姚荷生：《水摆夷风土记》，云南人民出版社 2003 年版，第 169 页。

升、贺年等种种习俗，让人有目不暇接之感。

一般而言，正式的民俗节日大多具有双重属性：外在是一整套相对完整规范、固定化的程序，包括仪式、歌舞、服饰、饮食等显性呈现，体现的是尼采所说的"酒神"精神的狂欢化色彩；内在则承载着一个族群共有的历史记忆和血缘情感，这种记忆和情感通过节日的规定性仪式而得以固化和延续。由于文化的隔膜，从施蛰存这样的文化他者的视角来看，西南的民族节日更多体现出奇异、热闹的外在特性，不可能深入感知这些热闹喧哗的仪式背后所蕴含的庄重、神圣的文化内涵，只有归属于某一特定族群的人才可能对节日仪式下潜藏的精神密码真正心领神会。

一直执着于母族文化书写的诗人哥布，在诗歌中描写了哈尼族多姿多彩的节庆仪式，以及其中蕴含的民族文化心理。由于环境因素及历史原因，哈尼族的宗教信仰十分发达，具体表现为类型上的丰富多样性，崇尚万物有灵的原始自然崇拜、祖先崇拜、英雄崇拜等共存并生，并且这些崇拜大多转化为具体的节庆仪式予以呈现，在固定化、程式化的仪式中代代延续对各种神灵的崇拜。比如每年一月在哈尼各个村寨都要过"寨神节"，举行隆重的祭寨神仪式，哈尼族称为"艾玛突"，为期三至五天，程序由四个部分组成：在神林中杀牲祭献寨神——游寨驱魔招寨魂——举办庆贺新生婴儿的酒宴——祭神林，[①] 每一个程序都有相应的礼仪歌，全村人盛装打扮，共同参与，热闹非凡。了解这一背景，对于哥布在《祭寨神》一诗中描写哈尼人杀猪宰鸡、染黄米饭、染红鸡蛋的

---

① 参见史军超：《哈尼族文学史》，云南人民出版社、云南大学出版社 2015 年版，第 481 页。

喜气洋洋忙碌场景，以及"寨神住在哪里／他住在寨子里人们的心中／赐给我们健康和财富"[①] 这样的深情抒发，才有可能真正理解，而不是仅仅停留在文字所渲染的热闹层面。苦扎扎节是哈尼族另一重要节日，也称六月年，在农历六月中旬举行。"苦扎扎"为哈尼语，其含义是迎接天神"我最"到哈尼人间寻访，为哈尼人驱害除魔，祈求"我最"保佑山寨平安、人畜兴旺、五谷丰登。过节期间，人们放下所有劳作，穿上五彩缤纷的节日盛装，宴饮聚会，对歌跳舞，荡秋千，转磨秋，串寨子，欢度节日。"六月，哈尼人的苦扎扎节到了／苦扎扎节是在属马和属鼠的日子／寨脚磨秋已经立起来了／寨脚的秋千已经树起来了／不仅仅这样，为天神的女儿我最／建盖的秋房[②] 也完全建好了……"[③] 诗歌描绘的正是哈尼人为盛大节日的到来而做好了各种准备，洋溢着一种节日的喜庆气息，其中蕴含着人们对神灵的敬畏，对美好生活的期盼。

> 村子脚的大田泛绿的时候
> 哈尼杀翻水牛过苦扎扎节了
>
> 缠着秋千站在村边的是谁
> 是村子里的孩子们
> 微笑着站在门口眺望的是谁

---

① 哥布：《布谷声声》，云南人民出版社 2015 年版，第 75 页。

② 秋房：苦扎扎节要在寨子脚建盖一座房子，叫秋房，传说天神的女儿我最下凡时要在里面休息。

③ 哥布：《六月，寻找天神的女儿》，《红河文学》2008 年第 4 期。

是寨子里的老人们

村子脚的大田泛绿的时候
哈尼的苦扎扎节微笑着到来了 ①

　　这首同样以苦扎扎节为题材的小诗，以首尾呼应的方式强调了节日的来临，语言上虽然克制平静，但通过两个具体的场景：儿童在村边秋千上嬉闹、老人们站在门口含笑眺望，生动传递出哈尼人对节日的企盼，字里行间跃动着一种抑制不住的欢乐氛围。

……
春天悄然来临
火神空前活跃
一天夜里
当寨子里举行了祭火仪式
月光，那孩子们最好的朋友
抵达了寨子中央
锣鼓是人类欢乐的象征
父母是家庭幸福的标志
欢乐的锣鼓敲起来
十辈人集中起来
七辈人会合起来

---

① 哥布：《布谷声声》，云南人民出版社 2015 年版，第 51 页。

大家聚集在月光下

聚集在寨子中央

锣鼓响起动人的旋律

年轻人都跳起乐作①

不仅仅是年轻人

寨子里的老人跳起来了

母亲手里学走路的孩子

也跳起来了

整个寨子没有一个人不跳

整个寨子没有一颗心不欢

跳舞的人在月亮下

围成了一个月亮的形状

唱歌的是我的爷爷捏果爸爸

弹三弦的是我的哥哥车侯

吹巴乌的是我的姐夫谷山

一些人在中间跳舞

一些人在旁边鼓掌

一些人在中间唱歌

一些人在旁边附和

人们怀着愉快的心情

就像春天复苏的草木

锣鼓是人类欢乐的象征

---

① 乐作：一种哈尼舞蹈。

> 寨神树是一寨之王
>
> 锣鼓之声欢唱不止
>
> 一寨之神笑声不断 [1]

与前一首相比，这首诗写得奔放热烈，描绘了哈尼人举行密米米 [2] 仪式的场景。当月亮升起来时，人们敲起铓锣、吹响巴乌，全寨人不分男女老幼翩翩起舞，小孩子也被母亲抱在怀里一起舞蹈，在人们的欢声笑语中，仿佛寨神也被感染而笑声不断。这种纵情歌舞的狂欢场面，与巴赫金所解析的西方狂欢文化全然不同，同样是宗教仪式，西方以狂欢节为代表的狂欢活动充满了对刻板传统的冲击、颠覆和戏谑，而像哈尼族以及其他民族的节庆狂欢，体现的是世俗对神秘不可知的神界的敬畏，通过歌舞等常见仪式，在娱神的同时，也逐渐发展出自娱的功能。这一特性，在此诗中，被诗人用质朴无华的语言表现得十分明显。

另外，在《窝篦篦节的狂欢》一诗中，哥布还借鉴哈尼民歌体式，将民歌"酸汤杆儿 酸汤杆儿 / 一节两片叶子在风中舞蹈 / 就像世上的男女成双成对"直接引用进诗歌里，反复咏唱，既表现了节日这一天哈尼青年男女在这样的歌声中成双成对跳舞的传统习俗，同时也表达了对自由自在美好爱情的歌咏。作为一个致力于通过文字来表现、传承自己民族文化的诗人，哥布诗歌中关于哈尼族丰富多彩的民族节庆的书写，既是一种文化自觉，同时也让他的诗作具有厚重的民族文化内涵，在西南

---

[1] 哥布：《多年以前，一个密米米的夜晚》，《诗刊》2006 年第 23 期。

[2] 密米米：哈尼族每年农历一月举行"密米米"，是一个防止火灾的宗教仪式。

少数民族作家的创作中极具代表性。

与哥布自小浸润于母族文化的生长背景不同，有的少数民族作家在成长过程中受汉文化的影响更大，然而在创作中，一种无形的民族意识往往会将作家导引转向自己的民族文化。这样的经历与变化，在仡佬族作家王华的创作中表现得十分明显。距《桥溪庄》之后，2006 年，王华再次在《当代》发表长篇小说《傩赐》。这部小说显示了王华创作上的一次独具意义的转向和突破，即作为一个仡佬族作家对民族文化传统的回归。小说虽然有意模糊故事人物的民族身份，甚至说"傩赐人不知道自己是什么民族"，但小说中的大量细节显示王华正是以自己的母族仡佬族为原型，并综合了其他一些民族的风俗习性，在真实与虚构之间描写了一个生活在高山之巅的少数民族群体：傩赐人。如小说中出现的傩戏、山歌、"高脚狮子"、"打篾球"等民俗活动，玉米干饭、油茶等饮食习俗，以及居住环境、耕作方式等，无不带着鲜明的仡佬族文化印迹，显示了与王华之前的创作不一样的文化取向。《傩赐》中的民俗文化氛围十分厚重，婚嫁、丧葬、节庆等均有相应描写，其中最重要的是当地一年一度的"桐花节"，小说用了整整一章篇幅来描述这个节庆的全过程，先是介绍桐花节的由来：傩赐人先祖在逃难中，桐花姑姑用黄豆续命，并为延续族群血脉而成为三个青年人的妻子；接下来是节庆前的准备：选出村庄上最漂亮的女子扮"桐花娘娘"，准备节日盛装，用竹子编篾球，炒黄豆……再接下来就是四月十二日、十三日持续两天的正式仪式：第一天全庄人盛装聚在一起举行祭祀桐花姑姑的仪式，由扮演桐花姑姑的少女和选出来的三个男性模拟再现传说中的场景，其他人不仅是观众，也是参与者，不断地跟随情节的发展有声音、动作上的配合。当最后表示桐花姑姑为傩赐诞下了众多子嗣的一幕来临时，"人们沸水一样呼呼啦啦站起来，又啊哈啊哈跳了起来。全庄子人，手拉着手，转着圈儿跳啊唱啊，欢庆我们民族的再生"。仪式的最后，众人在桐花娘娘脚下跪下磕头行礼，在其指示下从桐树上摘下一支桐花并带回家中，象征着把幸福带回家。仪式结束之后男女分开进行对歌，一直唱到喉咙哑了方才罢休，这时女人们将炒熟的黄豆撒到男人群中，男人们顿时疯狂地抢起来，谁抢得多吃得多，就代表越幸运；第二天一早人们又聚集在一起，观看篾球比赛、傩戏演出、舞高脚狮子。节日期间，整个傩赐庄陷入巨大的欢乐之中，"我们傩赐庄，全聚集在一起，也只有三百多一点的人，但我们聚在一起时却像是有上千人凑在一起一样热闹。我们吼，是吼给太阳听的。我们唱，是唱给云朵朵听的。我们乐，是乐给老天爷看的"①。桐花节结束了，每个人心里都意犹未尽。

如前文所述，西南少数民族的节庆狂欢与西方反抗专制权威的民间狂欢有着本质的区别，但在狂欢的仪式及民众心理上却是有着相通之处。巴赫金在分析欧洲民间狂欢节时，指出其全民性的特点，在狂欢中，没有观众，全民都是演员，或者说，生活本身成了表演，而表演则暂时成了生活本身，并且，"狂欢化消除了任何的封闭性，消除了相互间的轻蔑，把遥远的东西拉近，使分离的东西聚合"②。不论是王华受民族文化影响而虚构的桐花节，还是西南真实存在的泼水节、火把节、三月三、目瑙纵歌等数不胜数的节庆，无不体现出这种族群的全民参与性、狂欢性。那些在外界看来喧闹甚至是荒诞的仪式中，恰恰包含

---

① 王华：《傩赐》，安徽文艺出版社 2018 年版，第 114、113 页。
② ［俄］巴赫金：《巴赫金全集》第 5 卷，白春仁、顾亚铃等译，河北教育出版社 1998 年版，第 165 页。

着对这个族群的成员来说至关紧要的历史信息，是维系一个族群情感千百年来不散不灭的重要法宝和密码。伽达默尔曾说："假如有什么东西同所有的节日经验紧密联系的话，那就是拒绝人与人之间的隔绝状态。节日就是共同性，并且是共同性本身在它的充满形式中的表现。"①少数民族创作中常见的节庆描写，除了是对西南绚烂的民俗生活的真实再现外，也在其中寄托着深沉的民族情感，这是他者的叙述所难抵达的。

第三节　文化自觉与全球化语境下的文化离散

"冷战"结束后，全球经济一体化、文化多元化为大势所趋。与此同时，不同文明的交融与冲突渗透到政治经济、思想意识甚至是社会生活的各个层面，塞缪尔·亨廷顿的"文明冲突论"、弗朗西斯·福山的"历史终结论"备受关注。在各种文化的融合和冲突中，处于经济、文化双重弱势地位的少数民族及其文化承受着前所未有的冲击，日益面临被同化、被异化甚至是消亡的生存危机，正如有学者指出的那样："在无可选择的世界整体意识日益加强的全球化时代里，以弱势的民族文化和经济实力被卷进强大无比的全球化浪潮中的少数民族，更多地处于被伤害、被遗弃的地位，尤其是在文化方面，这种伤害更是全方面的，甚

---

① ［德］伽达默尔：《美的现实性》，张志扬等译，读书·生活·新知三联书店1991年版，第65页。

至是致命的。"[1] 被全球化浪潮抛掷到存亡边缘的少数民族，从意识深处激发出强烈的危机感和使命感，表现在文学中，有两个明显变化：一是少数作家的民族主体意识前所未有的高涨，二是少数民族作品中的族群忧患意识与危机感明显增强。"文化全球化时代的生存感受唤醒了他们对民族文化的自觉意识，于是，对少数民族自我那早已模糊甚至丧失了的'文化身份'的找寻与书写成为少数民族诗人与诗歌在不可抗拒的全球化时代的艰巨任务之一。"[2] 找寻与书写，注定成为一个大时代里少数民族作家的使命、宿命。

一、从"同声"到"独语"：民族意识的觉醒与文化自觉

受近现代启蒙思想的影响，西南少数民族文学已经一定程度地参与到新文学的创建与发展之中。蹇先艾、马子华、寿生、李寒谷、赵银棠等第一代西南新文学作家，他们或具有少数民族身份，或在创作中表现出鲜明的地域民族色彩，代表西南少数民族发出了来自边缘的声音。西南少数民族大规模崛起并正式融入主流是在 20 世纪中期的中国社会大转型时期，受到当时国家重视少数民族文化的大环境激励并为新的时代风尚所感染，西南大多数少数民族都有了自己的文人作家，尤其是一些人数少、刚从原始或奴隶制形态下摆脱出来的少数民族，也破天荒地走出了本民族的第一代作家，成为西南民族文学值得秉书的一大跨越与飞跃。

---

① 马绍玺：《在他者的视域中——全球化时代的少数民族诗歌》，社会科学文献出版社 2007 年版，第 1—2 页。

② 马绍玺：《在他者的视域中——全球化时代的少数民族诗歌》，社会科学文献出版社 2007 年版，第 2 页。

然而，这个时期的少数民族作家的创作，受风云激荡的大时代影响，少数民族作家毫不犹豫地投身于时代洪流，书写时代主旋律，表达了少数民族作为中华大家庭中的一员对家国命运的关注与参与。如果说有所区别，主要在于他们作品所写的大多为自己所熟悉的少数民族生活场景，作品带有大量的边地少数民族符号元素，但在现实意义的诉求及思想性的追求上，则努力与时代保持高度一致。马子华的《他的子民们》取材于西南金沙江畔彝族农奴制生活图景，小说充满了土司、农奴、葫芦笙、羊皮鼓、火把节、跌脚舞、山歌等对于内地读者来说全然陌生新奇的边地民族元素，构建出了"边远地方人生"图景，但在思想内容上，作品充满了"五四"时期乡土文学强烈的启蒙意味，通过这一幅幅人间惨状表达出对野蛮、落后的边地生活的批判，体现出鲜明的五四新文学特色。除了《他的子民们》，马子华第一部小说集《颠沛》中的大部分作品均表达了这样的创作意图和鲜明主题，即使是创作于 20 世纪 40 年代的散文集《滇南散记》，作者依然习惯性地保持着主流视角，在描绘地方风物、民风习俗的同时，同样贯穿着强烈的批判启蒙色彩。

在西南，李乔被誉为"开创彝族书面文学的第一人"，其代表作"欢笑的金沙江"三部曲写作时间为 20 世纪 50 年代至 70 年代，作品所反映的时代背景是 20 世纪 50 年代初期共产党在小凉山彝族地区开展民主革命运动，帮助彝族民众从封建农奴制下解放出来，从而向现代社会转变。其中大量描绘了当地彝族各种丰富的习俗民风，充满浓郁的民族风味，小说的主旨中时代共性极其鲜明。这种自觉的时代意识基本上贯穿了李乔的文学创作，有学者这样概括："李乔之路是这样铺成的：《欢笑的金沙江》（民主改革，即解放初期的云南历史画幅）——《破晓的山野》(对前一史实的沉淀与升华，并进而展示了彝族近现代历史的若干侧面，几近于彝族历史演变的艺术画幅)——《未完的梦》(笔触前伸，勾画的是辛亥革命后十数年间的云南现代史，领衔人物由虚构贴近现实)——《彝家将张冲传奇》(以张冲前半生的传奇经历为经，滇军及云南现代史之演变为纬，结构为一幅多姿多彩的云南现代史实录)。"[1]这幅"线路图"反映了作者紧贴时代、追求宏大建构的创作诉求。

除了在作品的主题上完全融入时代的同声"大合唱"之中，这一时期的少数民族文学在叙事上也与主流话语高度保持一致。白族作家杨苏的代表小说《没有织完的筒裙》塑造了一个新时期的景颇族青年娜梦的形象，她把全副心思都放在公社的庄稼地里，为加入共青团而流下幸福的眼泪。在为织筒裙上的图案而与母亲发生分歧时，娜梦讲了一番话："阿妈，我要织我的心。我的心真像长上了鹰的翅膀一样，老是想飞啊飞啊，飞到毛主席身边，把戴瓦[2]姑娘的心事告诉他，我们将来的生活多么好啊！可毛主席的事情比山上的树叶还多，比牛身上的毛还要密。要是能把我的心织在筒裙上，送给毛主席。毛主席一看就明白，那该多美呀。"[3]另一篇小说《剽牛》中，村里的泡金怒老爹因做了一个不吉祥的梦，欲按照景颇族传统方式剽牛祭鬼，村支部书记劳则巧妙地用党的政策和毛主席的教导引导他放弃了这个念头，泡金怒老爹的孙女、共青团员木娜钦佩地对劳则说：

---

① 马旷源：《李乔论》，见李骞主编：《李乔作品评论集》，云南人民出版社2017年版，第92页。

② 戴瓦：景颇族的自称。

③ 杨苏：《没有织完的筒裙》，中国青年出版社1961年版，第59页。

"支书，你真会做工作，把我爷爷的牛性子都顺过来了。"

劳则说：

"我们戴瓦人的心里，都埋着一团向上的火，毛主席的话，会把这团火点起来，使每个戴瓦人都看到自己前进的道路，我们只要说毛主席的话，就会点亮每个戴瓦人的心！"

木娜听了，轻轻地回答：

"是啊，毛主席的话，比缅桂还香，比米酒还甜呀！"[①]

在杨苏作品中，生产队、干部、支书、共青团员、毛主席、合作社、新修水利、"大跃进"等时代词汇频频出现，人物的话语以及故事的叙事、思想都体现出鲜明的时代性。这种讲述方式在 20 世纪 50 年代至 70 年代的少数民族文学中是非常普遍的，从主题立意到情感表达、话语方式，都是那个时代的典型模式，唯一能识别这类作品的少数民族性质的，大概就是作家的民族身份，以及作品中对边疆少数民族生活环境、文化习俗的描写。可以说，刚刚萌生创作意识的少数民族作家几乎是无意识地走上追随主流的文学创作之路的：一方面，处于文化弱势的少数民族在共名化大时代里不可能有真正表达自我的意识和空间；另一方面，由于历史原因，绝大多数作家遭遇的是没有现成的本民族书面文学创作经验可供借鉴的现实境况。在这样的情况下，融入主流就成为必然，少数民族作家的民族意识和情感诉求被强大的时代所遮蔽或是掩盖了，"大我"代替了民族性的"小我""自我""真我"。别林斯基曾说："在作家创作过程中，必然把现实生活中的内容做艺术的处理，这个处理过

---

① 杨苏：《没有织完的筒裙》，中国青年出版社 1961 年版，第 54 页。

程，实际上就是一个意识形态'折射'的过程。"① 现当代兴起的西南少数民族文学，十分鲜明地体现出这种"折射"的特性。

20 世纪 80 年代，随着中国开始迈进改革开放的历史新阶段，启蒙重新成为社会主潮之一，呼唤对个体的尊重、对个性的张扬一度成为历尽劫难后的民族最强烈的社会呼声，伤痕文学、反思文学等文学类型的走红，就像一面巨大的镜子，折射出被压抑已久的人的意识的觉醒——这其中也包括了少数民族自我意识的觉醒。同时，以去中心化、强调差异化为特征的西方后现代思想的传播，也为被主流长期遮蔽的少数民族族群意识的复苏准备了充分的思想理论资源。20 世纪 80 年代中期，从西南大凉山走出去的彝族诗人吉狄马加一声"我——是——彝——人"的呐喊可谓石破天惊，振聋发聩，在某种程度上成为一种标志、一个宣言，象征着一直被边缘化、长期跟在主流后面亦步亦趋的少数民族开始进入民族意识自觉时期，产生了认识自己、解读自己的强烈愿望。这种转型，可以称之为"族裔意识的觉醒"。少数民族——尤其是少数民族知识分子以汉文化为观照，转身审视自己的民族，发现了其中的差异、特异之处，而这些不同之处是祖祖辈辈从漫长的历史中一代代传承下来的，是民族存在的根基，包括从小长辈讲的神话、传唱的歌谣，族群共有的语言、服饰、信仰、节日、祭祀……而这一切，只是属于自己的族群，只有这个群体里的人才真正掌握并理解其中的内涵，它们就像一根无形的纽带，将自己、族人及祖先紧紧联系在一起。这便是本尼迪克特·安德森所说的"想象的共同体"，这种"共同体"的体认会催生出

---

① 转引自邱运华主编：《文学批评方法与案例》，北京大学出版社 2006 年版，第 53 页。

自觉的族群意识，产生或强烈外露或隐蔽含蓄的族群认同感及归属感。

必须承认的是，少数民族作家与汉民族作家相比，他们成长的文化环境存在着显著差异。汉民族作家自幼受到以儒家为规范的传统文化熏陶，少数民族作家则更多接受了以本民族语言、神话故事、宗教等为主要形式的呈封闭状的母族文化的启蒙教育，即文化人类学所说的"濡化"（enculturatien）①。少数民族作家大多在母族文化环境中长大，天然地具有对母族文化认同、眷恋的情愫。吉狄马加的家乡位于川滇交界处的凉山地区，那里是彝族最集中的聚居区域，群山层叠，山高路险，与外界交流极为不便，形成了一个相对封闭自足的彝文化生态圈，民族氛围十分浓烈。在这样的环境里出生、成长，吉狄马加自幼浸润于母族文化的皋壤里，从语言习惯、生活习性，到思维方式、精神信仰等，无不具有深深的彝文化印迹，即使他后来走出大山，进入文明中心——城市生活，但早年所受到的母体文化的熏染，一直是他生命和创作中的原色。他的诗作给人印象最深的就是四处弥散的民族特色，传达出鲜明的民族特质，并有意识地表达出独立的民族意识。1985 年，他的《自画像》横空出世，宛如一道光照亮了千百年来晦暗不明的民族身影，代表少数民族第一次真正发出了自己的声音："我——是——彝——人"②。

历史上，在汉夷对立的主流话语体系中，少数民族一直被视为边缘、异类，他们被称为"夷人""蛮族"，是处于汉文明对立面的他者，被剥夺了话语权，只能蛰居在历史的幽僻角落，面容模糊，身份可疑，

---

① 濡化是指"文化跨世代而被学习与传承的过程"。见［美］康拉德·菲利普·科塔克：《文化人类学——欣赏文化差异》，周云水译，中国人民大学出版社2012 年版，第 28 页。

② 吉狄马加：《自画像》，《诗刊》1985 年第 3 期。

原始、野蛮、落后是主流文化对他们的一致描述。面对历史所造成的这种刻板印象，《自画像》几乎有一种"揭竿而起"的悲壮意义，诗歌撒开传统视角，直接面对一个少数族裔的历史和文化，从某种意义上说，"我""父亲""母亲"已不是具体的个体形象，而是一个族群的群体画像。土地、彝文、纺线、河流、朝左睡的男人、朝右睡的女人、葬礼、彝人……这一系列包含着一个民族文化密码的词汇，浓缩了彝人千百年的苦难历程、灿烂文化。诗人意欲强调的是，与汉民族及其他民族一样，这个民族同样也经历了正义和邪恶的抗争，也充满对爱情、梦幻的憧憬，他们的历史同样也包含着背叛与忠诚、生与死的激烈对抗。但是这一切，却在主流所操纵的历史中被轻描淡写地抹去了，只余下一些只言片语、断章残卷。在诗歌看似客观的陈述中，实则蕴含了一个已经觉醒的少数族后裔内心巨大的民族创伤，所以在诗歌最后，诗人几乎是以抑制不住的激情面向世界宣告：我——是——彝——人！这已不仅仅是诗人个体的呐喊，而是在长久的沉睡之后终于觉醒了的民族意识向世界所发出的呼告。这个声音，注定了会在历史的幽谷中长久地回响。

与当代第一代少数民族作家自觉按照时代规范来创作的情形不同，"苏醒"了的第二代作家们完成了一个漂亮的"转身"，关注视角开始由向"外"转而向"内"。他们同样关注世界、关注社会，注意与时代保持紧密联系，但在书写内容与情感投射上更多地倾向于自己的民族，从母族文化中汲取创作资源，表现出强烈的民族意识和文化认同感。在吉狄马加的诗歌中，充满地域性的民族元素随处可见：大凉山独有的风物景致，彝族古老的历史，流传至今的神话意象，原始崇拜，民族风俗，与诗人血肉相连的亲人、族人，彝人沉重的生存现实等等，建构起一个独特的彝人世界（或主流视界里的"异托邦"）。在这里，统领、主宰一切的不再是主流话语与主流价值观，而是专属于一个民族的形象符码与情感符码。

"族裔性是建立在共享传统文化的概念之上的。一个族裔群体是共享一个历史、一种文化，或有共同祖先的人的集合。"①像吉狄马加、阿库乌雾、俸伍拉且、鲁若迪基、哥布等大多数少数民族作家，自小为母族传统文化所濡化，在创作之初就自觉选择民族书写方向，有的作家则是在创作过程中逐渐意识到自己的"族裔性"，从而在创作上有意识地向自己的民族文化靠拢。像前文提及的仡佬族女作家王华就是其中一个典型。随着《桥溪庄》等作品在《当代》等刊物的发表，王华的写作才华受到文坛瞩目，但其早期作品中的民族特色并不明显，直到写作长篇小说《傩赐》时，才萌生了"追溯民族根的欲望"②，在翻阅本民族的历史文化资料时，王华猛然意识到："作为一个仡佬族作家，单从这一点就已经注定一生都要用自己的民族语言跟这个世界对话。这当然会给我带来莫大的孤独。以往，我们为了相聚在一个全球化的时代而艰苦迁徙，现在，我正在走向回去的路上。回去，回到那个属于自己民族的地方，重新坐在一堆散发着木头清香的野火旁边，喝着香香的油茶，用一条略带沙哑的喉咙，唱自己的山歌。"③"我的祖先曾经是那个民族的血脉之身，但后来在中原文化的侵略下，我们的血液已经被感染成另一种既没民族味儿也没汉味的杂烩汤了……一个没有继承自己民族血脉的作家，又怎么能创作出流淌着自己民族血脉的作品呢？每一个民族都有

---

① 徐颖果主编：《离散族裔文学批评读本——理论研究与文本分析》绪论，南开大学出版社2012年版。
② 姚曼：《王华：文学就是作家的胸怀》，《贵州都市报》2009年6月3日。
③ 王华：《我要回到篝火旁》，《文艺报》2008年9月23日。

根，我们需要的是从根里生长出来的文学作品。"① 像王华这样民族身份意识的觉醒，创作上自觉的民族文化回归，在西南少数民族作家中具有一定的代表性，反映出少数民族作家与自己母族文化的主动对接，也显示了族裔性本身具有的强大凝聚力。

二、全球化时代的文化离散与精神流亡

少数族裔主体意识的觉醒，创作视点由"外"向"内"的转化，对少数民族作家而言并非意味着回归民族文化母体的喜悦和自豪，"对于一直处于'失语'和被殖民状态的少数民族文化来说，这是在全球化时代下的一种自觉，它始终伴随着忧伤、焦虑、恐惧一类的文化心态，它所表现出来的无奈与阵痛是明显的。诗人们之所以甘心体验、担当这种阵痛，一方面是因为源于生命深处对民族文化的爱，源于那无可阻挡的类似于宗教的文化皈依情怀，另一方面是因为，在'他文化'的生存环境中，他们同样体验到了文化夹缝中的痛，或许还是更大的痛。"② 在完成了"我是彝人"的民族身份认知之后，吉狄马加们必然会紧接着遭遇"我从哪里来""我往哪里去"的进一步哲学追问。在前一个问题上，对身处大一统文明体系中边缘、弱势地位的母族历史进行回溯，带给作家的更多是充满苦难和耻辱的民族记忆。因而，在少数民族彰显民族意识的文本中，极少有充满自信、自豪的书写，而是在自我体认中夹杂着难以言说的痛楚，使这种表述浸染上感伤的气息。吉狄马加那一声惊天动

---

① 王华：《我们需要从根里生长出来的民族作品》,《贵州民族报》2007 年 12 月 17 日。

② 马绍玺：《在他者的视域中——全球化时代的少数民族诗歌》, 社会科学文献出版社 2007 年版，第 37—38 页。

地"我是彝人"的宣告，与其说是一种自豪，倒不如说是一种在痛苦压抑之后的大爆发和大觉醒。而对后一个问题的清醒认识，则大大加剧了作家的文化危机感、焦灼感。

因为，对于当代少数民族而言，更大的危机来自全球化的时代浪潮——一个无法选择也不可抗拒的时代。"对某些人而言，'全球化'是幸福的源泉；对另一些人来说，'全球化'是悲惨的祸根。然而，对每个人来说，'全球化'是无法逆转的过程。"① 从一个整体视角来看，全球化对少数民族地区的冲击和影响远比其他经济文化繁荣地区更为明显、强烈，"全球化所导致的'时/空压缩'的本质就是全球性的共时性时间存在和世界一体化的空间性存在。在这个同质化的社会历程中，全球化将少数族群社会纳入全球同一交往与碰撞的共时框架之中，使少数族群失去了居住地地理位置的边缘性和封闭性，以及这种居住地在过去时代对少数族群文化所起到的保护性作用，并使少数族群文化迅速处于捉襟见肘的状态中。"② 传统的少数民族地区多处于封闭的地理格局，长期与外界保持着一定的距离，而全球化轻而易举地突破甚至摧毁了这道地理藩篱，以长驱直入之势深入少数民族区域，在给当地带来先进的思想和技术的同时，少数民族知识分子也渐渐意识到，"处于弱势地位的少数民族文化被处于强势地位的汉文化和更强势的西方文化层层包围，少数民族文化被迫处于被殖民的状态中，原有的文化认同感和文化纽带迅速消失，源自文化的焦虑感迅速在民族间升起。于是，在多种文化间的

---

① ［英］齐格蒙特·鲍曼：《全球化——人类的后果》，郭国良、徐建华译，商务印书馆 2001 年版，第 1 页。

② 马绍玺：《在他者的视域中——全球化时代的少数民族诗歌》，社会科学文献出版社 2007 年版，第 14 页。

碰撞与复杂交流中，拥有某种少数民族文化的个体或群体就面临着新一轮的文化重构与文化认同问题。"[1] 这也意味着，刚从民族意识层面觉醒不久的少数民族，紧接着又迎来更大的挑战和考验，即在汉文化和西方文化的双重包围、渗透下少数民族传统文化面临消亡的危机。

　　民族的发展永远是一个两难的命题。一方面，少数民族要发展以跟上时代步伐，就必须积极汲取人类的先进成果，这些成果既包括科学技术方面的，也包括精神思想领域。在新观念的感召之下，新陈换代必然是不可避免的；另一方面，很多作为民族形象符码和精神图腾的民族历史文化，在一个开放的格局中已然显得陈旧、落后而不合时宜，而且对新一代的少数民族来说已渐渐失去吸引力和影响力，民族文化必然会走向衰败甚至是消亡。如何破解这一前所未有的难题和困局？必然成为全球化时代少数民族知识分子无法回避的现实问题。

　　　　我站在这里
　　　　我站在钢筋和水泥的阴影中
　　　　我被分割成两半

　　　　我站在这里
　　　　在有红灯和绿灯的街上
　　　　再也无法排遣心中的迷茫
　　　　妈妈，你能告诉我吗？

---

① 马绍玺：《在他者的视域中——全球化时代的少数民族诗歌》，社会科学文献出版社 2007 年版，第 19 页。

我失去的口弦是否还能找到 [①]

吉狄马加这首名为《追念》的诗中，充满了沉重的文化失落感。诗歌的寓意很明显，"钢筋""水泥""红灯""绿灯"，代表的是现代文明社会，而"妈妈""口弦"在诗中是作为与自己血肉相连的故土、亲人、民族文化的象征而出现。诗人在物质层面已迈入现代化的生活之中，却无法真正融入其中，内心充满迷茫。这种迷茫，一是因置身异质文化所产生的陌生感所致，二则主要是因"失去的口弦"而导致的不知所措和痛楚。"口弦"是彝族传统乐器，它小巧轻便，是能歌善舞的彝族民众劳作、恋爱、日常生活中必不可少的伴侣，在这里诗人显然是将之当成自己母族文化的化身，"失去"意味着与传统的断裂。

佤族诗人聂勒的《牧人的眼睛》一诗表达了相似的感受：

> 在城市宽广的街道上
> 在密密匝匝的人群里
> 我寻找着牧人的眼睛
> 我寻找着忧伤和欢乐的渊源
> 当一辆辆漂亮的车流
> 从身边匆促而过
> 像一群发怒的野马群
> 孤独便从心底淌溢
> 我泪水盈盈 可以告诉你

---

① 吉狄马加：《吉狄马加诗选》，四川文艺出版社 1992 年版，第 237 页。

> 我是一个农牧民族的儿子
>
> 打从森林来到这个城市
>
> 我就注定属于一种孤独的边缘①

诗中表达了一种因文化差异而导致的心理落差，同样以现代文明与少数民族传统文化进行两相对照，充满了强烈的失落感、孤独感，夹杂着对传统文化的忧思和找寻。这份复杂的情感表达"缘起于少数民族诗人（少数民族文化）在全球化时代的文化语境中，因明确意识到自己的民族文化在文化全球化的同质趋势中日趋模糊乃至消失而滋生出的浓重的文化焦虑"②。在全球化语境下，这种文化焦虑较为普遍地弥散在少数民族的文学中，表达了作家对自己民族文化的深切关注与忧思。文化同质化是全球化最直接的必然结果，"总的来说，人类在文化上正在趋同，全世界各民族正日益接受共同的价值观、信仰、方向、实践和体制"③，在这一过程中，少数民族具有异质性且身后缺乏强大的文明力量作为支撑和保护的文化传统脆弱得不堪一击，目睹那些曾经对一个民族产生强大凝聚力的民族文化、民族习俗正在渐渐走向末路，这是任何一个心怀强烈民族情感的人都难以面对、难以接受的残酷现实，因而，他们内心的疼痛感、撕裂感在所难免。诗人作为对时代、对文化变迁最敏感的一个群体，最早品味并承受了这种来自心灵深处的痛楚："我写诗是因为

---

① 聂勒：《心灵牧歌》，云南美术出版社 2004 年版，第 64 页。

② 马绍玺：《在他者的视域中——全球化时代的少数民族诗歌》，社会科学文献出版社 2007 年版，第 41 页。

③ ［美］塞缪尔·亨廷顿：《文明的冲突与世界秩序的重建》（修订版），周琪等译，新华出版社 2010 年版，第 35 页。

在现代文明和古老传统的反差中，我们灵魂中的阵痛是任何一个所谓文明人永远无法体会的。"①

因而，离散（diaspora）②或者说离散感便注定成为当代少数民族作家的普遍遭遇及无法摆脱的时代宿命。霍米·巴巴认为，离散不只是一种地理上的状态，也意味着情感、精神上的"离家"情态，离散理论不注重地理概念的稳定性，而是从文化上关注一种所谓的"无家"（homeless）状态；离散不只是一种"离家的忧伤"，更是一种"边缘性的视野"及优势，一种可以超越中心与边缘、东方与西方、都市主义与边际状态一类的简单的两极对立的文化眼光与文化胸怀。③

"从文化上看，他们（少数民族作家）是典型的'跨文化'存在者，他们居住于自己的母族文化、汉文化和西方文化之间。像文化的多栖动物一样，他们在多种文化之间游来游去，并最终寻找到属于自己的多文化共谋的文化领地。而且，从母语文化的角度讲，在一个已经文化全球化了的社会里，不管这些诗人是否离开家园，也不管他们生活在出生地的故乡，还是生活在工作的他乡城市，由于少数民族文化的全球弱势性存在，他们都必然地处于一种文化的流散状态。"④具体来说，从生活经

---

① 吉狄马加:《吉狄马加诗选》，四川文艺出版社 1992 年版，第 282 页。

② 离散是西方后现代思想中的一个重要概念，可以借此描绘后现代时期出现的很多社会境况。"离散"，又翻译成流散、飞散、流亡等词语，它来自希腊词 diaspeirein，指植物借花粉的分散和种子的传播繁衍生长，最早出现在希腊译本《旧约》的《生命记》中，特指犹太人的四处漂泊处境，因而后来主要用于形容人的分散流浪状况。

③ 转引自生安锋:《后殖民主义的"流亡诗学"》，《外语教学》2004 年第 5 期。

④ 马绍玺:《在他者的视域中——全球化时代的少数民族诗歌》，社会科学文献出版社 2007 年版，第 74 页。

历来看，少数民族作家大多离开家乡进入城市学习和生活，在城市这个对他们而言的"异质"环境中回望和书写自己的民族，"离散"是他们最真实的人生描绘；从认知、思想体系来说，少数民族作家是本民族中的精英知识分子的代表，他们从小在"濡化"氛围中习得自己的民族传统文化，后来又有机会学习、接受先进的现代文化，自然地形成了一种与自己的父辈不同的文化感受和文化视野。所以，当他们走进并书写母族文化时，实际上已无形中暗含了"看"的意识和姿态于其中，不可能再恢复到最原初与母族浑然一体的混沌认知状态。就像近代较早走出国门接受西方文化熏陶的胡适、鲁迅那代知识分子，再度归来时，看山已非山，看水已非水了。因而，在迈向现代文明的那一刻起，就注定了少数民族作家走上了一条无法回头的文化离散之路——他们只可能以一种开放的、比较的视域回看自己的母族文化。从这个意义上，也就能明白为何在吉狄马加、阿库乌雾、鲁若迪基、哥布等大多数少数民族作家的作品中总笼罩着一层挥之不去的惆怅之情了。

萨义德曾说，在全球化的时代里，"流亡是最悲惨的命运之一"。"对于大多数流亡者来说，难处不只是在于被迫离开家乡，而是在当今的世界中，生活里的许多东西都在提醒：你是在流亡，你的家乡其实并非那么遥远，当代生活的正常交通使你对故乡可望而不可即。因此，流亡者存在于一种中间状态，既非完全与新环境合一，也未完全与旧环境分离，而是处于若即若离的困境，一方面怀乡而感伤，一方面又是巧妙的模仿者或秘密的流浪者。"① 西南少数民族作家未必都是离开家乡的地理

---

① ［美］爱德华·W.萨义德：《知识分子论》，单德兴译，生活·读书·新知三联书店2007年版，第44—45页。

意义上的流亡者，更深的流亡来自精神层面——与母族文化的断裂，与主流文化的隔膜。这是处于全球化时代的少数民族作家无法回避的处境与命运，因而他们的文字里注定携带着沉重的文化乡愁，以及抗拒母族文化被全球化大潮湮没的充满悲壮意味的使命感。

第四节 文化身份认同与母语坚守

"文化全球化"是一场文化危机，同时也包孕着一种破茧重生的可能性。

法国新殖民主义批评家弗朗兹·法农（Frantz Fanon）曾指出，少数民族文化所遭受的破坏阻碍了它们按照自我种族的概念或西方模式的概念进行发展。[①] 这意味着业已遭受破坏的民族文化生态难以再依照其自身的内部规律有序发展，而它自身携带的顽固的文化基因也注定不可能被强势文化所完全同化。少数民族文化的发展正在陷入一种两难的境地之中：要么任由强势文化的同化，带来的是经济上的大发展，代价是弱势民族主体文化的变异甚至是消亡；要么坚守自身文化的独立性而抗拒同化，且不说弱势民族有没有这样的力量去抗衡全球化的力量，这样的选择意味着少数民族重新回到封闭自守的境地之中。显然，这两种局面都不是当代少数民族知识分子所不愿看到的。那么，在这个不可抗拒的全球化时代，少数民族文化该何去何从？身处文化危机感中的少数民

---

① ［法］弗朗兹·法农：《论民族文化》，见［英］巴特·穆尔－吉尔伯特等编撰：《后殖民批评》，杨乃乔等译，北京大学出版社2001年版，第56页。

族作家一方面陷入深深的失落和痛楚之中，一方面也在苦苦思索、努力寻求破解之道。在全球化思潮中催生的后现代思潮在实质上是以规避、反对文化的同质化为根本诉求的，它强调个性化、差异化，倡导"文化多元主义""少数民族话语""文化相对主义"等理论。这些来自西方的后现代思想，对于身处全球化大潮中的中国少数民族来说，为他们在重重强势文化包围下探寻一条有效的发展路径提供了新的思路与路径。在这样的背景下，"少数民族文化内部崛起了强烈的文化自觉与自尊意识"[①]，以追求民族文化个性为目标的自我身份认同、母语书写成为新时期少数民族文学中突出的标志性事件。

一、文化身份认同

关于"认同"这一概念的所指，加拿大学者查尔斯·泰勒（Charles Taylor）有一个很重要的阐述："认同问题经常被人们用这样的句子表达：我是谁？但在回答这个问题时一定不能只是给出名字和家系。如何回答这个问题，意味着一种对我们来说是最为重要的东西的理解。知道我是谁就是了解我立于何处。我的认同是由承诺（commitment）和自我确认（identification）所规定的，这些承诺和自我确认提供了一种框架和视界，在这种框架和视界之中我能够在各种情景中尝试决定什么是善的，或有价值的，或应当做的，或者我支持或反对的。换言之，它是这样一种视界，在其中我能采取一种立场。"[②] 概言之，"认同"就是自我的在场，

---

① 马绍玺：《在他者的视域中——全球化时代的少数民族诗歌》，社会科学文献出版社 2007 年版，第 65 页。

② ［加］查尔斯·泰勒：《自我之源》，转引自汪晖：《个人观念的起源与中国的现代认同》，见《汪晖自选集》，广西师范大学出版社 1997 年版，第 37 页。

是一种自在自为的存在状态，它排除了他者视域的干扰，直接呈现最本真的面目。在经历了第一层次的民族意识的觉醒及确认之后，在被同化的危机不断逼近的当下，少数民族必须避开浮躁时代的干扰或诱惑，深入到自己的文化母体中，完成更深层次的民族文化及自我身份的认同。可以说，当代少数民族作家对民族文化身份认同的追寻和书写，已成为一种无法逃避的使命，充满了时代宿命感。他们既要通过文学努力挖掘出被强势文化所长期遮蔽的民族文化，掸去历史的浮尘，还原其本真面目，同时还要在众声喧哗的时代里保持清醒的意识，认清母族文化的精神坐标，张扬身份个性，使自身不至于迷失在文化混血所营造出的繁复景象里。

　　早在20世纪30年代，鲁迅曾言及文学的地方性与世界性的关系问题，他说："现在的文学也一样，有地方色彩的，倒容易成为世界的，即为别国所注意。打出世界上去，即于中国之活动有利"①。这样的认识曾给予中国文学以积极的启示，特别是20世纪末期出现的"寻根"文学思潮极好地践行了这一理念，又有"拉美文学爆炸"作为激励，较好地达成了将民族传统文化与世界精神相接轨的创作意愿。时至今日，这种文学愿景对处于发展困境中的少数民族文学同样有重要的启发作用。面对汉文化、西方文化的双重围攻，少数民族文化若不能主动进行自我调整以积极应对，被彻底同化以至走向消亡将是可以预见的命运，而要获得新的发展生机，就必须以积极的姿态寻求与世界性的"和谐共处"。要达成这样的愿景，唯一的资源和砝码就是自身的民族文化特性。也就是说，少数民族作家不能盲目地去追新逐异以适应世界，而是应回归母

---

① 《鲁迅全集》第十一卷，中国文联出版社2013年版，第64页。

体文化，从中获取创作资源和灵感，同时思想认识需与世界保持同步，只有如此，创作出来的作品才会既有世界性视野，又体现独特的民族文化，才可能在保持自身民族个性的前提下被世界所认可和接纳。在这方面，以鲜明的地域民族特色成功获得国际认可的诗人吉狄马加深有感悟："如果作家都有一个属于自己的神性背景，那么苍茫的大小凉山就是我精神的永恒家园。我的部族属于彝人的古侯部族，如果说我是一个民族的文化符号，我承认我是在延续着一种最古老的文明。我生活在两种以上的语言和文化之间，是人类共同的文明与文化养育了我。"① 既扎根于自己的民族文化土壤，又放眼世界，努力建构开阔的视野和胸怀，唯有如此，处于弱势的民族文化才能赢得世界的认可与敬重，这是吉狄马加这样在文学上获得成功的少数民族作家给予亟待寻求突破和发展的少数民族文化的重要经验与启示。

还有，正如本尼迪克特·安德森指出的那样："身份……无法被回忆，它必须叙述出来。"② 少数民族要在一个多元化时代里树立自己充满个性的民族文化标杆，仅靠族裔意识的自觉是不够的，它必须要通过不同的途径、在反复的表述中被建构起来。由于历史上被官方正史排除在外，西南绝大多数少数民族只能依靠神话、史诗、歌谣等丰富的声口相传形式向子孙后代叙述民族缘起和历史文化，以此来构建起区别于他者的独特民族身份。当下，这种身份面临被肢解的危机，需要被再次叙述出来，才能避免被他者同化的命运。只是，在当代语境下，这种叙述、

① 吉狄马加：《服务与奉献》，《作家通讯》1995 年第 6 期。
② 转引自［荷兰］莱恩·T. 赛格斯：《"文化身份"的重要性》，见乐黛云、张辉主编：《文化传递与文学形象》，北京大学出版社 1999 年版，第 327 页。

认同已不仅仅是简单的重复叙事，而是一种重构，准确来说是在重构中的认同。这就意味着少数民族作家既要有真诚深厚的民族情感，同时还需具备对民族文化的反思能力、批判能力。

在西南少数民族文学的身份认同重构中，主要呈现为两种不同的情感取向：认同式重构和批判性重构。二者看似相反，实则为一体两面，都表现出对作家所属族裔文化的深切关注，以及希望在一个残酷的文化同质化时代里本民族文化能够健康自立的迫切心态。

小凉山很小

只有我的眼睛那么大

我闭上眼睛

它就天黑了

小凉山很小

只有我的声音那么大

刚好可以翻过山区

应答母亲的那声呼唤

小凉山很小

只有针尖那么大

油灯下

我的诗总想穿过它

去缝补一件件

母亲的衣裳

> 小凉山很小
>
> 只有我拇指那么大
>
> 在外的时候
>
> 我总是把它竖在别人的眼前 ①

　　这首《小凉山很小》是普米族诗人鲁若迪基的代表诗作之一。诗歌的独特在于以"小"见"深"，以"小"见"真"，用"眼睛""声音""针尖""拇指"来喻指故乡小凉山之小，抒情视角新奇。诗人一改文学传统中写物象、情感多从大处铺排、渲染的手法，出人意料地从"小"着手，而故乡之所以"小"，首先是因为它已内化成为诗人精神、情感的一部分，成为诗人心中的一个印记；其次，诗人的视野已经超越了群山包围下的故乡，具备了世界性的认知格局，在一个开放的大时代里，他分明地感受到了作为世界一隅的小凉山普米族群体在地理意义上和文化力量上的双重的"小"，读者不难从这种认知中体会到一种隐隐的不安和焦灼。除了抒发对故土的深情眷恋外，这首诗在内在层面传递出边缘、弱势的少数族裔，在面对一个业已到来的全球化时代时，不可避免产生极为普遍的生存焦虑与文化忧思，也成为当代少数民族作家难以摆脱的历史宿命。

> 每当我离开我生长的地方
>
> 胸膛就会
>
> 隐隐疼痛

---

① 鲁若迪基：《鲁若迪基的诗》，《大家》2004 年第 6 期。

因为有刺

深深扎进我的心房

故乡的土地

是有刺的土地

……

那些刺是我的命运的根

那些刺是我爱情的根

那些刺是我的诗歌的根

那些刺

是我对故乡土地

无法摆脱的比大海还要深的

深深的情[①]

彝族诗人倮伍拉且这首《有刺的土地》在抒情意象的运用上也是蹊径独辟。命运、爱情、诗歌、故乡，应该是个体生命中最美好、最柔软的存在，诗人却放弃所有能够让人产生温暖感觉的词汇，出乎意料地选择了"刺"这样一个冰冷且明显寓意着疼痛的意象，来表达心中比大海还要深的"深深的情"，达成了一种新颖而强烈的乡愁抒情。这种选择与其说是有意的文字策略，倒不如说是一种下意识的情感流露。身为弱势族群的一员，在面对母族的历史过往和生存现实时，诗人心中的情感注定了是感伤多于自豪，忧患大于希望的——他既不可能对族群充满苦

---

① 倮伍拉且：《倮伍拉且诗歌选》，四川民族出版社 2004 年版，第 3—4 页。

难的过往熟视无睹，也做不到对全球一体化时代母族所遭遇的危机无动于衷。于是，"刺"成为寄寓内心复杂情感的最佳代言意象，诗人通过它来传达微妙的、喜忧掺杂的民族情感和文化体验，正因如此，俫伍拉且明显偏爱这一意象，在另一首名为《隐痛》的诗中，"刺"直接成为核心意象，形象更为具体明确。"好像一根尖锐的刺／深埋于回忆与希望之中／跳荡在血液的节奏里／伴随生命生长／那根尖锐的刺／好像不死的根／年年发芽／生长万物和我们／茫茫大地／伤痕累累／我们好像／一根尖锐的刺／深埋于大地／大地的深处。"①诗歌巧妙借助"刺"外在的尖锐形象，内在给人的痛楚感受，在一种模糊化的陈述中，形象、真实地揭示了少数民族的历史隐痛和时代隐痛。

20 世纪初期，受西方启蒙思想影响，中华民族经历了一场从封建帝制、帝国主义势力双重压迫下的民族意识的大觉醒。在文学上，郭沫若的诗歌典型地代表了那个时代的心声，不论是吞天吞地吞日月的天狗，还是集香木自焚、从烈火中涅槃重生的凤凰，都洋溢着巨大的激情与民族自信、自豪感，那是因为人们与过去的辉煌历史重新对接起来，从灿烂的文化传统中获得力量和信心。而当代少数民族自我意识的觉醒却是一场静悄悄的内在"革命"，依附于主体政治、文化的附属身份，长久的话语权丧失，充满苦难的历史记忆，落后的生存现状……使得原本应是充满喜悦的主体回归之路途杂糅进了太多的苦涩与沉重，以至冲淡了觉醒的主题。受这种复杂的情感体验所左右，在文学书写中表现出对母族文化深情眷恋与隐痛诉说并举的双重叙事构架，成为当代西南少数民族文学建构文化身份认同的一种常见抒情范式。

---

① 俫伍拉且：《俫伍拉且诗歌选》，四川民族出版社 2004 年版，第 26 页。

　　与这种充满深情的文化身份认同不同，一部分作家则选择站在启蒙、批判立场，以现代性目光审视民族生活、文化中那些落后残陋的部分，并加以批判，进行反思。他们之所以自揭其短，不回避民族的落后阴暗面，不过是希望借此能达到鲁迅所说的"揭出病苦，引起疗救的注意"①的主观意愿，为母族把脉诊断、刮骨疗伤，唯有如此，才能让少数民族真正走出落后状态，增强实力，以积极健康的精神、文化姿态应对全球化的侵蚀。

　　彝族作家纳张元是西南少数民族作家中具有清醒民族自省意识及强烈批判倾向的作家之一。他迄今为止的小说、散文创作建构起一个很明显的城乡对照体系，乡村描写是主导，主要写自己母族聚居的彝族山寨，城市题材则以自己的求学、工作经历为线索，表达对现代都市文明的感受。在后一类作品中，可以感受到作家对充满浮躁、伪善气息的都市生活的批判，这是很多从乡村进入到城市的作家较为普遍的感受，尤以沈从文最为典型。但与沈从文批判都市文明而颂扬乡野文明的文化心态不同，纳张元在叙写本民族的传统生活图景时，以深厚的情感为线索，摹写乡村生活的朴实宁静，山民的纯善憨直，但他更多的是关注民族性中那些陈腐落后、阻碍了民族健康发展的陋习弊端，并给予毫不留情的揭露和批判，因而作品往往充满五四文学那种批判、启蒙的特质。在他笔下，乡村生活失去了惯常的诗意化色彩，呈现出残败凋敝的一面：乡村生存环境的脏乱、恶劣，生产、生活方式的落后，充满原始迷信的思想观念，喝得酩酊大醉卧倒在火塘边、大路上的彝家汉子，集市上发

---

① 鲁迅：《南腔北调集·我怎么做起小说来》，见《鲁迅全集》第四卷，中国文联出版社2013年版，第403页。

酒疯揪着自己女人打的男子……有的描写甚至到了令人触目惊心的程度：

> 直到日上三竿才见一个蓬头垢面的婆娘提着百褶裙的裙摆急慌慌跑到一堵竹篱笆旁边急速地蹲下来，酣畅淋漓舒服得直哼哼。一座枯朽的垛木房里走出一个蔫不拉几的中年汉子仰头对着太阳静静地嗅了好一会儿，才一连打几个喷嚏，懒洋洋地到篱笆边，在离女人不远的地方一捞大裤脚就哗哗地尿起来，泪眼婆娑的脸转向女人很客气地问候："表嫂，早哇"，婆娘蹲的姿势不变："早啥呀，也才起来。"女人方便完了回了自家，房顶就冒起了淡淡的炊烟，那汉子左手提着麻布裤腰右手慢慢揩着打喷嚏呛出来的泪水，踽踽行至寨子边选了一块大石头面向日头坐下眯着眼睛烤黄太阳。不一会儿，一个个眼屎巴秋衣冠不整的汉子哈欠连天地来到寨子边，一溜大小石头便有了主。他们千篇一律的一个姿势：面向太阳眯缝着眼睛一脸幸福。烤一阵全身暖洋洋的，虱子跳蚤欢天喜地活跃异常，一只只麻木笨拙的手伸到背上腋下，裆里抓挠声比猪在垛木上蹭出来的声音还响，有的干脆把衣裳脱下来细细翻找，别人纷纷效仿，就有毕毕剥剥的响声经久不息，搜索完衣裳再翻裤腰，一个个深埋着头专心致志聚精会神，直到把裤裆底都翻上来反复搜索几遍才仰起头心满意足地长舒一口气。①

这段文字以逼真的细节描写，把山寨日常生活的一幕以近景形式呈现在读者面前，反映了在靠天吃饭的传统劳作方式影响下一部分山民

---

① 纳张元：《走出寓言》，《十月》1998年第4期。

懒惰无聊的生活习性，折射出一种安于现状、不思进取的死水一潭的生存现状。这一场景，很容易令人想起鲁迅《故乡》中凋敝的农村、麻木的农民，《风波》里在革命大潮中依然凝固不动的七斤、九斤老太们的生活和思想。这正是作者所深深忧虑的。他曾在小说《走出寓言》中借人物之口坦然呈现自己的创作初衷："这个名叫纳张元的重孙是个孽种，他将毫不掩饰地把古寨人写得一丝不挂把家族的先人写得一塌糊涂的真实，他将前所未有史无前例毫无顾忌地亵渎古寨的大小神灵。"① 作为一个在生活、思想上均已现代化的少数民族知识分子，目睹大山外的世界日新月异，快速发展，而家乡的同胞、族人还生活在死水微澜的落后莽荒状态，没有什么比这更能刺痛作者的心。在那些尖锐的文字中，读者不难体味到其中深厚而复杂的情感。在复旦大学由陈思和主持的纳张元小说研讨会上，有评论者一针见血指出，这种直面现实、自揭短处的做法，"主要源于纳张元强烈的民族身份意识及知识分子的使命感。他看到了民族传统与现代文明的冲突，为民族的未来深深忧虑。"②

在直陈民族落后的同时，纳张元也意识到一些属于大山、属于民族的美好东西正在慢慢地消失。在民族的古老传说和古歌中，彝族的先民曾在密林中打虎猎熊，与野兽赛跑，是何等神勇。而如今，彝山已是瘦骨嶙峋，树木稀疏如百岁老人的牙齿，打猎的弓箭高挂在墙壁上，早已落满灰尘；彝山的汉子们也渐失血性，很多人懒惰，酗酒，无所事事；古老的打歌③也渐渐失去了往昔的吸引力……一方面是家乡凝滞不变的

---

① 纳张元：《走出寓言》，《十月》1998 年第 4 期。

② 陈思和、黄红宇：《漫谈大山里的文学——纳张元作品研讨纪实》，《当代作家评论》2001 年第 3 期。

③ 打歌：彝族一种踏歌起舞的民间广场集体舞蹈，是彝家人喜庆时的集体狂欢。

落后生活现状，另一方面则是在外来文化的冲击下，属于本民族的一些文化传统正在渐渐失去生命活力，这正是纳张元这样的少数民族作家面临的最直接的现实问题。

像纳张元这般自揭短处和伤疤的做法，在少数民族作家中有一定的普遍性，佤族作家董秀英对佤山女性悲惨生活的揭露，王华在长篇小说《傩赐》中描写了生活在黔北深山中仡佬族因生活贫困导致的一妻侍三夫的丑陋现象，哈尼族作家黄雁反映旧式哈尼族婚礼上新娘子需从丈夫胯下钻过去的陋习……这些生活习俗，有的是从民族历史上沿袭下来的，有的是因现实生活的挤压而导致的，但无论如何，它们都是少数民族发展路途上的负累和障碍，不仅会拖住前行的脚步，而且会使少数民族在面临外在文化的入侵时，毫无招架之力。要想促进民族文化的健康发展，使少数民族在强势的全球化语境中最大限度地保有自己的地位、个性、品格，就必须先进行自我整饬，存优汰劣，形成足够强大的"抗体"，这才是在一个文化同质化时代最有效的民族自保策略。不管是有意识或仅仅是下意识的书写，在纳张元、王华等作家的书写中令人看到了这种努力和期望。

"身份并不像我们所认为的那样透明或毫无问题。也许，我们先不要把身份看作已经完成的、然后由新的文化实践加以再现的事实，而应该把身份视作一种'生产'，它永不完结，永远处于过程之中，而且总是在内部而非在外部构成的再现。"[1] 过去，被主流操纵话语权的历史书写，不无想象性地赋予西南少数民族以面目狰狞可怖的"蛮夷"他者身

---

[1] ［英］斯图亚特·霍尔：《文化身份与族裔散居》，见罗钢、刘象愚主编：《文化研究读本》，中国社会科学出版社 2000 年版，第 208 页。

份，如今，时代终于给予少数民族重新认识、界定自我身份的契机。所谓文化身份认同，实质上就是重新建构。如何建构？如何在少数民族不断成熟的话语体系中尽可能贴近民族身份？将是当代少数民族文学回避不了的核心命题。

二、母语文学创作

语言始终在人类文化体系中扮演着极其重要的角色，"任何文化或文明的主要因素都是语言和宗教"[①]。在民族的建构上，"一般来说，语言是民族形成的纽带。一个民族的凝聚的心理倾向性要靠语言来沟通，政治、经济和文化上的共同性要通过语言来交流。因而，语言历来被认为是民族的一个重要特征，从而成为民族识别的一个重要标志"[②]。

相关统计资料显示，当今世界上大约有 6000 种语言，是人类文化多样性的一个生动反映，但是语言的分布和使用情况极不均衡，其中 96% 的语言仅有约 3% 的人在使用，而 96% 的人在使用着 4% 的语言[③]，这意味着大多数语言种类是属于人口占少数的少数族裔。由于强势文化的侵袭及势不可当的全球化浪潮，越来越多的语言面临消亡的危机，这也是人类文化遭遇的危机之一。母语危机引起了国际社会的关注，1999 年，联合国教科文组织将每年 2 月 21 日设为"世界母语日"，

---

① ［美］塞缪尔·亨廷顿：《文明的冲突与世界秩序的重建》（修订版），周琪等译，新华出版社 2010 年版，第 38 页。

② 瞿霭堂、劲松：《汉藏语言研究的理论和方法》，中国藏学出版社 2000 年版，第 16 页。

③ 联合国教科文组织濒危语言问题特别专家组：《语言活力与语言濒危》，范俊军、官齐、胡鸿雁译，《民族语文》2006 年第 3 期。

以期唤起全世界对母语——尤其是少数族裔母语的关注和保护，"促进文化和语言的多样性，以及多语种化"[①]。2004 年，当时的联合国教科文组织总干事松浦晃一郎在母语日致辞中充分肯定母语的重要意义，指出每一种语言都"以独特的方式表达对世界的看法，表达严密的价值观念体系，因为语言确实是体现人类文化多样性的一面镜子"[②]。少数族裔"为了使其特性得到尊重，为了保护其遗产，捍卫母语仍然是他们的诉求"[③]。一位美国印第安 Tohono O'odham 部落长者——克里斯廷·约翰逊曾表达语言对少数族裔的重要意义：

> 我说着我喜爱的语言
>
> 因为那就是我自己
>
> 我们向孩子传授我们喜爱的语言
>
> 因为要让孩子知道他们自己是谁 [④]

西南地区是全国少数民族种类最多的一个特殊区域，母语文化保护的问题尤显突出。在西南的三十多个少数民族中，除了回、满等几个民族使用汉语外，其余的都有自己本民族的语言，其中藏族、彝族、白

---

① 联合国教科文组织濒危语言问题特别专家组：《语言活力与语言濒危》，范俊军、官齐、胡鸿雁译，《民族语文》2006 年第 3 期。

② 范俊军编译：《联合国教科文组织关于保护语言与文化多样性文件汇编》，民族出版社 2006 年版，第 1 页。

③ 范俊军编译：《联合国教科文组织关于保护语言与文化多样性文件汇编》，民族出版社 2006 年版，第 2 页。

④ 联合国教科文组织濒危语言问题特别专家组：《语言活力与语言濒危》，范俊军、官齐、胡鸿雁译，《民族语文》2006 年第 3 期。

族、哈尼族、景颇族等民族还有自己的书写文字。"各自不同的当代民族语言，能够生动、有力地表现民族的生活、性格和风俗习惯，并为各民族的广大人民群众所了解和接受。因此，民族的语言，是文学的民族形式的第一要素。没有统一的民族语言，就不可能创立为本民族的广大人民群众所喜闻乐见的具有民族形式、民族风格的文学。"① 但是，由于历史原因和客观现实因素，与中国另一个少数民族集中聚居区——西北地区的少数民族母语创作的繁荣景象相比，当代西南的少数民族母语文学创作显得寂寥冷清，作家及作品数量均很少，尚处于一种"边缘化"的境地，这与西南少数民族的丰富种类形成了令人深思的反差。造成这种不平衡局面的原因主要有三个方面：一是西南少数民族大杂居、小聚居的分布格局，决定了某个民族不可能像西北地区的一些民族（如蒙古族、藏族、维吾尔族等）那样拥有相对广阔的传播区域及广泛受众，也就意味着母语文学的接受面极为有限；二是西南的少数民族虽然种类多，但拥有本民族书写文字的并不多，大多数少数民族必须依借汉语作为书写工具，普米族诗人鲁若迪基就曾感慨："作为一个有母语，但没有文字的少数民族（普米族），我们不得不融入汉语的世界。"② 三是受主流文化、语言的影响。少数民族作家接受的都是国家统一的汉文化教育，他们阅读、学习的文学文本也多为汉语文学，再加上一个不争的事实是少数民族作家要想获得更广泛的认可，显然汉语文学这个平台能给他们提供更多的机遇。

但是，尽管种种现实条件阻碍了西南少数民族母语文学的发展，却

---

① 以群：《文学的基本原理》下册，上海文艺出版社 1979 年版，第 449 页。

② 转引自马绍玺：《在他者的视域中——全球化时代的少数民族诗歌》，社会科学文献出版社 2007 年版，第 212 页。

并不意味着这一领域是荒凉的。在当代，依然有一些少数民族作家怀着对母族的深厚情感以及对民族文化的忧患意识，致力于母语文学创作，以特殊的方式坚守自己的母体文化，以此对抗文化同化的时代大趋势。彝族诗人阿库乌雾打出"消失中坚守"的口号，提出并成功实践了"用母语与世界诗坛对话"的突破目标；哈尼族诗人哥布的母语诗集《母语》《空寨》、取材于民族历史文化创作的母语史诗《神圣的村庄》等作品，显示了与"梯田文化"紧密相联的哈尼人的生活、情感世界；彝族作家柏叶创作了彝汉对照长篇小说《疯狂的兔子》，其中大量采自彝族特有的典故，令人耳目一新；景颇族女作家玛波前后历经15年，最终完成了以本民族历史上的女英雄罗孔扎定为原型的长篇民族历史小说《罗孔扎定》（景颇文汉文对照）……他们虽然人数不多，也远未形成群体之势，但是凸显了西南少数民族文学最本真的特性。这一领域最具代表性的是彝族诗人阿库乌雾和哈尼族诗人哥布。

（一）阿库乌雾：母语诗学的建构与践行

阿库乌雾汉族名罗庆春，是西南作家中长期坚持母语创作并努力建构自己诗学体系的作家。他出生于川滇交界的大凉山，自小深受民族文化熏陶，自20世纪80年代末开始文学创作以来，一直以双语诗人的身份活跃于诗坛，迄今已出版多部作品，其中《冬天的河流》（1994）是彝族文学史上第一部彝语现代诗集，《虎迹》（1998）是第一部彝语现代散文诗集，此外还有汉语诗集《走出巫界》（1995）、《阿库乌雾诗歌选》（2004）、《神巫的祝咒》（2009）等作品。阿库乌雾对边缘民族文化的坚守和书写产生了国际性影响，他多次应邀出国交流访学，作为跨文化交流的成果，先后出版彝英双语诗集《Tiger Traces》（2006）、汉英双语诗集《凯欧蒂神迹》（2015），以及汉语诗集《密西西比河的倾诉》（2008）

等作品。可以说，阿库乌雾以自己的民族文化、民族母语作为创作的出发点和精神原动力，不仅彰显自己的民族身份和文化特质，有效保护、传承了母族文化，也为诗人及自己的民族赢得了跨越文化和跨越国界的认可和敬重，这对于身处全球化语境中的当代少数民族文学创作和研究来说，无疑是一个极为值得关注、探讨的个案。

受过高等教育并长期在高校从教的经历，使阿库乌雾的文学创作更具有明确而理性的目标诉求，也使得他成为当代少数民族作家中为数不多的能够建构起自己的诗学体系的作家之一。早在 20 世纪 90 年代，阿库乌雾系统梳理了少数民族文学的发展脉络，提出少数民族文学已由"英雄时代"进入"寓言时代"的观点；1996 年，在全球化观念尚未普及之时，他就指出"文化混血""文学混血"是当代少数民族作家的必然遭遇；针对少数民族母语创作，提出了"第二母语""第二汉语"等概念。总体而言，母语文化、母语创作是阿库乌雾所有创作和认识的基点，其诗学理念可以概括为一种"母语诗学"，在内容上包括两个层面："第一，母语不仅是个体生命的根脉，也是民族文化的基因，坚守母语文学创作既是对民族文化的继承和延续，也是诗人理解世界和回归民族传统的途径；第二，少数民族作家笔下的汉语，已经被赋予了本民族的精、气、神，是具有民族特色的汉语表达，可称为第二母语或第二汉语。"[1] 对于少数民族来说，母语不仅仅是交流的工具和思想的载体，更是民族文化的标志和灵魂，对母语叙事传统的延续，"意味着一个民族文明体系的传承与创新，意味着其文化历史形象的重塑，精神资源

---

[1] 李国太：《文化交融时代双语写作的诗学特征——当代彝族诗人阿库乌雾母语诗学刍议》，《中央民族大学学报（哲学社会科学版）》2018 年第 1 期。

的保留和精神生命的再生"①。对母语的重视与强调，源于阿库乌雾的现实感受：处于强势文化重重包围中的少数民族不仅在文化上处于弱势、失语状态，连母语也处于断流的危机之中。在《电话里的母语》中，阿库乌雾感慨久居美国的彝族校友拉玛的母语能力的减退；散文诗《联姻》中叙写了一件更令他触动的事："我儿晨读，纯正的汉语、惊醒我民族残存的天性：真理之见，出自孩童之口！忽警觉：我儿之母语与我有别，谁是谁非？人是语非？语是人非？非人非语？与谁说是论非？"②

母语原本是在一个相对封闭的族群生存环境里借由代际相承而得以千百年生生不息的民族符码，但是以"时/空压缩"为特征的全球化时代对这一传统提出了挑战，过去那种相对单一的民族生存环境已不复存在，界限被打破，封闭被瓦解，少数民族被时代抛入一种文化混血的众声杂糅大环境之中，很多进入城市甚至是异国学习、工作的少数民族很自然地将汉语和其他语言作为日常生活语言，越来越疏远了自己的母语，而他们的下一代乃至下下一代自幼就生长在远离族群的他者文化环境里，不会讲母语、听不懂母语的情况也非常普遍。长此以往，母语的前景岌岌可危。阿库乌雾清醒地意识到，正是由于少数民族自身在这种强存弱亡混血大时代里的不自觉，导致了"母语的河床断流，生命，由搁浅起步"（《岛屿》）③，所以他振力发奋，要唤起少数民族尤其是知识分子群体对母语的重视和救赎，期翼通过对母语的自觉传承和保护，能看

---

① 艾克拜尔·吾拉木：《母语创作能显示一个民族的智慧和美》，《民族文学》2008年第S1期。

② 阿库乌雾：《混血时代》，作家出版社2015年版，第23页。

③ 阿库乌雾：《阿库乌雾诗歌选》，四川民族出版社2004年版，第204页。

到"在母语的汪洋上，千万只纸制的航船已经起锚"（《岛屿》）[①] 的美好图景。在诗人看来，"母语自觉是文化自觉和文化自信的基础，保护母语更多时候就是一种警示与自我警示行动。保护母语最有效的方式就是母语创作，保护母语也是一种人类文明的'记忆工程'和不同文化的'基因工程'。"[②] 这正是像阿库乌雾这样的少数民族作家坚持母语创作的意图所在。但是，诗人自己也意识到这种坚守的艰难和寂寞，这是任何一个时代里，弱势民族为维护自身的文化血脉必然会面临的处境，充满了殉道般的悲壮色彩："一生为母语而奔突 / 语言森林的深处 / 哪一棵树上结满我的果子 / 一生用母语求活 / 生命世界的底部 / 谁是我的终结者"[③]。但是，这是少数民族"最后的家园"，即使面对再大的困难、再多的诱惑，也必须坚守下去，正像诗人在《母语，最后的家园》一文中的表白："其实，我从来没有真正背叛过你，即使你一千次托梦让我放弃你……其实，我与你相遇是从母亲的子宫里开始的……其实，我从来没有真正背叛过你，在所有的生命纷纷丢失自己家园的时代，我依然骄傲地拥有你，我的最后的家园。"[④]

阿库乌雾的"母语诗学"最具参考价值之处还在于并非蜷缩在母族文化机体内来呐喊和建构，而是以开放的视野，运用跨民族、跨文化的方式，将母族文化置于与异质文化相并列、相比较的视角，从中获得可资借鉴的有益资源。在少数民族极为普遍的汉语创作这一现象上，较

---

① 阿库乌雾：《阿库乌雾诗歌选》，四川民族出版社 2004 年版，第 204 页。

② 阿库乌雾：《凯欧蒂神迹：阿库乌雾旅美诗歌选》，民族出版社 2015 年版，第 336 页。

③ 阿库乌雾：《凯欧蒂神迹：阿库乌雾旅美诗歌选》，民族出版社 2015 年版，第 50 页。

④ 阿库乌雾：《神巫的祝咒》，中国戏剧出版社 2010 年版，第 186—187 页。

为一致的看法和认识是汉语即承载着悠久的汉文化传统，也"与新的先进的文化最为接近"，少数民族作家只有融入汉语创作世界中，才可能进入更为广阔的文学世界①。在此认识的基础上，阿库乌雾进一步探究少数民族文学汉语写作中的"非汉语"特质，认为少数民族作家在运用汉语创作时，并非只是一种简单的符号系统的借用，而是"母族文化与汉语表述方式的深层凝合"，既附着了少数民族的历史文化和现实情感，从表述方式上来看，在汉语既成义项基础上，也从本民族文化沉淀中赋予汉语新的义项，促进汉语的更新和丰富②。从本质上说，汉语本身就是一个开放多元的语言体系，中国多民族共存的历史特性，决定了汉语具有吸纳不同语言元素的包容性。阿库乌雾不仅这样认识，也在创作中积极实践，使他的一些诗作充满某种"先锋"意味。

> 山谷深深的渊燃起
>
> 从那些被冲濯被淤积
>
> 死者的骨灰燃起
>
> 燃过幼兽惊悸与战栗的呼吸
>
> 燃过一切熟悉而陌生的足饰和头饰
>
> 啄食脚下坚硬的基石
>
> 和头顶坚硬的神位
>
> 思想的森林燃尽

---

① 特·莫尔根毕力格：《纳·赛音超克图评传》，内蒙古人民出版社 1987 年版，第 231 页。

② 罗庆春：《灵与灵的对话：中国少数民族汉语诗论》，天马图书有限公司 2001年版，第 57 页。

肉体的土壤燃尽（《还原》）

我用随身携带的

祖传史诗

切开水果

水果里住着一个语言的

夜 它的身上开满

红色的杜鹃花

……

海藻如梦中文字的锈

海边 刀鞘注满泥沙

贝壳 被削去的果皮

划破／拾贝儿童的嫩足

在世纪之交（《水果》）①

　　可以很明显感受得到，以上两首诗在词序的组合、语义的排列上有一种与常规汉语表述不一致的"拗涩"感，仿佛是一个人在笨拙地操纵某种自己并不熟悉的语言，而读过阿库乌雾诗歌的人毫不怀疑诗人对汉语的熟稔和运用自如，而像《还原》《水果》这类充满实验性质的作品，有论者指出了其玄奥所在："依凭着彝语的音节化思维来拆解、拼接、重组汉语的词法、句法，将现代文明的沉重代价，将当代人类共同面临

---

① 阿库乌雾：《阿库乌雾诗歌选》，四川民族出版社 2004 年版，第 12、28 页。

的精神失陷突现在'灵与灵的对话'中"①。除了在语言表述上力求探索一条更贴近母语的"第二母语"叙事途径外，阿库乌雾一直坚持汉语叙事中的母语文化内核，他宣称自己的很多作品"都不是按照传统汉语诗歌、散文写作的要求去做的，而是继承彝族万物有灵和万物皆诗和诗如生命的生命诗学传统，持有一种广义的诗学观和文学观，使我所记录、描述、推演、暗示和隐喻出的事和物、情和景、思和理具有一种更广阔的文化诗学和文学人类学的思想空间和人文价值"②。

阿库乌雾不仅在"多元一体"的中华文明体系中构建自己母族文化、母语的精神坐标，在国际意义的视野上，他看到了一个边缘民族的母语和文化与世界其他文明交流、对话的可行性。《诗歌也是世界语》一诗充满自豪地记叙了诗人于 2005 年用自己的母语诗歌与世界诗坛进行交流的情形：

> 我站在美国大学的讲台
>
> 向来自世界各地的学子
>
> 向美国华侨作家
>
> 向日本和韩国学者
>
> 向印第安诗人
>
> 向黑色音乐家
>
> 朗诵我的彝语诗歌③

---

① 巴莫曲布嫫：《论彝族诗人阿库乌雾的"边界写作"》，《民族文学》2004 年第10 期。

② 阿库乌雾：《神巫的祝咒》，中国戏剧出版社 2010 年版，第 190 页。

③ 阿库乌雾：《密西西比河的倾诉》，作家出版社 2008 年版，第 45—46 页。

这种交流不仅仅是个体意义上的，更是来自不同语言、肤色、信仰所标志的不同文化间的碰撞与交流。并且，诗人深深感受到了诗歌作为一种最具民族性的语言艺术所具有的普适性和凝合力："我惊奇地发现／我只要写出富有真知／启迪大爱的诗歌／只要用诗歌触动人性／内在的经脉／即使我不懂英语／我同样可以和这个世界的／英语人、汉语人／进行交流"①。特别是在美国对当地的土著文明——印第安文化进行深入探访之后，阿库乌雾更坚信了坚守自己母族文化的重要意义，并在思想情感上进一步升华："我衷心地希望／上帝再也听不到人们痛苦的呻吟／天下人都成为一家人"②。

阿库乌雾从在母语创作路途上的孤独跋涉，到获得一种超越种族、文化的国际性视野观照，成功在世界文坛树立了诗人与民族母体的形象，探寻了全球化时代处于弱势的少数民族文化、文学如何突围的有效路径，这对当代少数民族文学的发展而言无疑具有积极有益的启示和借鉴作用。

（二）哥布：梯田文化的歌咏者与守护人

哥布曾说："我很难想象一个离开自己民族的文化背景而取得成就的作家。我很清楚，语言文字是一个民族最显在的文化特征，诗歌更是民族的灵魂，所以我用哈尼文进行诗歌创作。"③ 这是一个有着清晰创作诉求、自愿背负沉重民族文化传承使命的诗人。

哥布所属的哈尼族是一个人口有一百多万的民族，主要分布在云

---

① 阿库乌雾：《密西西比河的倾诉》，作家出版社 2008 年版，第 45 页。

② 阿库乌雾：《密西西比河的倾诉》，作家出版社 2008 年版，第 97—98 页。

③ 转引自马绍玺：《在他者的视域中——全球化时代的少数民族诗歌》，社会科学文献出版社 2007 年版，第 212—213 页。

南省红河与澜沧江之间、哀牢山和无量山的千峰万壑间，语言上与彝语属汉藏语系藏缅语族彝语系。但是与彝族拥有本民族的古老原生文字不同，哈尼族在历史上并没有自己的文字，现在通行的哈尼文是新中国成立后根据汉语拼音创造出来的，只能算是一种年轻的书写符号。这种"后天"的语言形式虽然只是单纯的记音符号，缺乏汉字、彝文、蒙古文等古老文字那种深厚的历史积淀，但它毕竟能够记录下哈尼族人民自己的思想情感，改变了过去只能口头传承的缺憾，是哈尼族文化史上一次意义非凡的飞跃。哈尼族虽然没有自己的古老文字，但民间文学却十分丰富，创世神话、迁徙史诗、英雄史诗、故事传说、丧葬祭辞、歌谣等应有尽有，像长篇迁徙史诗《哈尼阿培聪坡坡》《雅尼雅嘎赞嘎》、英雄史诗《阿波仰者》、悲剧叙事诗《不愿出嫁的姑娘》、哭葬歌《密刹威》等等，千百年来一直在哈尼民间世代相传。

哥布的母语文学创作之路在当代少数民族作家中有一定的代表性。他出生于云南红河哈尼族彝族自治州的一个哈尼村寨，自幼就讲哈尼语，直到上中学才学会讲汉语，20世纪80年代中期开始发表汉语诗歌，因其出众的诗歌才华而引起关注。虽然自称"十八岁才会讲汉语"，但是其早期诗作中所表现出的那种对汉语独特的领悟力和娴熟的运用能力令人惊讶。看这首创作于1986年的代表诗作《母亲》：

母亲从山里来看我

她不知道我的汉名

人们也不知道我的乳名

我的母亲问了好多人

人们都听不懂她的话

我的母亲在高楼下

矮矮的黑黑的走来走去

很多人陌生地看着她

她走累了没有找到我

人们看见街边的墙角

一个黑女人甜甜地睡着了

（她在梦里一定见到了我）

她的手放在背篓上

里面是给我新做的衣服

……

我的母亲没有找到我

她吃完树叶包着的糯米饭

就悄悄地走出了小城

看远山的炊烟这样温暖

她想儿子为什么要长大

为什么要长大呢……①

　　诗中没有华丽的语言，没有酷炫的技巧，仅凭朴实的语言将生活化的场景娓娓道来，生动刻画出一个平凡的山里母亲形象，在不动声色的叙事中叙写出母爱的朴实、无私，读之令人动容。

---

① 哥布：《母亲》，《诗刊》1999 年第 3 期。

　　早期诗作显示了哥布在汉语创作上的天赋，可以预见，继续沿着这条道路走下去，哥布会有更广阔前景的。然而，在诗坛初露头角的哥布却作出了一个令人意想不到的决定：从汉语转向哈尼语创作。作出这样的抉择，哥布显然是经过深思熟虑的："我为什么如此痴迷于哈尼文？因为我认为哈尼文是哈尼族所需要的，是这个民族不可或缺的，是保存和发展自己文化所必需的。这个世界已经失去了太多美好的东西。如果有一天所有的哈尼人都不会讲哈尼语了，那么这个世界又失去了一种美妙的文化，哈尼人失去了自己的文化根基。让我深感悲哀的是：这一天其实距离我们不远了，人们却浑然不知。"①哥布的母语转向实质上是一次"有预谋"的自觉文化回归，当大多数的人在全球化的巨大诱惑中拼命追赶世界潮流，以致在不知不觉中越来越远离自己的母族文化之时，像哥布这样的少数民族知识分子表现出了难能可贵的理性和忧虑，以及守护民族文化遗产的决绝姿态，尽管他们的姿态在时代大潮中显得如此单薄微弱。而正是有了这样的坚守，才唤起更多的人对边缘群体、弱势文化的关注和重视，避免了被强势文化悄无声息吞没的悲剧，在他们的努力中，让人看到了少数民族文化存留和复兴的希望之光。

　　正是源于内心保护母族文化的迫切需求，在大多数少数民族作家都尽量用一种开放、外化的视野寻求与时代与世界接轨之时，哥布毅然返回母语创作的"狭小"天地，在一种几近封闭的内化视域中继续自己的诗歌创作。有论者称哥布为"梯田上的写作者"②，确实很形象地概括了

---

① 哥布：《我为什么如此痴迷哈尼文》，《今日民族》2005 年第 7 期。
② 冉隆中：《梯田上的写作者》，《文学自由谈》2009 年第 4 期。

哥布诗歌的写作倾向和价值诉求。梯田是居住在高山上的哈尼祖先为了生存而对自然进行改造的结果，它养育了世世代代的哈尼人，也是哈尼族历史文化的最生动诠释。2013 年，哈尼族聚居地——云南红河州元阳梯田成功申报世界文化遗产，让世界更多地了解了这一独特的文化形态①。哥布的母语写作以扎根于梯田之上的哈尼族文化为根基，以自己族群的生活、情感为内容，潜心书写大时代里一个弱小的边缘民族的历史过往和现实心声，堪称哈尼人梯田文化的歌咏者与守护人。不论是母语诗集《母语》（1992）、《遗址》（1996）还是汉语诗集《空寨》（1998）、《大地雕塑》（2001），读者都能从中感受到诗人对自己亲人、同胞、母族文化的眷眷深情，以及对族群未来的忧思。

> 最早醒来的是公鸡 / 然后是寨子里的母亲们 / 狗和猪醒了，鸡和鸭醒了 / 老人和孩子也醒了 / 早晨的太阳照亮了寨子 / 鸽子在天空飞翔……（《早晨》）②
>
> ……牧羊人早早来到山顶 / 面对群山高喊一声，太阳便露出了脸庞 / 他摘下帽子 / 席地而坐 / 而太阳那神的灯盏，使大地耀耀生辉 / 使羊群生动鲜亮（《冥想的羊群》）③
>
> 在百合合玛的天边做一个鸭圈 / 秋天的时候 / 谷子已经收完 / 鸭子在田里游戏 / 一个孩子在田埂上唱歌 / 秋天的时候 / 在百合合

---

① 哈尼族的梯田文化不仅仅是"民以食为天"的农业文明形态，它与汉民族心目中的土地、黄土高原上的梯田意义不太一样，是一种融合美学与农业为一体的独特文化，是由村寨、森林、梯田、水源组成的"四位一体"的活态文化。

② 哥布：《布谷声声》，云南人民出版社 2015 年版，第 66 页。

③ 哥布：《冥想的羊群》，《人民文学》1997 年第 11 期。

玛的田边做一个鸭圈（《在百合合玛的田边做一个鸭圈》）①

天然去雕饰，朴实纯真是哥布诗歌最鲜明的特色，诗歌在他笔下，已全然回归到最原始本真的状态，卸下了任何的修饰、意蕴，用充满泥土气息的语言复制出一个个鲜活的生活场景，在清新的田园氛围中带给人一种久违的温暖与感动。诗人于坚称哥布诗是"从大地的根上发出的声音"，并声称："在云南，朴素而沉默的高原上，听见像哥布这样的诗人的声音，是我生命中最重要的事件……哥布的心那样美丽而朴素。"他认为哥布的诗风近似于同样追求简单素朴的西班牙诗人洛尔伽，"他是如此惊人的朴素，他的诗即使使用古老的汉语表达，也是那样单纯，令人怦然心动。我多次读过这些诗，多次为它们感动。我写不出这样的诗来，在当代也很少见到有和这些诗同样感人的诗。"②

哥布诗歌的澄澈透明与不可复制性源自崇尚自然、追求人与自然和谐一体的古老哈尼文化，这种文化形态最大程度地保存了人类的拙朴本真的自然天性。在他的诗中，太阳、大地、梯田、寨子、母亲、孩子、羊群……既是描写主体，也是歌咏对象，充溢着真诚炽热的大地诗意。哲学家兼诗人的海德格尔（Martin Heidegger）视去蔽、澄明为诗歌的最高境界，他极为推崇德国19世纪浪漫派诗人荷尔德林，称其为"诗人的诗人"，认为荷尔德林诗作最能体现诗歌的"普遍本质"。那么，海德格尔所认可的这种"普遍本质"究竟是什么？在《荷尔德林与诗的本质》一文中，海德格尔直接引用荷尔德林的一句话：作诗是"最清白无邪的

---

① 哥布：《在百合合玛的田边做一个鸭圈》，《人民文学》1994年第1期。

② 于坚：《倾听哥布》，见哥布：《母语》序，云南民族出版社1992年版。

事业"，并且说"还有什么比单纯的语言更无危险的呢"①。哥布的诗歌语言单纯、澄澈，回避了烦琐的技巧式的修饰，直接回到语言本身，呈现出本真素朴的美学品格，确实具有海德格尔所欣赏的那种"诗意的澄明"之美。

但是，"哥布诗中那朴素纯净的世界不是'现在'，而是文化追忆中的遥远'过去'"②。在一个不可抗拒的全球化时代里，诗人深情的吟唱已隐隐透出一种挽歌的意味。作为已经踏入现代社会的哈尼族知识分子，哥布自然感受到了在时代车轮的巨大碾压之下宁静朴实的村寨生活已经不可逆转地发生着变化，古老的母族文化面临被肢解的危机，而诗人自己也面临着被抛入时代大潮之后不知所措的痛楚。"我们亲爱的寨子/在大山母亲的腿上熟睡了/我的眼前一片黑暗/内心也空寂"③，在《我们的寨子》这首短诗的最后，诗人内心的平和快乐消失了，目睹"熟睡"的寨子，诗人感受到的是"黑暗""空寂"，这两个明显带着象征意味的意象，传递出诗人内心某种失落和幻灭感。这种感觉在《留宿在城市的高楼》一诗中得到了具体体现："汽车领我到高楼的墙角/高楼的地板映出我的身影/五颜六色的灯闪亮着/我的心已经空空荡荡……/世界是这样大/人是这样多/我像夏天的雨中/掺杂的一粒雪雹/一下子就消失了"④。诗中，汽车、

---

① ［德］海德格尔：《荷尔德林诗的阐释》，孙周兴译，商务印书馆2000年版，第37页。

② 马绍玺：《在他者的视域中——全球化时代的少数民族诗歌》，社会科学文献出版社2007年版，第109页。

③ 哥布：《布谷声声》，云南人民出版社2015年版，第53页。

④ 哥布：《母语》，云南民族出版社1992年版，第174页。

高楼、灯光等代表着强势的现代文明，当经济、文化等各方面都处于弱势的少数族群与现代社会正面遭遇时，被吞噬的"消失"感就会不可避免地产生。

当然，像哥布这样的少数民族知识分子不可能坐视母族文化消亡的命运而不管，母语写作就是他力图抢救、保护自己的民族文化的一种尝试和努力，尽管诗人自身也清楚意识到这种努力的有限甚至是其中蕴含的悲壮意味，他说："地球上语种以惊人的速度消失，少数民族大面积丧失母语的今天，我像堂吉诃德一样操起母语之剑……因为作为诗人，我能做的仅仅是用母语写诗。"① 事实上，哥布的努力并不仅仅是用母语写诗，多年来，他一直为保护民族文化而多方奔走。比如，他积极扶持地方少数民族文学创作；参与创办具有鲜明民族特色的《哈尼梯田报》；为了达到通过诗歌联系民族情感、增强民族凝聚力的效果，针对大多数族群同胞只会说而不会写哈尼文字的现状，他主动向哈尼族古老的口传歌谣学习，探寻以"听"代"读"的转换形式，以此让更多的同胞能"听"懂自己的作品。他不无骄傲地说："现在我创作的哈尼语诗歌越来越接近哈尼族的诗歌传统，越来越具有那种说唱艺术的特征"②。这种尝试最直接的成果是哈尼叙事长诗《哟咪哟嘎，哟萨哟窝》（汉语版名为《神圣的村庄》）的问世，诗歌长达 3300 行，在形式上仿照哈尼民间叙事诗形式，设置了诗人、咪谷③、摩批④、巫师、当家的男人、当家的女人等多个叙事角色，对哈尼族的历史、文化、现实进

---

① 转引自冉隆中：《底层文学真相报告》，云南人民出版社 2012 年版，第 87 页。

② 转引自冉隆中：《梯田上的写作者》，《文学自由谈》2009 年第 4 期。

③ 指哈尼村寨中的宗教领袖。

④ 指哈尼传统文化的传承者。

行勾连和呈现。这首长诗是对民族诗歌传统一次别具意义的回归，正如有论者所说：是"从现代诗歌退回到初始歌谣，从人的审美的文字的现代诗歌，退回到神的宗教伦理的口头的古代歌谣"①。值得一提的是，在诗集出版之前，哥布特意举行了别开生面的朗读讨论会，他在村寨中邀请摩批、村民、文化学者、青年学生参加，通过朗读、聆听等形式对诗歌展开热烈讨论，并将朗诵制作成光盘，在哈尼村寨中发放。哥布对母语文化传承的执着由此可见一斑。

哥布这种似乎与时代潮流逆向而行的举动，他传播范围极狭窄的母语作品，到底意义和价值何在，这恐怕暂时还不能有一个明确的成功与否的判断标准，但哥布在大时代里甘于寂寞地守护自己民族文化的姿态却不能不令人肃然起敬："假如我的母语妨碍我的作品走向全国，走向世界，假如我必须在走向全国，走向世界和走向自己民族之间作出选择，我将义无反顾地选择后者。"②

---

① 冉隆中：《梯田上的写作者》，《文学自由谈》2009 年第 4 期。
② 转引自冉隆中：《梯田上的写作者》，《文学自由谈》2009 年第 4 期。

第五章

西南文学的地域心理镜像

　　说起地域，人们首先想到的是山川、河流、物产、气候等这些显在的存在形态，但是，正如加拿大学者迪克·哈里森在《未名国度》中指出的，地域并不只是地理上的具体存在，更是"想象的作品，是人的精神的一个内在疆界，需要我们探索和理解"[①]。一定地域内特殊的环境风物、历史承袭、文化形态等等，对居于其间的人们的性格气质、心理认知、价值取向、审美范式等诸多方面必然会产生潜移默化的影响，并在岁月中不断积淀、强化，最终形成具有一定普遍性、代表性的地域心理个性。正因如此，在谈到加拿大文学特点时，加拿大作家亨利·克莱塞尔才会说："所有关于加拿大西部文学的讨论必须从风景对人的精神影响开始。"[②]

[①]　转引自丁林棚：《加拿大地域主义文学批评的历史、形式与视角》，《东华大学学报（社会科学版）》2010年第3期。

[②]　转引自丁林棚：《加拿大地域主义文学批评的历史、形式与视角》，《东华大学学报（社会科学版）》2010年第3期。

西南地处高原山地，拥有全国最复杂多变的地形地貌、最多元斑斓的民族风情，属汉文化辐射末端，同时又是中华文明与印度文明这世界两大古文明的交汇碰撞之处，因此形成了极富个性的自然、人文生态圈。近现代以来，虽然西南不断地向主流文化圈靠拢，尤其是在 1949年中华人民共和国成立之后，国家施行的种种旨在发展边地经济文化、加强民族团结的边疆民族政策，使西南在政治格局、经济形式上完全融入国家一统的大格局之中，与内地的差距、差异不断在缩小，然而，就像普列汉诺夫所说："每一个民族的气质中，都保留着某些为自然环境的影响所引起的特点，这些特点，可以由于适应社会环境而有几分改变，但是绝不因此完全消失。"[1]影响地域民族气质的，当然不仅仅是自然环境，人文环境也同样发挥着重要作用，这两方面的影响，在前文已具体论及。总之，现实地理生存环境、历史传统、文化构成，以及千百年积淀下来的地域集体无意识，无不或显或隐地支配着作家的创作心理，在很大程度上决定着作品的精神走向和美学品格。

第一节　边缘化的自我心理认知

福柯在《知识考古学》中指出，话语"不是自然而就，而始终是某种建构的结果"[2]。同样的，所谓"边缘"也并非天然存在，而是话语指

---

[1]　［俄］普列汉诺夫：《普列汉诺夫美学论文集》，曹葆华译，人民文学出版社1983 年版，第 348 页。

[2]　［美］米歇尔·福柯：《知识考古学》，谢强、马月译，生活·读书·新知三联书店 1998 年版，第 26 页。

认的结果，政治、经济、文化力量的强弱之分是划定边缘的根本。在帝国版图中，"中心"与"边陲"处于互动关系之中，边缘并非固定不变，而是移动变化的，"'中心'不断因为扩张而改变其范围，于是'边陲'的所在，也不断有相应的变化。旧日的'边陲'，可能融入'中心'，而于周边，又有原本遥远的地区，成为新的'边陲'"①。在当今世界格局中，以欧洲中心观来看，中国及其所在的亚洲是边缘；从中国内部视域来看，作为边地的西南是不折不扣的边缘。与历史上一些曾经边缘后来进入主流的地域不同，西南的边地位置、多种民族文化混杂的边缘身份自有史记载以来一直延续下来，已成为西南在国家格局中的历史定位，形成了根深蒂固的刻板印象。

一、边缘身份的自我言说

"中心""边缘"不仅仅是一组政治地理上的描述，也是一种态度、立场、观念的表达，其内里隐含着截然不同的政治文化心态。居于"中心"的群体，往往拥有更多的财富、权力，是主流意志与社会秩序的化身，会油然而生政治文化上的优越感；而处于边缘的群体，同时意味着经济文化上的相对落后与话语权的丧失，是被主流意识形态所冷落或排斥的"异质"存在，从而在心理意识上被灌输进一种"他者"边缘意识——与主流文化之间呈现一种若即若离的关系，既无法融入中心，也甘于以旁观者、边缘人自居，容易在一种偏安一隅的心理中自得其乐。

这种自我心理认同在法国心理学家雅克·拉康（Jacques Lacan）那

---

① 许倬云：《我者与他者：中国历史上的内外分际》，生活·读书·新知三联书店2015年版，第2页。

里被称为"异化"。拉康指出，他者是有着两个入口的母体，自我意识从一开始就包含一个处在自身之外的形象的在场，这就是他者。自我是有赖于他者而存在的，在自我/他者这种关系中，主体被建构出来，它从一开始就是分裂口。由于政治经济上的弱势地位，边缘地域的文化形象是由中心文化想象并建构出来的，在这个被建构的过程中，生活在边缘地带的人们由被动到主动，由有意识到无意识，接受了他者对自我的形塑结果，从而在与强大的他者的关系中自觉地以边缘身份自居。

在由中心主义对"边缘"的指认过程中，"边缘"群体不仅默认、接受了这种身份设置，同时也自觉或不自觉地以边缘身份规约自己，在某种程度上配合了霸权力量对自己的形塑。在现代文学史上，沈从文及其创作即是最好的案例。在文坛上，沈从文一直以"乡下人"自居："我实在是个乡下人，说乡下人我毫不骄傲，也不自贬，乡下人照例有根深蒂固永远是乡巴佬的性情，爱憎和哀乐自有它独特的式样，与城中人截然不同。"① 在"乡下人"情结的作用下，他的书写呈现出乡村诗意美与都市"阉寺"症（病态症候）两种极端。有学者指出，这种心态"意味着他对都市的距离，对时代主流和现实政治的自觉疏离"②。沈从文顽固的"乡下人"情结，他在文学世界里一边倒地对乡村世界的诗意向往，从根本上来说，与他出生于湘西边地以及身上流淌着少数民族血液这样的异质身份有着直接的关系。在"乡下人"这一自谓中，潜藏着自尊与自卑混杂的复杂边缘心理，体现出疏离主流的自觉选择。

---

① 沈从文：《〈从文小说习作选〉代序》，《沈从文文集》第十一卷，花城出版社1984年版，第3页。

② 马为华：《论沈从文"乡下人"心态的二重性》，《陕西师范大学学报》1999年第4期。

　　沈从文式的边缘体验以及他因此在文学书写中采取的相应叙事策略，对西南作家来说是十分熟悉的。在地理位置上，西南比湘西更远离中原文化中心，更为边远，并且还属边陲地带，在自身地域基因外，又混杂了不少异域因子，加之山高水阻的地理环境极大地阻碍了中原文明的深入传播，自然地形成了西南地域文化心理上与主流文明间的疏离和隔膜。在当代，这种疏离、隔膜虽然已因经济的发展、观念的变迁、科技的进步而大大减弱，但因历史而形成的刻板印象依然存在，加上西南在国家疆域中的边地位置，滞后的经济文化状态等现实因素，其"边缘"的身份并未真正消失，与古代相比，所不同的是由显转为隐。现当代西南作家既有现实的边缘生存体验，又在无形中继承了历史积淀下来的集体无意识边缘心理，所以在他们的创作中总飘散着无法化解的边缘情结。

　　这种边缘心理在文学中主要体现为两个方面：一是空间上的边缘认识，自觉将西南作为远离主流与文明的场域，突出"远"与"偏"。"小县城，地处偏远／深藏于滇南群山之间／都是一些叫不出名字的山岗／都是一些无名的河流／最远的风也只吹到这里／再往前，就是异国／长安太遥远／先皇的诏书已经在路上遗失／人们受命于天地 闻道于大野／不嗔 不喜 不悲／遵循最古老的传统／信奉最朴素的神明……"①哥舒白的这首《小城记》，刻意安排了两组意蕴深长且相互对立的意象："最远的风""长安""先皇""诏书"等，代表的是官方、正统；而"小县城""偏远""深藏""异国""天地""大野"等意象，则是一个远在主流视域之外的异质空间，二者之间不仅是空间距离上的遥远，更是文化心理上的

————————

① 哥舒白：《小城记》，《边疆文学》2018 年第 9 期。

隔膜。王单单的《滇黔边村》中写道："滇黔交界处，村落紧挨/泡桐掩映中，桃花三两树/据载古有县官，至此议地/后人遂以此为名，曰：官抵坎/……"① 以充满民间色彩的传说来解释地名，恰恰反证出边地与中央政权间由于地域遥远而罕有交集的历史事实。

　　二是主体的边缘意识，有意或无意地与中心划清界限，与主流保持一定的距离，西南民间常常说的"山高皇帝远"正是这种边缘意识的典型体现。这种自我认知在雷平阳身上表现得非常明显，多年来，尽管他凭借自己的创作实力当之无愧地跻身当代一流诗人的行列，但是他与沈从文一样，始终强调自己的边缘身份、边缘意识。他一直声称"是一个边缘上的自由写作者"②，并且不断描绘、强化这种身份意识："从童年时代开始，我总是缩身于小角落，做隐遁者，这就养成了我小地方人的视角。"③ "我身体一直向内收缩，像个患了自闭症的诗人，默默地生活在故乡。"④ …… "边缘""自由""缩身""小角落""隐遁者""小地方""自闭""默默"等一系列倾向性极强的词汇，隐含着诗人自我及一个庞大的边缘群体苦涩沉重的历史记忆和身份自觉。

　　由于族源、语言、历史、宗教、文化等各方面与主流文化间的巨大差异，西南少数民族可谓是边缘的边缘，"他者""边缘"意识更为强烈。映射在文学中，除了上面两方面的表现外，更为普遍地衍生为一种与强势主流文化碰撞后所产生的孤独感和感伤心理。"一个久居山上的人/有一天来到城市/城里有两三个人/隐约听过他的名字/没有一个人真

---

① 　王单单：《山冈诗稿》，中国青年出版社2015年版，第26页。

② 　杨昭编：《温暖的钟声：雷平阳对话录》，中国青年出版社2017年版，第7页。

③ 　杨昭编：《温暖的钟声：雷平阳对话录》，中国青年出版社2017年版，第44页。

④ 　杨昭编：《温暖的钟声：雷平阳对话录》，中国青年出版社2017年版，第73页。

正认识他 / 他会唱几首情歌 / 他有多少情人 / 他的房子是在山冈还是在峡谷 / 他的父母是否老了 / 他的心是痛苦还是欢乐 / 没有一个人知道这些事情 / 他在旅社的墙壁上 / 用哈尼文写下的诗歌 / 没有一个人能够看懂。"①哥布将这首写作于 20 世纪 90 年代初期的诗歌命名为《一个久居山上的人》，标题本身就包含某种耐人寻味的意味，"山上"显然是作为与都市、现代文明相对立的空间及文化双重意象，诗歌传达出因为语言、文化上的差异所导致的与主流世界在认同上的困难，文字里充满了难以排遣的孤独和忧伤。哥布的感伤并非只是个体的感受，他是站到了一个文化的制高点来审视自己的母族文化，真切感受到了弱势族群被挤压、文化被吞噬的危机："大多数哈尼人生活在哀牢山的崇山峻岭中，艰难的生存环境使这个民族多愁善感"，哈尼人"创造了绚丽的神奇独特的文化财富，但却鲜为人知，无论这里还是那里，在强大的外来文化的冲击下，少数民族原本就弱小的民族传统文化失去了活力，它只能以守为攻，最后被挤在了某一个角落"②。聂勒是第一个写作、发表汉语诗歌的佤族诗人，自小在中缅边境西盟阿佤山长大，直到初中才开始学讲汉语。在接触母语以外的语言及世界之后，聂勒开始意识到文化差异的存在。有一次他读到一篇描写佤族习俗的小说，其中一些描写明显与事实不符，聂勒感到不解且难以接受，便去找村里老人们求教，一位阿爷语重心长地对他说："孩子，不怪人家猎奇，只怪我们佤族没有自己的作家！"③这种被"误读"的感觉在他进入"异质"的城市生活后更为明显：

---

① 哥布：《布谷声声》，云南人民出版社 2015 年版，第 91 页。

② 转引自卫佳：《哥布与哈代诗歌生态思想对比》，《新校园》2015 年第 10 期。

③ 《佤族诗人聂勒》，《中国民族网》2013 年 11 月 29 日。

"可以告诉你／我是一个农牧民族的儿子／打从森林来到这个城市／我就注定属于一种孤独的边缘"[1]。原生文化的差异，非主流文化与主流文化间的差距，将少数民族作家宿命地置于边缘位置，这种生命体验也就深深嵌入他们的创作之中，成为一块无法抹去的"胎记"。

二、边缘的自在与活力

对中心而言，边缘意味着文明的对立面，意味着存在的无序与荒凉，然而，海德格尔早已意识到，边界不是止步不前的地方，而如希腊人认识到的那样，边界是事物开始存在的地方[2]。在边缘地带，那些被主流所忽略甚至轻视的存在一样有其价值，"中心可以故意忽略掉边缘的人、事、物的价值，却无法根除掉它们的存在本身。就算中心宣布它们的存在是非法的、不及格的，是必须靠中心文化的标准加以引导、改造和同化的，也纯属枉然。边缘的价值和意义有时候正在于：中心以它自己惯有的方式硬贴给边缘的任何标签，统统都是一厢情愿、自作多情的，因而统统都是无效的。边缘不仅是地理，更是人心。"[3]边缘具备生成另一种生存形态的可能性：远离权力中心既意味着它缺少主流文化的照拂和滋养，也意味着它较少受到种种规范的束缚，能够在大一统的体制之外保有相对独立自在的精神世界。当代全球化的传播在逐渐唤醒边缘群体的主体意识的同时，也让他们意识到自己的边缘身份所带来的精

---

① 聂勒：《心灵牧歌》，云南美术出版社 2004 年版，第 64 页。

② 转引自［美］Edward W·Soja：《第三空间——去往洛杉矶和其他真实和想象地方的旅程》，陆扬等译，上海教育出版社 2005 年版，第 184 页。

③ 杨昭：《手写体的灵魂：关于雷平阳的对话录》，见杨昭编：《温暖的钟声：雷平阳对话录》，中国青年出版社 2017 年版，第 9 页。

神与言说上的双重自在性，这为他们观察世界、认识时代提供了较为独特的视角。作为当代空间研究的重要开创者，列斐伏尔一直强调自己所拥有的边缘化身份，并清楚地意识到这种身份所具有的优势："我是一个奥西塔尼亚人，也就是说，是边缘的——同时又是世界的。""我喜欢生活在中心和边缘之间；我既是边缘的同时又是中心的，但我站在边缘一边……我对农民们的生活非常熟悉，山民、牧人……（但）巴黎人的派头，那整个的世故精明，我一点也不陌生。"① 对于大多数西南作家来说，他们诚如列斐伏尔一样拥有边缘的背景，同时在成长经历中又谙熟主流社会的形态和规范，这就使得他们"特别能够理解权力中心最深层的运作方式，能够知道它们的危险和各种可能，能够在其中驻留，却又带着异乡人那种批判性的左右逢源：是有意选择置身局外的当局人"。② 在全球化时代里，生活在边地的人们依然是政治地理意义上的边缘人，但在意识和观念里已越来越融入"中心"之中，是生活在中心的边缘人，就像列斐伏尔自称的"文雅的村夫"③。

边缘不仅是中心的对立面，同时也意味着一种防范疏松、多元杂糅的异质空间存在，它为文学的自在生长、言说提供了可能性和空间，也为作家提供一个与主流写作不太一样的观察维度和心理感知能力。雷平

---

① 转引自［美］Edward W·Soja：《第三空间——去往洛杉矶和其他真实和想象地方的旅程》，陆扬等译，上海教育出版社 2005 年版，第 41 页。

② ［美］Edward W.Soja：《第三空间——去往洛杉矶和其他真实和想象地方的旅程》，陆扬等译，上海教育出版社 2005 年版，第 36—37 页。

③ 转引自［美］Edward W·Soja：《第三空间——去往洛杉矶和其他真实和想象地方的旅程》，陆扬等译，上海教育出版社 2005 年版，第 41 页。

阳一直宣称自己在写作上的"流亡""边缘"身份，既是对历史命运的一种回应，也明显张扬着自我的边缘主体意志。对此，西南本土评论家杨昭这样阐释这种自觉的身份意识对雷平阳诗歌创作的特殊意义："流亡使他位于边缘，边缘则使他获得了一次生长的契机，使他有可能因远离功利喧嚣而更加靠近了诗歌"；"在边缘，他获得了一种领悟"；"在边缘，他获得了一种自由"①。确实，自开始诗歌创作以来，雷平阳就显示了与众不同的诗歌气质与风格，他从不随波逐流、追新逐异，而是始终安静地在西南边地上打造独属于自己的诗性王国。成名后，他更是坚定地宣称："我之前从来不参加任何流派与诗群，以后我也不会加入具体的门派，我就是一个边缘上的自由写作者。"②边缘使雷平阳在主流之外保持自己的声音，他从中找寻到了自己的文学生长契机和写作策略，即背对主流，面向西南充满自在野性诗意的山野大地和素朴人生，从中获取源源不断的灵感资源，描绘出独特的边地生存景致与生命体验。他诗歌中表现出的狂热的山水情结、对自然万物充满神性的书写、对父老亲人至诚的眷恋、对卑微普通生命的悲悯、对生态环境恶化的忧思和愤怒控诉……这些既构成诗歌骨骼血肉又成为他诗歌鲜明标识的书写内容，显然更多是出于诗人意识与道德上的自觉，为诗人内在的自我情感所支配，与潮流无关，与时尚无涉。

因为有边缘意识为情感底色，雷平阳的诗歌朝向始终是向下向内的，充满厚实的泥土气息，他从不避讳对民间生活现场的浓厚兴趣与热

---

① 转引自〔美〕Edward W.Soja：《第三空间——去往洛杉矶和其他真实和想象地方的旅程》，陆扬等译，上海教育出版社 2005 年版，第 41 页。

② 杨昭编：《温暖的钟声：雷平阳对话录》，中国青年出版社 2017 年版，第 7 页。

爱，并自觉地从那些被传统视为鄙俗的民间文化中汲取养分，譬如他自己非常推崇的《基诺山上的祷辞》一诗，就直接引用基诺猎人世代流传的祈祷语："神啊，感谢您今天／让我们捕获了一只小的麂子／请您明天让我们捕获一只大的麂子／／神啊／感谢您今天／让我们捕获了一只麂子／请您明天让我们捕获两只麂子"①。有人认为雷平阳试图以西南乡野为基础，通过诗歌建构一片"纸上荒野"、乡野文明，以此抵御工业文明，对此，雷平阳的回答是："我只歌唱了正在消亡的乡村文明中的某一部分，比如万物有灵的宗教信仰，比如故乡和亲情。它们的好，基于时代的堕落，基于不灭的神性和人性。写它们，我写的是挽歌和投降书，什么也抵御不了，无非是在荒草之中给一个个孤魂野鬼立个石碑。"②这番不无悲壮意味的言辞，揭示了雷平阳创作所凭依的根基及意图所在，也在一定程度上解答了何以雷平阳的诗作始终在当代诗坛独树一帜并充满某种独特的边地气质。

边缘写作让雷平阳可以自在游走于规范和率性之间，获得了更为广阔的表现空间。在西南边地文学中，雷平阳的个性写作所传达出的自在活泼气质具有一定的代表性，其对当代文学的意义，正如有论者所指出的那样："那些融会不同文化背景与生活方式于一身的边缘性个性，他们在其'边缘体验'基础上，不论是走向'边缘意识'的理性言说，还是走向'边缘情感'的文学展现，都让人感到一种追求更自由、更平等、更积极的人类交往的价值观在建立中。"③

---

① 雷平阳：《山水课》，作家出版社 2015 年版，第 62 页。
② 杨昭编：《温暖的钟声：雷平阳对话录》，中国青年出版社 2017 年版，第 4 页。
③ 杨昭编：《温暖的钟声：雷平阳对话录》，中国青年出版社 2017 年版，第 159 页。

杨义将这种基于边缘环境和身份所保有的自在与野性称为"边缘的活力"，他指出："少数民族的文明，边疆的文明往往处在两个或多个文化板块的结合部，这种文明带有所谓原始野性和强悍的血液，而且带有不同的文化板块之间的混合性，带有流动性，跟中原的文化形成某种异质对峙和在新高度上融合的前景。这么一种文化形态跟中原发生碰撞的时候，它对中原文化就发生了挑战，同时也造成了一种边缘的活力。"[①]这种边缘的活力独立于主流规范之外，存身于边远山野与民间生活之中，与主流文化依靠制度规矩建构起完备体系不同，它更多地表现为对自然、对生命本能的尊崇，较多地保持了生命中的原初意识。对于这种来自边缘的"活力"，早在20世纪30年代，苏雪林在评价沈从文小说时即已意识到了，她认为沈从文执着地书写来自湘西边地那种混沌、拙朴的野性力量，是"想借文字的力量，把野蛮人的血液注入老态龙钟、颓废、腐败的中华民族身体里去，使他兴奋起来，年青起来，好在廿世纪舞台上与别个民族争生存权利。"[②]这种解读为读者走进沈从文笔下的"湘西世界"，理解他构建的都市文明与乡村世界之间剑拔弩张的对立提供了新的思路和空间。杨义重点以艾芜的《南行记》等作品来剖析其中传递出的"边缘的活力"，他指出艾芜的创作在现代文坛的意义在于"以自有生命的意识平视南国和异域野性未驯的奇特男女，使之在蔑视现实的圣教伦理和官家法律中显示出一种大写的'人'的尊严"。[③]他赞赏艾芜所塑造的野猫子、老头子、夜白飞等西南边地底层形象身上所焕发

① 杨义:《中华民族文学发展的动力系统与"边缘活力"》,《百色学院学报》2008年第5期。
② 苏雪林:《沈从文论》,《文学》1934年第3期。
③ 杨义:《杨义文存》第二卷，人民出版社1998年版，第488—489页。

出的强悍生命张力，"以这样一个受社会簸弄，又不向社会屈服的顽强生命力去观照滇、缅边地和异邦的外化人生，必然发现一个奇特的、令人惊羡又令人悲愤的世界。"[1] 在杨义看来，蛮荒并不等同于荒凉，落后并不意味着死寂，他在边地文学中发现的正是一种在正统文学中明显稀缺的蓬勃生机与生命活力。

"'边缘'相对于'中心'而言，往往意味着挑战、革新、整合，但在某种传统心志的支配和某种现实境遇的影响下，'边缘'又往往成为一种'放逐'，一种轻视，甚至成为中国文学的一种命运，从而成为20世纪文学史，乃至20世纪汉语文学史建构要关注的一个重要问题。"[2] 在当代，西方现代思潮尤其是后现代思想理论的全球性传播，给长期受轻视、被排斥的边缘群体带来了重新认识自我，重估自身价值，拥有自我言说话语权等全新的空间和平台。文化多元主义的泛起，后殖民主义去中心化的颠覆性倡导，以及对少数族裔、边缘群体的关注和重视，有力地冲击了原本固若金汤的传统价值理念，并力图平衡霸权话语主导下的主次之别，这对一直被贴上"另类""异端"等标签的非主流群体而言无异于是一场真正意义上的思想启蒙运动。在后现代思想烛照之下，他们的自我意识开始觉醒，并随之产生"我是谁、我从哪里来、我要往哪里去"这样的人生哲学和生存困惑，这在少数族裔中表现得尤为鲜明强烈。评论家刘大先注意到，由于少数族裔主体意识的自觉，少数民族文学呈现出由抒情转向写实的趋势，走向"一种新的跨文化、跨文体写作

---

① 杨义：《杨义文存》第二卷，人民出版社1998年版，第488页。

② 黄万华：《"边缘"的活力》，黄万华主编：《多元文化语境中的华文文学：第十三届世界华文文学国际学术研讨会论文集》，山东文艺出版社2004年版，第152页。

的主动探索，是对于族群情感、民族使命的另类写作，以边缘位置出发，以主流文化话语霸权为靶的，以边缘声音的自我发声为追求，以对本族群以及所有边缘族群生长危机感为焦虑，以后殖民文化人类学或文化地理学为明显标志，以激情的批评诗性为融化剂，构成了中国式后殖民文化人类学性质的跨文化写作"。少数民族作家"通过对少数族裔文化地理的解构性、后殖民性的重新书写，来达到某种类似于'逆写帝国'的效果……重新进行本土的人类学考察，重新进行'再民族化'的文化地理学的书写，是解构外来主流文化霸权编码的行动，是重写民族史、重绘本土民族史志"。① 总之，民族意识的觉醒，对民族文化的重新认识、评价，是后现代时代少数民族文学发展的一个重大转折，对其他边缘群体而言也是如此。

第二节　山地文化心理

与平原农业区、草原游牧区相比，西南山地在地质形态、生物资源以及人类的生产生活方式上明显更为复杂多样，在人类生态文化圈中具有独特而重要的地位："山地的重要性主要体现在自然和文化两个方面：从自然的角度看，山地系统是地球表层演变过程的主体，控制着地理生态格局与水系的发育及演变，孕育丰富的生物多样性，而且是水土保持的控制器；从文化的角度看，山区是人类文明的重要发祥地，孕育了多

① 刘大先：《"边地"作为方法与问题》，见雷平阳主编：《边疆》第三卷，长江文艺出版社 2017 年版，第 172 页。

民族文化，也生成了独特的山地人文生态。"①

刘师培较早注意到山地自然环境对人的精神品格所具有的影响力，并将之与平原地区进行比较："山国之地，土地硗瘠，阻于交通，故民之生其间崇尚实际，修身力行，有坚忍不拔之风。泽国之地，土壤膏腴，便于交通，故民之生其间崇尚虚无，活泼进取，有遗世特立之风。"② 山地不仅影响人的个性品格，也形成了独特的山地文化。20 世纪抗战时期，哲学家林同济曾避乱西南，对山地文化有较切身的体会与认识，他说："创造'山地文明'以补我们数千年'平原文明'之不足。即进而就民族精神方面之不足说，'平原型'的精神，博大有余，崇高不逮。我们这个平易中庸的民族，所急急需要的，也许正是一股崇高奇险的'山地型'的气魄！"③ 林同济的这番话虽然是针对国难当头时期急需一种刚强之气以激励国民精神而说的，有极强的现实针对性。不过这种认识的意义并不仅仅局限于此，他以"崇高奇险"来概括山地环境中所生成的文化精神，希望在主流的"平原精神"中注入一点富于探险气质的山地气魄，涉及了对不同地域文化精神互补性的思考，是值得引起更深入关注的一个命题。以上诸如此类认识，都反映出人们对于山地环境与独特的文化生态、地域心理之间的关系已有具体认识。

---

① 纳日碧力戈、龙宇晓：《迈向中国山地民族研究的新天地》，《中国山地民族研究集刊》2013 年卷总第 1 期。

② 刘师培：《南北文学不同论》，见劳舒编：《刘师培学术论著》，浙江人民出版社1998 年版，第 135 页。

③ 林同济：《千山万岭我归来》，引自施康强编：《征程与归程》，中央编译出版社2001 年版，第 224 页。

在对山地文化心理的识认上，美国耶鲁大学的政治学家、人类学家詹姆士·C.斯科特（James C.Scott）提供了另外一种观察视角。斯科特以东南亚山地空间为考察对象，借用了荷兰历史学家威廉·冯·申德尔（Willem van Schendel）提出的"赞米亚"（Zomia）概念，以之指称所有海拔300米以上的东南亚高地，认为"赞米亚"山地社会以"无国家"为特征，但其本身又是一种"国家效应"（state effect），那里不仅是一个抵抗河谷国家的区域，而且是"避难"（refuge）之所。"避难"具体指的是住在山里的人大部分是为逃避低地河谷地区国家建设计划的各种痛苦而迁来的，他们是逃避者（runaway）、逃亡者（fugitive）或被放逐者（Outcast），故而他们不是被国家文明工程所抛下，而是自愿选择了将自己置于国家的触角之外。[①]换句话说，山地社会不是简单地被国家权力所放逐，而是主动地规避国家意识形态。斯科特的观点虽然引起不少争议，但是其建立在历史事实之上对山地社会形成背景及山居之民无政府心理的揭示，还是有其合理性及学术价值的。

一、"山"意象与"山"情结

当代文化地理学认为，"社会环境、自然环境是文化产生的条件和基础，人类在特定环境中创造了特种类型的文化，使文化具有了多样性。环境通过人，在文化的创作过程中，发挥着极其重要的作用，离开环境，文化便不能产生。"[②]山地文化可以简称为一种"山"文化，因为

---

① 参见［美］詹姆士·斯科特：《逃避统治的艺术：东南亚高地的无政府主义历史》，王晓毅译，生活·读书·新知三联书店2016年版，第1—2页。

② 夏日云、张二勋主编：《文化地理学》，北京出版社1991年版，第57页。

山是山地的根本构成与存在基础，既是山地最重要的景观，也是山地文化最直观、最核心的象征物。以山地文化为渊薮的西南文学，一个突出的表征是以"山"为核心意象，写山、状山十分自然普遍，山在创作的各个层面浮现，或为背景，或为写景抒情的主体，或内化为人物的精神气质，或潜隐地影响主题思想的走向。从总体上看，山意象的大量存在，使得西南文学整体上流露出一种硬朗粗粝的底色和气质，这在中国其他区域文学中并不多见。

西南文学的一个显在特征是对山的大量描写。不论是从视觉感知还是审美心理来看，山无疑都具有令人无法忽视的突出存在感，给予观者强烈的感受。那些从低海拔及平原地带进入西南的人们，无不为这里绵延不绝、无所不在的大山所吸引而称奇。埃德加·斯诺当年随马帮在西南的崇山峻岭中艰难地跋涉穿行时，那一座座攀越不完、无穷无尽的高山给他留下了极其难忘的印象，成为他的马帮之旅中重要的感受之一：一整天不断地翻越高山，"越过一行又一行像刀刃一样的山脊"，"但是，极目远望，矗立在面前的，仍然是一模一样的屏障，一大片茫茫的峰峦把我们和遥远的内陆文明隔绝开来了。我们已经深入到中亚地区令人忧心忡忡的巍峨的山峦中来了。"① 抗战时期，大批文人学子从内地向西南迁徙，首入边地，最令这些多长于平原之地的知识分子感到震撼的便是西南绵延不绝、千奇百怪的大山。施蛰存于 1937 年应当时国立云南大学校长熊庆来之邀，赴滇任教，他经由湘黔入滇，一路所见皆山，尤以贵州境内的大山最为险峻。忽入山国，触目皆是平生未见之景，旅途惊险无比，这一切都给予施蛰存强烈震撼，他在行旅日记中有这样的

① ［美］埃德加·斯诺：《马帮旅行》，云南人民出版社 2002 年版，第 60 页。

记载："九月二十二日　晴　……中国之山，皆在黔中，此昔人之言也。车入贵州境后，即终日行崇山峻岭中，迂回曲折，忽然在危崖之巅，俯瞰深溪，千寻莫止，忽焉在盘谷之中，瞻顾群峰，百计难出。嵚峨之状，心目交栗。镇雄关，鹅翅膀，尤以险塞著闻，关轮疾驰以过，探首出车窗外，回顾其处，直疑在梦寐中矣。"① 当时与施蛰存同行的尚有吴晗、林同济、李长之等人，他们一样对这山的世界充满了新奇、惊叹和畏惧。"一路尽是山。山形千百种，竞出争妍。圆锥的、尖塔的、断墙的、飞檐的、驼背的、狮头的、卧虎的、睡牛的。……山色也不一，鲜绿的、深青的、菜黄的、淡紫的、海蓝的、枫红的……在日光掩映与云块飞行之下，颜色更可一刻百变"②，李长之的感受更能代表初入山地的人们普遍的心理感受："贵州山的特别，是山头极多，一上一下，接连不断，像锯齿一般。这种山国的旅行，是久居北方那种大平原的人所想象不到的，你决想不到世界上会有'没有平地'的地方；你决想不到整日走，始终是在山里；你决想不到所见的完全是山岚青岩，而没有旷野。"③

对外来者而言，西南的莽莽群山是足以令人震撼的自然景观，而对于生活在西南的人来说，山是生存环境、生活方式，同时也是一种对世界的认知方式和生存哲学，在他们的文字里，往往充满着对大山爱恨交集的复杂情感。纳张元是西南作家中最擅长写山者之一，他自幼生长

---

① 施蛰存:《西行日记》，见《施蛰存散文选集》，百花文艺出版社 2004 年版，第 83 页。
② 林同济:《千山万岭我归来》，见施康强编:《征程与归程》，中央编译出版社 2001 年版，第 224 页。
③ 李长之:《西南纪行》，《旅行杂志》1938 年 11 月号。

于滇中一个被群山重重环绕的彝族村寨，山是他对世界最初也最深刻的记忆，他把这份记忆带进了文字里，"千里彝山"成为他描写不尽的资源和话题。"千里彝山，枯瘦如柴"（《山寨岁月》），"整座彝山瘦骨嶙峋"（《彝山速写》），"似卧牛、如睡狮、像走蛇，一座座奇形怪状的大山挤在一起，构成了连绵起伏，蜿蜒曲折的千里彝山"（《秋天的困惑》）①……作者善用极简洁的文字描摹彝山，"枯瘦""嶙峋""挤""连绵起伏""蜿蜒曲折"等词汇，栩栩如生、生动传神地勾勒出彝山绵延浩渺、多山石而少森林覆盖的形貌，读之使人如临其境，如睹其容。在这样的生境里，人类显得渺小无力，大山成为真正意义上的主宰者。正如作者的感慨："生在山中，从小与大山结缘，抬头低头，睁眼闭眼，都是山。近处是山，远处是山，直到看不见的地方还是连绵不绝拥挤不堪的群山。山与山之间是令人头晕目眩的深谷，谷两边的人可相互问话，有时甚至能看清对方叼在嘴上烟斗的模样，却走得腿肚子转筋也到不了对方所在处。"（《城市牧歌》）"那山陡得连猴子过山都要淌眼泪，岩羊下山也要滚皮坡，一条山草绳一样细细的小路，弯弯曲曲地挂在壁陡的山腰上，行人像壁虎一样贴着悬崖小心翼翼地移动，稍不留心脚下轻轻一滑，人就像鸟一样在峡谷中飞起来，一直飞下万丈深渊。"（《父亲的三双鞋》）②

严苛的生存环境，注定了彝家人生活的艰辛、命运的多舛，"先民们祖祖辈辈就在这丛山峻岭中讨生活，世代相传，生生不息"（《城市牧歌》），"火塘像一个魔鬼的怪圈拴住了一代又一代想向山外挣扎的人，

苦难的先人用追赶麂子的速度跋涉了一生，累得脚杆露筋，最终还是在那个冒着浓烟的百年火塘边打转，悠长的岁月像一个魔力无穷的魔术师把无数血气方刚的彝家汉子揉搓成皱巴巴的干瘪老头"（《永远的红房子》），大山困住了一代代彝族人的脚步，遮蔽了人们对生活的美好希冀和幻想，但是也赋予了彝山人如山一般朴实爽直的性格和坚毅顽强的生活品格，他们把根深深扎入大山，在贫瘠的土地上辛勤劳作，耕耘着微薄的希望，"千里彝山每一片壁陡贫瘠的山地，都布满了牯牛们世代耕耘的足迹，彝山的高坡深谷至今仍回荡着牯牛们急促的喘息声和彝家汉子悠长的吆牛声"（《彝山速写》）。作者的父亲就是一个能干且倔强的典型彝山汉子，"他年轻时，走路飞沙走石，没人敢走在他前面。他曾凭着三尺多长的一截酸楂树棒棒，与一头大公熊搏斗，从太阳偏西一直厮打到天黑，双方都精疲力竭，谁也胜不了谁"（《父亲》），[1] 生产队时代，他用两条大牯牛犁田，犁一条，休息一条，这条不行了，再把另一条换上来，牛休息，他不休息，最多灌几口黄酒解乏，最终活活累死了一条大黑牯；村里那些须发俱白的老汉们聚在火塘边回忆早年在大山里赶马帮的经历时，像小孩子一样容易流泪，他们都说，年轻时太要强，把眼泪都往肚子里咽，现在需要补偿一下。面对民生艰辛，杜甫常怀"穷年忧黎元，叹息肠内热"之感，在纳张元的文字里，可以感受得到他对生活在彝山的父老乡亲的眷恋、敬重，同时也很自然地流露出对他们所遭受的苦难生活的同情与悲叹。不论是小说还是散文，纳张元的作品总是充满一种沉重的启蒙意味，山成为他情感表述中一个充满矛盾的符号象征：既是满载着情感的家园故地，也是大山深处的族群走向

---

① 　纳张元：《彝山纪事》，中国文联出版社 2015 年版，第 27、32、48、20 页。

现代发展路途的障碍，因而他笔下那些绵延不绝的千里彝山散发出某种悲壮的色彩。

相较于纳张元混杂着眷恋与忧思、深情与批判的复杂情感，同样具有深厚大山情结的倮伍拉且代表了西南文学中对大山书写的另一种情怀：思念和歌咏。在大部分远离故土、离散于母族文化土壤的少数民族作家心目中，大山成为了故乡的同义词、代名词，他们文字间纠缠不清的对大山的反复书写，实则是在倾诉对故土的一往情深：

> 那年在北京
> 朋友对我说
> 你把群山始终扛在肩上
> 我对朋友说
> 群山始终把我托在手上
>
> 我明白了我与群山
> 我扎根的大凉山
> 我的连绵不绝的群山
> 心心相映
> 血脉相连
>
> 我明白了为什么
> 在北京
> 或其他地方
> 我的睡眠不安

不安的睡眠里

总有马蹄的声音

踏碎群山的剪影

我明白了

城市里的树木

公园里的动物

为什么令我无比亲切

又万分痛楚

那年在北京

我明白了的

原本就是一个事实

我的祖先和我

以及我的子孙

无论在哪里

都摆脱不了这个事实

与群山一同存在①

　　这首诗与很多西南文学中常见的边缘视角一样，运用了对比手法，在两种文化生态体系的参照中抒发对山的依恋与深情。诗中，北京或

---

① 中国作家协会编：《新时期中国少数民族文学作品选集（彝族卷）》下，作家出版社 2014 年版，第 735—736 页。

其他地方，代表了异乡，也是主流文化的象征，在这个异质文化圈里，"我的睡眠不安"，那些人工种植的树木、公园里豢养的动物，令"我"无比亲切又万分痛楚。这样的体验让诗人明白了一个道理："我"与群山心心相印、血脉相连，而群山正是诗人与先祖、后世子孙难以割舍的精神原乡。"把群山始终扛在肩上""与群山一同存在"，这样的表述别致而形象，真挚而感人，淋漓尽致地展现了一个大山子民心中浓得无法化解的大山情结。倮伍拉且的大山诗歌把祖先经验、民族情感融进了对山的叙写之中，山实际上已与诗人的生活、生命融为一体，正因如此，与倮伍拉且生长于同样的大山环境中的罗庆春，对倮伍拉且诗歌有着深刻的理解，他指出倮伍拉且在诗歌中"努力强化大山意识、大山气质、大山品格、大山精神在个人诗作中的精神体现"，从而形成了他"以'大山'为抒情核心和精神主体的抒情风格"。[1] 他进一步指出，倮伍拉且这种抒情风格既体现为其诗歌中对"大山""大山文化""大山民族"的"诚挚、深厚的爱"，也体现为通过对"'山地民族''山地文化'的内在心理、情感和精神世界"的深入挖掘而呈现出的"山地文化背景下特有的审美旨趣和艺术品质"；还体现为其诗歌中"自我抒情愿望与时代文化精神的主动注入"。[2]

在西南新生代作家中，极为自然地延续着对山的书写。"80后"诗人王单单无疑是其中的优秀代表。王单单是西南青年一代作家中极富于创造力与创作个性的佼佼者，写起诗来有一股山的狠劲与韧劲。被评论

---

[1] 罗庆春：《灵与灵的对话——中国当代少数民族汉语诗论》，天马图书有限公司2001年版，第203页。

[2] 罗庆春：《灵与灵的对话——中国当代少数民族汉语诗论》，天马图书有限公司2001年版，第103页。

家霍俊明称为"写疯了"的"这个家伙"①，凭借其富于大山气息的诗歌创作在诗坛闯出一片天地，令人侧目，屡屡获奖充分证明了这个青年诗人的才华：首届《人民文学》新人奖、2014《诗刊》年度青年诗人奖、2015 华文青年诗人奖、第二届《百家》文学奖等等，并且成为 2016—2017 年首都师范大学驻校诗人。从创作特色来看，王单单的诗作紧紧扎根于家乡乌蒙山区，地域特色十分鲜明，绵亘不绝的大山很自然地成为其中的核心意向。山，既是诗歌着力描写、呈现的鲜活生活现场，也是诗人寄托青春情感和生命激情的媒介物。现实世界中走不完看不尽的大山，化为诗歌中密集的"山"意象，由此构建起一座诗歌中的"山地王国"。

山赶着山，石头背我去摸天空 / 不能再高了，我已看到蓝色的 / 天梯，以及衰草中睡着的云朵 / 仙水窝凼，诸神沐浴的地方 /…… / 仙水窝凼啊 / 群山怀抱，一潭秋水 / 暴露神的行踪（《仙水窝凼》）

一个人在山中行走 / 有必要投石，问路 /……一个人爬到最高的山上 / 难免心生悲凉，这里 / 除了冷，就只剩下荒芜 / 一个人在山中走，一直走 / 就会走进黄昏，走进 / 黑夜笼罩下的寂静（《一个人在山中走》）

长大后，我就不停地攀爬 / 从老家的鸡啄山到镇雄最高的噶么大山 / 从乌蒙山到云南有名的哀牢山 / 甚至是众神居住的高黎贡山 / 一次又一次，多么令人失望 / 我所到达的山巅，天空灰暗 / 其实，

---

①　霍俊明：《这个家伙，"写疯了"》，王单单：《山冈诗稿》序，中国青年出版社 2015 年版。

爬了那么多的山／流了那么多的汗，我只想找到／小时候，父亲把我举过头／我看到的那种蓝／那种天空的蓝（《壬辰年九月九日登山有感》）①

······

高山之巅的视觉盛宴，山居之人刻骨铭心的生存体验，被群山重重包裹的童年记忆……所有的生命印记都与山息息相关，写山，也是在写生命中点点滴滴的感触和历程。因而，诗中的山既是客体物象，也是抒情载体，在一定程度上左右着诗人对世界的感知和把握，山成为他观察人生世相、抒写情感体验的一扇窗户。另外，王单单不事雕琢、粗放不羁的诗风，自是与天然、自在的山地生活环境与经验密不可分。关注王单单诗歌的评论者们显然注意到了山对王单单个人性格气质及诗歌品格所具有的特殊意义，譬如 2015 年华文青年奖评委刘福春的评语是："王单单是位有能力的诗人，独特的发现和独特地表达，这些来自大山的诗篇有着山的重量。"② 霍俊明也指出，"他在滇黔边地特殊环境下所塑造的某种躁烈甚至暴动性的性格特征和精神气象在语言和修辞上就同时迫不及待地迸发出来。他的灼痛、荒诞、分裂甚至无根感似乎与这个时代达成了空前紧张的关系。"③

诗人海子说过，诗人不应该"只热爱风景，热爱景色，热爱冬天的朝霞和晚霞"；诗人所热爱的，应该是"景色中的灵魂，是风景中的大

---

① 王单单：《山冈诗稿》，中国青年出版社 2015 年版，第 46、62、106 页。

② 转引自王单单：《山冈诗稿》封底，中国青年出版社 2015 年版。

③ 霍俊明：《这个家伙，"写疯了"》，王单单：《山冈诗稿》序，中国青年出版社 2015 年版。

生命"，要像画家梵高和诗人荷尔德林那样地去热爱。[①]山对西南山地居民来说，是最寻常不过的景物，是孕育生命的家园，它平凡而神秘，莫测而庄严，质朴而神奇，是一种自然与超自然力量的化身。西南作家笔下的山，大多已然超离了外在纯粹的风景形态，与作家的生命体验、美学感受交融为一体，上升为一种大山情结，其中包孕着祖先记忆、自我感知掺杂而成的深厚情感。

二、亲近自然、重血缘的大地情结

中国传统文化语境中的"乡土"一词是农耕文明的典型产物，人的生存繁衍完全有赖于从土地上获取生存资料，这种生产关系决定了人与土地之间是一种高度亲密依赖的关系，就像费孝通所言"直接靠农业来谋生的人是粘着在土地上的"[②]。在西南高原山地上，由于山地农业形态的多样性，人与山地间的关系显然更为复杂，"乡土"这一概念所具有的含义也更为多维，绝非用某种单一标准所能概括的。

首先，在西南山地，人对生存环境的依赖不仅仅表现在土地上，而是扩展到整个大自然，这是由这一区域多种生产与生存形态所决定的。如前文所述，西南平地稀少而山地、森林居多的地理形貌，决定了这里不可能形成如平原地带单一稳定的密集型农业形态，而是必须因地制宜、因物制宜，在相对艰难的生存环境中尽一切可能从大自然中获取生活资料，因而形成了形态多样的生产模式。受这样的自然条件限制，加之西南在历史上基本处于中央王朝的发展体系之外，所以内部发展缓

---

① 海子：《我热爱的诗人——荷尔德林》，见周俊、张维编：《海子、骆一禾作品集》，南京出版社1991年版，第183页。

② 费孝通：《乡土中国》，上海人民出版社2007年版，第7页。

慢，时至今日，司马迁提及的诸种生产模式在西南都还一定程度地存在着。其次，重峦叠嶂、流水纵横的地质格局，将大地分割为一个个独立、封闭的地理单元，不同地域社群间的交流极为不便，人们往往以族群、血缘为纽带聚群而居，组成内部稳定而对外界充满警惕、排斥的社群。历史上这种相互隔绝的族群分布，总体上构成了西南特定的陌生人社会形态，与中原平原地带需要相互协作的熟人社会有着较大的差别。最后，与内地重土安迁的文化心理不同，西南居民主要依赖于变幻莫测的大自然而非相对稳定的土地的生存模式，一定程度上造成了山居之民在心理、思想上的不稳定感和不安全感，还有西南在古代作为重要的民族迁徙走廊的角色扮演，以及历朝历代尤其是明清大规模的迁徙内地居民、士卒戍边垦边的历史，造成了在西南群体中普遍存在的漂泊、思源心理。

以上三个因素，形成了西南不重"乡土"重"自然"、不重"地缘"重"亲缘"的地域乡土文化特色。有学者指出，西南的"乡土性之'土'，是原生形态或接近原生形态的'土'。他们与土的关系，是十分的密切，且技术的成分更少，自然的成分更多"①。山地居民的乡土情感，也就不似中原农耕文明那般主要集中于泥土、土地之上，而是广泛投注到大自然之中，土地只是其中的一个部分。"大地，这个熟悉的字眼，包括山峰、江河、山冈、溪流、森林、草地，当然也包括在大地上生存的各种动物与生物"，作家汤世杰的这一认识代表了生活于西南这种环境生态中的人们的普遍观念，而且，"大地是人类的母亲"②。傈僳拉且曾在诗

---

① 施惟达、段炳昌等编著：《云南民族文化概说》，云南大学出版社 2004 年版，第 9 页。

② 汤世杰：《灵息吹拂》，中国社会出版社 2007 年版，第 31 页。

集《大自然与我们》的题记中写道："有一根无形的链子把我们拴在一起。'我们'是指生我养我的土地以及这块土地上生长的所有植物动物。这是无法摆脱的。所以，我的语言、声音甚至呼吸都弥漫着大凉山美妙的气息。"①

这种遍及自然万物的山地情感在西南丰富的原始自然崇拜中得到了最充分的表现，在西南的原始宗教中，万物有灵论是最重要的，山崇拜、水崇拜、石崇拜、火崇拜以及各种动植物图腾崇拜普遍存在，举凡大自然万物，都有可能成为人们的崇拜对象。于坚在《众神之河》中写到了澜沧江——湄公河沿岸各种令人眼花缭乱的崇拜现象，"他们信奉万物有灵，大地不仅仅是人的大地，也是神的大地，而这个神不是单一的偶像，而是人之外的几乎一切，森林、河流、草木、野兽……都属于一个庞大的神灵系统"，人们对自然的朝圣"与世界通常的朝圣不同，它不是前往麦加、罗马、梵蒂冈或者印度，而是环绕高山、河流、积雪、瀑布、森林以及落日、明月"。于坚多次在书中引用一句印度教箴言："神虽唯一，名号繁多，唯智者识之"②，很真实地反映了这一地带宗教信仰的繁芜情形。这条贯穿西南的大河，沿途散布着数不胜数的寺院、庙宇、教堂、神殿，人们并不仅仅在里面敬拜各种神灵，整个流域宛如一个巨大的祭祀现场，大地上处处可见人们崇拜自然的痕迹，藏区的玛尼堆、经幡，大理地区形形色色的本主崇拜，湄公河畔对着河流下跪祷告的妇人……这一类记录、描写在书中占据了相当多的篇幅，从某种意义上说，这部散文不仅是一部别开生面的河流史诗，也是关于澜沧

---

① 俫伍拉且：《大自然与我们》题记，四川民族出版社 2004 年版。
② 于坚：《众神之河》，太白文艺出版社 2009 年版，第 60、53、134 页。

江——湄公河流域原始自然崇拜现象的田野调查与诗性呈现——作品命名为《众神之河》的用意即在于此。

土地是大自然生态体系中非常重要的部分，特别是在农业文明社会里。"所有的农业文明都赋予土地一种崇高的价值，从不把土地视为一种类似其他物品的财产"，"赋予土地一种情感的和神秘的价值是全世界的农民所持有的态度。"[①] 这是世界范围内人类在漫长的农耕文明阶段里形成的独特的土地价值观，以及附着于其上的特殊土地伦理情感。在西南山地，人们对土地的情感视情况而有所不同。对于历史上以刀耕火种的轮耕形式为主的高山居民来说，他们并不为土地所羁绊，高地旱作的特性使他们必须采取多种生产方式才能保证基本的生存，人与土地的关系是暂时、灵活的，在人对整个自然环境的依赖中，土地仅仅是其中一部分。这种关系，在彭荆风的《鹿衔草》、张昆华的《不愿文面的女人》等小说中都有很真实的反映。而对于生活在相对平缓的丘陵、坝区地带的人而言，他们则会对土地产生深厚的情感，由于整个山地大环境下可耕种面积有限，土地更显珍贵，人对土地的情感较之平原农耕地带往往有过之而无不及。在雷平阳的叙事抒情长诗《祭父帖》中，他用生活化的叙事语言还原了父亲记忆中的一个真实场景，那是 1982 年国家颁布了土地承包下放政策之初，重新获得土地权的人们兴奋不已：

>……他[②]和他的几个老哥们

>提着几瓶酒，来到田野的心脏边，盘腿坐下，开怀畅饮

---

① ［法］H.孟德拉斯：《农民的终结》，李培林译，社会科学文献出版社 2010 年版，第 51 页。

② 指诗人父亲。

不知是谁，最先抓了一把泥土，投进嘴巴，边嚼边说

"多香啊多香！"其他人，纷纷仿效。用泥土下酒，他们

老脸猩红，双目放光，仿佛世界尽收囊中

醉了，一个个打开身体，平躺在地，风吹来灰尘和草屑

不躲，不让，不翻身。不知是谁，扯着嗓子

带头唱起了山歌："埋到脖子的土啊，捏成人骨的土……"

泪水纷纷冲出了眼眶。就像比赛，边唱边哭

有人噎住了，有人把头插进了草丛，有人爬起来，扒光衣服

在田野上奔跑，有人发呆，有人又抓一把土，投进口中

他睡着了，怀中抱着一块土垡。醒来的时候，身边的人

全都走了，空旷，沉寂的田野，夜色如墨，一丝白，是霜①

　　这是一个多么令人震撼的场景！一群在土地上劳作了一辈子的山地农民，因为国家政策变化，终于拥有了独属于自己的土地，对于以土地为生的人而言，还有什么比这更令人感到幸福的事！这群山民们兴奋中做出种种怪异、癫狂举动：吃土，以土下酒，唱山歌，边唱边哭，把头插进草丛，扒光衣服在土地上奔跑，怀抱土块睡着了……山地农民所能表达的对养育生命的土地的热爱、感恩、崇敬之情，在这一狂乱而令人泪目的场景中达到了最高潮，历史的某一个节点在这样的细节中被彻底激活，并且充满了冰冷的史书中无法体现的热血与温度。这是生存于土地上的人对土地的最高礼赞！费孝通在《乡土中国》中提到农耕民族有出远门时携带家乡泥土以慰思乡之情的习俗；不少地方也有在异乡生病

---

①　雷平阳：《云南记》，长江文艺出版社 2009 年版，第 269 页。

时用家乡的泥土煎服以治病的风俗，雷平阳所写的农民们喜悦至极以至于"用泥土下酒"的举动，同样也是农业社会里土地崇拜的一种表现——而且是具有强烈震撼力的表现，它让人看到了山地农业社会对土地的强烈渴求和珍惜。

当然，在大多数情况下，山居之民对土地的情感是复杂的，毕竟像坝区那样拥有平整富饶土地的地方少之又少，在大多数山区和半山区，为了生存，人们只能想尽一切办法把有限而贫瘠的土地利用起来，而最终的收获则要仰仗大自然，人对土地充满了一种无可奈何、爱恨交织的情感。

肖江虹的小说《悬棺》表现了这种靠天吃饭的山地农业的艰辛与无奈。小说中所写的燕子峡、曲家寨两个村庄位于深山之中，到处是悬崖峭壁，江流从峡谷间咆哮而过。在这样的生存环境里，极少见到平地，泥土在这里"是稀罕物，放眼出去，只有石头，单独的石头，抱成一堆的石头，细碎的石头，垒成悬崖的石头。墨黑是这里的主色调，要见到绿色，得等到庄稼伸腰，那些大豆玉米在气势汹汹的石堆里格外扎眼，一小块一小块的，最宽的半间屋子大，窄点的八仙桌大小，还有那些从石缝里长出来的，孤孤单单，在风里扭动着孱弱的腰杆，遇上狂风，呼呼几下就倒了苗，挣扎几日后，又慢慢直起了腰"[1]。人们只能在石缝间少得可怜的泥土中播下种子，因为土层太薄太贫瘠，玉米黄豆种子播撒之后，燕子峡的男人们要攀爬上陡峭的悬崖，去燕子聚居的洞穴中掏鸟粪来作为肥料，覆盖在"比脸皮还薄的黄土层"[2]上，以获取少得可怜的收成，常常有人因此失手从悬崖坠下丧命。有了肥料还不行，还得看

---

[1] 肖江虹：《傩面》，安徽文艺出版社 2018 年版，第 187 页。
[2] 肖江虹：《傩面》，安徽文艺出版社 2018 年版，第 203 页。

老天爷是否"给脸"，有一年连续来了好几拨雨水，加上燕粪充裕，庄稼吃饱喝足了，就憋着劲猛长，"收割的时候，我见到了十多年来最粗壮的玉米棒子和最饱满的旱地稻谷"①。为了获得更多的收成，人们冒险将庄稼种在相对平缓的河滩上，指望老天别发洪水，可以有所收获，但是，在主人公的记忆里，"从来没看到燕子峡的人从河滩上收走过一季庄稼，年年栽种，年年发芽，年年抽顶，年年挂包，同样的，年年绝收。可还是年年播种。"不解的主人公问母亲为何要这么年年白出力，她的回答是："燕子峡最肥的土地就在河滩上，一季成了赛过你在其他地头种十季。"②小说所描写的这种山地旱作农业形态在西南有一定的代表性，在有限的土地资源和恶劣的自然条件面前，人的能力显得如此弱小，生存也变得艰难而卑微。

另外，小说中写到的燕子峡与曲家寨正是西南山地社会常见的典型封闭型亲缘社会形态，两个村寨分别居住着来姓与曲姓两支族群，虽然相隔不远，但是两个寨子之间来往不多。居住在一个村落里的都是同族亲属，在管理上各自依照祖上传下来的规矩行事，全体族人必须共同遵守，若有违背，需按照祖训进行惩罚。族中长者天然地具有权威性而受到敬重，全体族人在利益上保持高度一致。小说中"我"的二老祖来高粱年轻时攀岩摔断了腿，"从那时候起，他就被寨人供养了起来。排好顺序的，每户负责他半月的吃喝。到了年终，该添衣添衣，该置被置被"③。族中有一青年偷采了十只属于族人共有的燕窝拿出去卖，被人发

①　肖江虹:《傩面》，安徽文艺出版社 2018 年版，第 212 页。

②　肖江虹:《傩面》，安徽文艺出版社 2018 年版，第 187 页。

③　肖江虹:《傩面》，安徽文艺出版社 2018 年版，第 195 页。

现了。按照祖宗定下的规矩，偷采燕窝者，一个剁手，十个以上沉潭，族老有意要留年轻人一条性命，主张剁手惩罚，族人都同意了，只有年轻人的父母执意将他沉潭，以维护祖宗传下来的规矩；"我"族叔来向南抗拒不住金钱诱惑，私采燕窝去卖，在事情败露之前，燕子峡与曲家寨相互指责是对方的人做的，最后双方约定时间地点进行械斗，"除了女人和未满十四岁的男娃，两个寨子的男人都来了"①。在这种社会中，血浓于水，亲情是维系一切的根本。

费孝通曾指出中国乡土社区的单位是村落，一个或数个家族聚落而居，形成一个个相对孤立、隔膜的社会圈子，内部是建立在"差序格局"基础之上的较为稳定的结构网络。西南的乡土社会与中原乡土社会在形态、格局上大体相似，但又有自身的特点，主要表现为其内部结构的血缘、亲缘性更突出，与外界的隔绝也更为彻底。前者是指一个山居村落中的居民要么是同一祖宗传下来的同姓族人，要么是由某一单一民族所构成；后者是由于西南险阻重重的生存环境所决定的，有时居于面对面两座山上的居民，鸡犬之声相闻，而人之间很可能老死不相往来，因为在山地环境中，"山与山之间是令人头晕目眩的深谷，谷两边的人可相互问话，有时甚至能看清对方叼在嘴上烟斗的模样，却走得腿肚子转筋也到不了对方所在处"②，"住在河两岸的人／也许永远都不会见面"③，这与平原地区四通八达的便利交通网络形成了鲜明反差。正是由于主观、客观两个方面的原因，西南传统乡土社会的封闭、独立、排他性较之内

① 肖江虹：《傩面》，安徽文艺出版社2018年版，第231页。
② 纳张元：《彝山纪事》，中国文联出版社2015年版，第27页。
③ 于坚：《河流》，见《于坚的诗》，人民文学出版社2000年版，第10页。

地农耕社会更为突出，尤其是在少数民族生活的山区，由于语言、宗教、文化上的差异，不同民族聚落之间的隔膜更深。因而从总体上来说，西南山地乡土社会是一种内部具有超稳定的血缘结构、对外则保持高度警惕与戒备的亲缘社会形态，在此基础上所形成的山地伦理与文化心理更趋向封闭保守。时代的发展、全球化的推动，不断突破西南原本牢固的封闭形态，但是这种基于山地乡土社会所形成的文化心理依然隐伏于无意识的层面，折射到文学创作上，形成了西南文学较为明显的作家眼界与题材范围狭窄、文化心理保守内向的宿命缺憾，注定了难以形成开阖纵横的大气象、大气魄。

第三节　永恒的乡愁：漂泊记忆与祖地情结

移民或迁徙是人类历史上普遍存在的现象。所谓移民，指的是"具有一定数量、一定距离，在迁入地居住了一定时间的迁移人口"[1]。成书于战国时期的《周礼》中已经出现了"移民"一词[2]，说明至少在那个时期社会上就已存在明显的移民现象。据研究，中国历史上的移民有五种类型：一是由北而南的生存性移民，二是以行政或军事手段推行的强制性移民，三是从平原到山区，从内地到边疆的开发性移民，四是北方牧业民族或非华夏民族的内迁与西迁，五是东南沿海地区对海外的移

[1]　葛剑雄主编：《中国移民史》第1卷，福建人民出版社1997年版，第10页。
[2]　"移民"一词最早出现在《周礼秋官士师》中："掌士之八成：……八曰为邦诬。若邦凶荒，则以荒辩之法治之。令移民通财，纠守缓刑。"见《周礼注疏》卷三十五，中华书局1980年影印本，第875页。

民。① 西南因其边陲位置和特殊的山地环境而成为历史上移民的重点区域，经过众多族群在历史上不断向西南山地迁徙，以及历朝历代具有国家强制性的军屯、商屯、民屯等移民行为，至少在明代，西南夷多汉少的社会结构已被改变，出现了"土著者少寄籍者多"② 的局面，并且在后来的历史中不断被强化，真正的西南土著居民只占据了很小的比重。所以，将西南称为一个以移民后裔为主的特殊区域并不为过。因为这样的历史和社会背景，西南文学呈现出一种鲜明的移民文学色彩。

一、走不出的祖先记忆

西南的移民主要有两种情况：一种是历史上少数民族的迁徙。民族学、人类学、考古学等研究成果表明，作为人类发源地之一的西南地区，自古生活着一些土著民族，而更多的民族是在秦汉时期开始甚至更早以前因为躲避战乱、饥荒或是迫于来自文明中心的压力而逐渐迁徙进入西南的。从语言系属来看，至今西南广泛分布的几大族系多非原住民，其中，"壮侗语族民族源于古代南方的百越族群"，"藏缅语族民族源于古代西北地区的氐羌族群"，"孟高棉语族民族源于古代百濮族群中的'西部濮人'"③，还有源于北方"九黎""三苗"的苗瑶族群。这些族群从不同方向向西南迁徙，其中一个重要通道是费孝通于 20 世纪 80 年代提出的"藏彝走廊"。专事西南民族学研究的童恩正认为："藏彝走廊"起始于远古旧、新石器时期，黄河上游氐羌系统的民族由于战争、饥荒

---

① 参见葛剑雄主编：《中国移民史》第 1 卷，福建人民出版社 1997 年版，第 54—76 页。

② 《正续云南备征志精选点校》，云南民族出版社 2000 年版，第 242 页。

③ 苍铭：《云南边地移民史》，民族出版社 2004 年版，第 1 页。

等原因向南迁徙，沿着岷江、雅砻江、大渡河、金沙江、澜沧江、怒江等高山间通道进入西南地区。[1]到秦汉时期藏彝走廊上的民族分布格局已基本形成，另外，中国古代长江以南最大的族群"越"，自秦汉时期始，分布重心开始向西南边疆移动，经过一千多年的迁徙和分化，唐宋以后今壮侗语族的壮、傣、布依、侗、水等民族逐渐从越人族群中分离出来。这些迁徙进入西南的族群，经过不断的分化、融合、重组，最终形成了西南三十多个少数民族共存的民族分布格局。以少数民族分布最多的云南为例，"云南边疆地区最早的定居者是佤、德昂、布朗和傣等民族的先民。……来自中国西北地区的氐羌族群，在唐代前后进入云南边地和东南亚北部山地，苗瑶族群则是在明清时期迁入。边地回、汉等移民是清代改土归流之后才有了一定的规模"[2]，"多民族的移入与多样性生态环境相互作用，在云南边疆狭小的半月形地区，汇集了源自百越、百濮、氐羌族系及苗瑶、汉、回六大文化系统是文化景观，文化多样性的特征十分显著。"[3]

另一种是以官方移民为主体的大规模军屯、边屯、商屯、民屯。由官方向西南边疆进行战略性、经济性移民的行为，几乎各个朝代都有，明、清两朝尤为突出。明建立后，持续向西南进行军事、经济性质移民，仅以云南为例，据史家统计，至洪武二十六年（1393年），云南卫所共有士卒约12万人，加上家属，数量则在36万之多。"如果将由卫所带管的州县人口合而计之，则属于军籍系统的人口可达45

---

① 童恩正：《古代的巴蜀》，重庆出版社2004年版，第270页。
② 苍铭：《云南边地移民史》，民族出版社2004年版，第1页。
③ 苍铭：《云南边地移民史》，民族出版社2004年版，第3页。

万以上，比民籍人口多出 20 万。"①这类带有官方性质的移民以汉民族为主，逐步改变西南"夷多汉少"的民族结构。进入 20 世纪 50 年代后，国家政策性的橡胶移民、内地支边、边疆开发，在规模和数量上均超过了历史上的任何时期，最终形成了西南"汉多夷少"的基本社会构架。

以上两种主要的移民形式，再加上流放、逃难等其他小规模的迁徙，最终形成了西南汉民族为主体、少数民族种类繁多的民族格局，因为不同原因、通过各种途径进入西南的诸多群体，不论时间长短，大都为子孙后代留下了迁徙的历史记忆。所谓历史记忆，就是"在一社会的'集体记忆'中，有一部分以该社会所认定的'历史'形态呈现与流传。人们籍此追溯社会群体的共同起源（起源记忆）及其历史流变，以诠释该社会人群各层次的认同与区分——如诠释'我们'是一个怎么样的民族"②。简言之，它的最重要功能就是让子孙后世不忘自己的根源，具有传承家族或民族历史文化、增强血缘凝聚力的作用。迁徙进入云南的汉族群体相对时间不算太长，主要以族谱、家谱等实物形式或是声口代际相传的方式传告后人；少数民族迁徙的年代大多过于久远，关于先祖的迁徙记忆主要通过神话、史诗、故事、歌谣等民间文学形式以及祖先崇拜、宗教信仰、祭祀仪式等方式存留下来。这些祖先迁徙历史记忆很自然地渗透进当代西南文学之中，成为其中一个鲜明特性。

在西南彝族、纳西族、普米族、哈尼族、景颇族、拉祜族等二十多

---

① 葛剑雄主编：《中国移民史》第 5 卷，福建人民出版社 1997 年版，第 308 页。
② 王明珂：《历史事实、历史记忆与历史心性》，《历史研究》2001 年第 5 期。

个少数民族中，都有类似送魂经、指路经等兼具宗教与民间文学特性的作品代代相传，形式、内容上也大致相似：指引过世的族群成员的亡灵循着祖先迁徙路线返回到祖源地。这些民族相信，只有返回到祖先发源地，灵魂才能得到安息。这种特殊的存在形式正是各个少数民族迁徙史的最生动记载，是独属于某一民族全体族员共享的历史记忆。譬如西南地区分布最广的彝族，每一个支系都有《指路经》，尽管其中的魂灵回归路线不尽相同，但最终的目的地却是一致的——兹兹普乌①，即彝族传说中的"六祖分支"之地，反映了彝族不同支系在"六祖分支"后迁移走向及大致路径；普米族的祖先是生活在青海、甘肃、四川一带的羌狄民族，后来逐渐南移到了如今的滇西北一带，他们流传至今的《给羊子歌》《指路经歌》等都清晰地表明向北的回归路径和最终目的地，其中在丧葬仪式上以"羊"作为引导亡灵回归祖地的环节，正是游牧文化记忆存留的生动反映。

迁徙历史记忆，指路经、魂路图之类的民间文本，给予当代作家以创作灵感和素材。范稳的小说《水乳大地》中有对纳西族古老的送魂仪式的描写，并详细描绘了纳西族代代相传的神秘的"神路图"：一场瘟疫席卷了峡谷中一个纳西人居住的村庄，死了好多村民，村中的族长和万祥与东巴祭司和阿贵带着剩下的村民给死者送魂。祭司在村庄的路中央向峡谷的东北方向展开一条长长的画卷——那就是纳西族神秘的"神路图"。"上面画的是信奉东巴教的纳西人供奉的各类神系和需要斩杀的魔鬼，那些神像画在一种树皮纸上，这种纸柔软而有韧性。上面的画是

_____

① 传说中彝族先人的故居地，彝族子孙死后魂灵要在指路经的指引下回归兹兹普乌。

用植物和矿石颜料描摹上去的，旁边配有东巴象形文字。"① 和万祥向从教堂赶来试图向不幸的村民们传递"上帝之爱"的沙利士神父解释，他们亲人的亡灵将去向何方，又将如何去："向东北方向铺开的'神路图'代表着纳西人的祖先从前是从北方迁徙下来的，现在东巴祭司要把死者的亡灵向着那个方向一站一站地送回去"②。仪式上，一个模仿死者的木偶身着东巴的法衣，站在纸冥马上，由东巴祭司扶着从"神路图"上一站一站地走过，每走一站，都有一场和魔鬼的战斗。几个身着纳西武士装的男人站在一边挥舞着长刀，为死者助威。东巴祭司一直把死者的亡灵从鬼地超度到神界，让他们来到"巨那茹罗神山"，那是纳西人祖宗生活过的地方，"也是我们灵魂最终要去的地方，不是你们的天堂"③，和万祥告诉沙利士神父。送魂时，祭司还用似唱非唱的诵经声高声朗诵：

> 将死者之魂送到种一季庄稼永远吃不完的神地，
>
> 送到可坐于白云之上，在日月中穿戴打扮的神地，送到绿树森森、青草茵茵的神地；
>
> 送到以日月为灯，星宿为帽的神地；
>
> 送到湖水永不干枯，树木永不凋零，金灯永不熄灭的神地；
>
> 送到金花银花开遍，吉祥幸福永存的神地；
>
> 送到纳西远祖崇仁利恩居住的神地；

---

① 范稳：《水乳大地》，人民文学出版社 2004 年版，第 144 页。
② 范稳：《水乳大地》，人民文学出版社 2004 年版，第 145 页。
③ 范稳：《水乳大地》，人民文学出版社 2004 年版，第 145 页。

送到人类始祖美利董主居住的神地；

送到九代男祖、七代女祖之地；

送到远祖曾居住过的山洞中；

送到祖先曾经放牧过的高山草场上。①

　　这一充满民间宗教色彩的情节，是作家根据自己对纳西族古老的"送魂"习俗进行调研所收集到的资料而构思的。从对"魂路图"的细致描述、送魂仪式过程的呈现，到对附着于其上的观念的阐释，都符合纳西族的历史真实，小说真实表现了纳西族这样的迁徙民族独特的传统习俗，在某种意义上是以现代方式对古老迁徙记忆的艺术再现，同时还具有文化人类学的价值。

　　在关于移民的各类历史记忆中，一个必不可少的核心意象是"祖地"或是"祖居地"，它是各个民族、各种移民群体回溯移民历史的最终源头，是确认自己根源的重要依据，如彝族的兹兹普乌，纳西族的巨那茹罗，哈尼族的诺马阿美。安东尼·斯密斯在《民族主义：理论，意识形态，历史》中强调，"祖地"是民族主义作为意识形态的核心观念之一，他对这一概念的解释是：这个民族历史上"男男女女伟大的先辈们不可缺少的活动场所和重大事件的核心地。先辈们的重大战斗、签订合约、会盟集会和宗教大会，英雄们的开拓奋进、各路先贤和传奇故事都在这块土地上发生……有哪种民族主义会不对为各路神灵所保佑的、'我们自己的'山川河流、湖泊平原的独特壮美称颂

---

① 范稳：《水乳大地》，人民文学出版社 2004 年版，第 147 页。

备至？"① 不管"祖地"在民族记忆中是一个具体明确所指，还是仅是一个方位性的模糊表述，它在实质上已成为一种最核心的民族文化标志、民族精神象征。"指路经"及类似宗教仪式的最本质功能就是指引后世子孙的灵魂回到祖地与祖先相聚团圆，回到他们共同的真正的"家园"。因而，它必然将一种漂泊、流浪的无家意识牢牢地灌注进每一个族群成员的潜意识中，进而成为一种集体无意识。

这种来自历史的无意识传承，注定了具有移民历史记忆的作家始终不自觉地置身于一种"家园在此，故土在彼"的情感分裂状态，在创作中常常表现为对寄身其中的现实家园的眷恋，以及对存活在民族记忆中的祖地的向往和眺望，因而，"漂泊""乡愁"宿命般的成为他们创作中的情感原色与文化底色，总是带有一种历史的沉重感。

　　我看见他们从远方走来 / 穿过那沉沉的黑夜 / 那一张张黑色的面孔 / 浮现在遥远的草原 / 他们披着月光编织的披毡 / 托着刚刚睡去的黑暗……

　　我看见他们从远方走来 / 那些脚印风化成古老的彝文 / 有一部古老的史诗 / 讲述着关于生和死的事情 / 可那些强悍的男人 / 可那些多情的女人 / 在不屈的头颅和野性的胸脯上 / 照样结满诱人的果实……

　　我看见他们从远方走来 / 头上是一颗古老太阳 / 不知还有没有黄昏星 / 因为有一个老人在黄昏时火葬了 / 这时只有那荒原上 / 还有一群怀孕的女人 / 在为一个人的诞生而歌唱 / 当星星降落到 / 所

---

① ［英］安东尼·斯密斯：《民族主义：理论，意识形态，历史》，叶江译，上海人民出版社 2006 年版，第 35 页。

有微笑的峭壁上／永恒的黄昏星还在那里闪耀／有一天当一只摇篮曲／真的变成了相思鸟／一个古老的民族啊／还会不会就这样／永远充满玫瑰色的幻想／尽管有一只鹰／在雷电过后／只留下滴血的翅膀……①

吉狄马加在《一支迁徙的部落——梦见我的祖先》一诗中，以梦作为媒介，把一直潜隐在族群意识深处的历史记忆以生动的画面呈现出来。关于梦，弗洛伊德从心理学层面揭示其实质，认为"它不是空穴来风、不是毫无意义的、不是荒谬的、也不是一部分意识昏睡，而只有少部分乍睡少醒的产物。它完全是有意义的精神现象。实际上，是一种愿望的达成。它可以算是一种清醒状态精神活动的延续。它是由高度错综复杂的智慧活动所产生的"②，中国民间也有"日有所思夜有所梦"之说。在这首诗中，不管所写之梦是实有或是虚构，"梦"这一意象已经像一把钥匙打开了诗人的历史记忆之门，引领读者走进移民后裔的精神世界，去感受深深刻印在民族集体记忆中的久远历史。诗的每一节均以"我看见他们从远方走来"开头，在历史真实与虚幻梦境间建构起一个独属于诗人及其族群的抒情空间，在似真似幻中倾诉对祖先的追怀。另外，诗歌的每一节之后，都在重复相同的诗句："我看见一个孩子站在山冈上／双手拿着被剪断的脐带／充满了忧伤"。"孩子""被剪断的脐带"这两个特别的意象，自然并非实写，而是远离祖地、无法归去的迁徙民族的形象写照，一种背井离乡、家园难归的历史忧伤也就不可遏制地弥

① 吉狄马加：《身份》，江苏文艺出版社 2013 年版，第 68—70 页。
② ［奥］弗洛伊德：《梦的解析》，丹宁译，国际文化出版公司 1998 年版，第 36 页。

漫在字里行间。

同样是彝人的后裔，马德清关于民族迁移的诗歌中，更多了些对祖先为民族更好的未来而远徙的认同与颂扬。在《属于彝人的道路》一诗中，诗人写道："属于彝人的路／从洪荒的浩劫开始／在洒满血光的原始森林深处徘徊／踩着鹰影指引的方向／在祖先铺垫的梦幻中延伸／／一个喜欢弓箭的汉子／不再迷恋狩猎的王国／跟着太阳寻找光明／跟着火焰寻找温暖／／远征和迁徙并不是为了族人的狂妄／而是发现了丝绸和大米的诱惑／于是，那条属于彝人的山路／拐了一个大弯通往山外的春天……／属于彝人的山路／化为雨后的彩虹／被挂在蓝天白云上／被拴在骏马的飞蹄上／翱翔的雄鹰在歌唱路的艰辛／奔驰的骏马在吟诵路的坎坷／彝人的路喜欢跨越"[①]。诗人在祖先一路迁移南下的民族集体记忆中，更多感受到的是祖先对光明、美好生活的追寻，从而在回忆的基调中洋溢着一种民族豪情。

总之，祖先迁移历史是西南移民后裔们先天继承的一份特殊文化、精神遗产，是他们无法回避的历史记忆。这份记忆在引导后世子孙去了解祖先移民历史的同时，也将离乡、漂泊、异乡人等共生意识在不知不觉中植入他们的认知体系之中，因而，在西南移民文学叙事中，总是弥漫着一种无法排遣的乡愁。

二、对永恒乡愁的抒发

在当代诗坛，吉狄马加不仅写出了独属于自己母族的文化密码，他

---

① 中国作家协会编：《新时期中国少数民族文学作品选集（彝族卷）》下，作家出版社 2014 年版，第 742—743 页。

还擅长敏锐捕捉时代信息及民族生活变迁——尤其是隐秘的民族文化心理层面的异动，并通过诗歌进行预言般的宣告。20 世纪 80 年代初期，吉狄马加在遥远的大西南莽莽群山里，发出了石破天惊的"我是彝人"的呼告，之后，吉狄马加再一次呐喊——"让我们回去吧"，表达了灵魂一直处于漂泊状态的移民后裔们共同的心声：

> 让我们回去吧，
> 回到那梦中的故乡。
> 告诉我是谁在轻声的召唤，
> 那声音飘过千年的时光，
> 我仿佛又闻到了松脂的清香，
> 我分明又看见了祖先的骏马和牧场，
> ……
> 那执着和向往从未改变，
> 我好像又听到了群山的回声，
> 我也许又梦见了迁徙的部落和牛羊，
> 那些接受迁徙的梦想和希望都将变成现实，
> 我们要在那里再一次获取生命的力量！①

"迁徙""祖地"作为一种祖先记忆，一代代深植进吉狄马加这样的移民子嗣的基因中，使他们对遥远的祖地魂牵梦萦，"回去"成为一个无法放下也不可能实现的执念，他们注定终生纠绊其中，文字中总是充

---

① 《让我们回去吧》是由吉狄马加作词、奥杰阿格作曲的一首歌曲。

溢着沉重的乡愁："要是在活着的日子 / 就能请毕摩为自己送魂 / 要是在活着的日子 / 就能沿着祖先的路线回去 / 要是这一切都能做到 / 而不是梦想……"（《听〈送魂经〉》）①

　　吉狄马加的家乡位于川滇接合部的大凉山地区，是全国最大的彝族聚居区，而彝族正是典型的迁徙民族。关于彝族的族源，学界普遍认可的是"氐羌说"，即是远古时代西北"牦牛檄外"南下的古羌人的一支，属于《后汉书·西羌传》中所说的"牦牛羌"部落。彝文典籍中也记载彝族的祖先来自西北，在丧葬仪式上，要由毕摩（祭司）诵念"指路经"，指引死者魂灵回归祖居地，路线也大多指向西北。根据考证，现今居住在凉山的彝族有两种来源，一部分是氐羌南迁过程中定居于此地的，一部分是氐羌南下到达云南，唐代以后逐渐北上到达该地的。在历史长河中，这两支渊源相同的氐羌人逐渐融合演变，并吸收了其他一些部落，发展成为现今的彝人。②20世纪40年代，民族学家马长寿以实地调查为基础，结合彝文《招魂经》《指路经》中的线索，并辅以汉文典籍，认为唐初进入凉山的是原本居住在今云南昭通"滋滋埠"③一带的古侯、曲涅两支彝族先民，同时还考证了迁徙路线、停留时间，这一研究成果成为后来业界的普遍共识。

　　正因如此，祖先千里跋涉、艰辛迁徙的历史，在凉山代代传叙，成为彝人共享的历史记忆和民族集体无意识。迁徙，也便成为凉山文学中一个写之不竭的母题和源泉。"洪水朝天 / 北方 尼洛山 / 一片白色 是积

---

① 吉狄马加：《身份》，江苏文艺出版社2013年版，第29页。
② 参见李绍明：《关于凉山彝族来源问题》，《思想战线》1978年第5期。
③ 即兹兹普乌。

雪／先祖阿卜笃慕 率族人／几路分进／向寒冷／向苍茫／向贫瘠的安全地带／跋涉 迁徙"①，巴莫曲布嫫在组诗《图案的原始》中，以写实手法重现祖先的迁徙场景，描写彝人祖先为了水源和土地，离开祖地，分为六支朝向不同方向迁徙。整首诗依托彝族古老的神话、史诗，以诗剧体形式，艺术再现彝族历史文化中创世、迁徙等重要事件，诗歌篇幅虽不算长，但想象奇幻，场面宏阔，具有史诗的气象。对于彝人子孙而言，祖先的迁徙历史经过一代代传承渲染，依然鲜活如昨日，一个个故事，一件件遗迹，都在反复强化代代传续的民族记忆："西昌与昭觉交界／立着我族的祭祀碑／吉木家族祭祀碑／属于我属于天下吉木／我看到远古的前辈／在风雨中迁徙／我看到久远的先祖／在战火中奔走／七擒孟获的典故／演绎刀与抢的传说／狼烟四起的大凉山／我的先辈们流离失所／一路向西／终于驻足在滇西的金沙江边／迁徙路上／洒满艰辛和血泪……"②与严谨、整饬的史书语言不同，这种建立在血亲关系之上的回溯交织着遥远的祖先记忆与诗人现实的个体情感，充满了鲜活生动的细节与生命质感，使久远的历史呈现出真切动人的面目。

与少数民族作家承载着族群集体记忆的漂泊书写不同，作为移民后裔的汉民族作家更倾向于一种"我也是一个来历不明的人，不知道自己下落的人"③的个体生命体验表达。他们的祖先在历史上因戍边、垦荒、流放、充军、逃难等不同原因来到西南边地，经过一代代的融入和

---

① 巴莫曲布嫫：《图案的原始》，见《凉山 60 年诗歌选》，四川民族出版社 2014 年版，第 41 页。

② 李阿之：《吉木家族祭祀碑》，马绍玺主编：《小凉山诗人诗选》，长江文艺出版社 2014 年版，第 171 页。

③ 雷平阳：《山水课》，作家出版社 2015 年版，第 209 页。

适应，到他们这一代，不论是生活方式还是情感认知其实都已彻底本土化，但家谱、上一辈的记忆又在向他们传递着关于祖籍、迁移的信息，向他们灌输"异乡人"的心理意识，从而使他们在文学书写这样的私人空间里常常自觉不自觉地透露出或淡或重的"乡愁"，以及一种更多是基于想象的浮萍般的漂泊感。

王单单的代表诗作《滇黔边村》开篇即道："滇黔交界处，村落紧挨／泡桐掩映中，桃花三两树／据载古有县官，至此议地／后人遂以此为名，曰：官抵坎／祖父恐被壮丁，出川走黔／终日惶惶，东躲西藏／携妻带子，落户云南／露宿大路丫口，寄居庙坪老街／尘埃落定于斯，传宗接代／香火有五，我父排三……"①与群体性有组织的族群及官方移民不同，在历史中，还有更多不可能出现在史书中的民间零散的移民，以家族、家庭甚至是个体为主，为了生存或是发展向西南迁徙。这些小规模的私人化的移民对于历史来说无足轻重，可对于移民的人及其后世而言却是关乎生存的重大事件。王单单这首诗即是从个体视角，讲述祖辈为逃避官府抓壮丁，从四川经贵州进入云南，从此在异乡开枝散叶定居下来。诗人借助文学的形式，将被宏大历史忽略的家族移民历程进行了重现，"终日惶惶""东躲西藏""露宿"之类细腻的感受描写，显示了民间移民历史传承的情感色彩与鲜活生动。这类源自民间生生不息的历史记忆，不断进入文学书写视野，充实、丰富着西南文学的移民叙事，尤其是那些细节性的陈述，具有史书中无法呈现的细节感、画面感，从而使移民历史以一种更具现场感的方式得到了展示。

---

① 王单单：《山冈诗稿》，中国青年出版社 2015 年版，第 26 页。

榕树从胸口抽出根须，从掌心

放下儿子，让它们在身边成家

成村，感谢神

每一场家宴都预留了一个神的席位

每一个孩子都有故乡可回

芦花随瑞丽江去了下游

和祖先的魂灵相认，用中、缅、泰三种母语

诵贝叶经

我们多像蒲公英，背着降落伞出生

一起风，就心惊

太原、南京、宁波，在残破的族谱上

明明灭灭，山山水水

翻一页，充军，残一页 /

逃难，到我们这一代

乡音一改再改，后土的神灵 /

已经越来越陌生。如今我在昆明

一座灰茫茫的原始森林

娶妻、生子，这么多年了

也始终找不到那种落地生根的安心 ①

---

① 祝立根：《草木间》，见雷平阳主编：《边疆》第二卷，长江文艺出版社 2017 年
版，第 21—22 页。

　　诗人祝立根这首名为《草木间》的诗作，也许最能代表弥散在移民后裔们心头那种无从着落也无法消散的乡愁体验。标题中的"草木"本身已隐喻了一种不稳定的命运状态，明明生于斯长于斯，然而"残破的族谱"却一再提醒着他们移民后代的身份和事实，注定了要在生长的地方以永远的"异乡人"身份生活，"和祖先的魂灵相认"是他们命中注定一生背负的重担，从祖辈父辈那里继承而来，又继续传续给下一代，永远无法完成，却又永远充满希望地寄托。诗人以"背着降落伞出生"的蒲公英来形容与自己一样的移民后代们，精辟而形象，"一起风，就心惊"，更将一种与生俱来的漂泊流浪感表现得真切传神，同时也传递出一种彷徨无依的异乡人感伤。"乡音一改再改"，"始终找不到那种落地生根的安心"，显示了历史的漫长，也表现出这种祖先迁徙历史记忆的强大影响力。整首诗直接将历史沧桑感、家族苦难史及个体的"无根"感尽数融入其中，使诗歌具有了一种历史的沉重感。

　　因祖居地而生的乡愁与追怀不仅弥散在这些移民后裔的情感之中，也演化成一种跨越生死界限的向往，在现世中无法达成的返乡欲望，只有寄托于死亡之后的灵魂回归。他们想象人死后有三个灵魂，"第一个将被埋葬，厚厚的红土层中／紧贴着大地之心，静静地安息／第二个将继续留在家中／和儿孙们生活在一起／端坐于供桌上面的神龛，接受他们／祭奠和敬畏；第三个，将怀着／不死的乡愁，在祭司的指引下／带上鸡羊、银饰、美酒和大米／独自返回祖先居住的／遥远的北方故里"[①]；归去的愿望是如此强烈，他们甚至迫不及待地向往着当死亡降临那一刻真正魂归故土："我想飞速穿过生的历程，直抵暮年／……／变成了土的

----

① 雷平阳：《山水课》，作家出版社 2015 年版，第 28 页。

亲戚 / 他们在那儿等我 /……/ 充军到云南，几百年了 / 也该回去了，每个人怀中的 / 魂路图，最后一站：山西洪洞"①。

与移民诗歌倾向于个体情感的抒发相比，移民题材的小说则充分发挥文体优势，具体演绎一个个迁徙故事，力图走进历史现场里去。冉正万于 2012 年发表于《人民文学》上的长篇小说《银鱼来》，是一个依托移民历史而讲述的故事，移民这一背景直接决定了人物的性格与命运。故事的发生地是一个叫四牙坝的村庄，生活着范、孙两个家族，不过两个家族一直以兄弟相称，因为他们都是同一个老祖婆的后嗣，所有的村民都熟悉那个古老的故事：明朝年间，为躲避追杀，一对仆人夫妻带着范姓少主逃到杳无人迹的西南深山中，为了让主人血脉能够延续，姓孙的男仆人决定让自己的妻子为少主生育后嗣，感激不已的少主执意与仆人兄弟相称，并规定以后两家后人就是亲兄弟，女仆人诞下范、孙两支血脉，四牙坝由此开始繁衍发展。虽然共有一个祖婆，但范、孙两姓在历史上的主仆关系，决定了这两个家族在四牙坝权力场上的不平等地位，主要人物孙国帮与范若昌明以兄弟相称、暗地里较劲的种种情仇纠葛由此而生。小说从一个侧面呈现了西南常见的移民社会的构成形态。

同样出生于黔地大山中的作家肖江虹也明显偏爱这类移民题材，他的小说常以迁徙、逃难作为故事背景。《蛊镇》中描写的蛊镇是一个典型的位于深山中的小镇，"四面环山，进进出出就靠一个豁口。豁口有个名字，叫做一线天"，好多人一开始无法理解祖宗为何选这样一处穷山恶水繁衍生息，后来听村中长辈讲述，才知道祖先们打过一场败仗，

①　雷平阳：《山水课》，作家出版社 2015 年版，第 34 页。

为了躲避追杀，才选了这样一个易守难攻的地方。^① 村中教书先生老七写的《蛊镇志》记述了七百年前祖先来到此地落脚的情况及以后的发展情况，因而村人都属同姓同宗的血缘亲属。《悬棺》中的燕子峡，也是一个家族构成移民村落，"从小，老人们就告诉还未长成的娃娃，这里其实不是我们的家，我们的老家在有海的地方，那里水草丰茂，鱼肥米香。因为一场战争，才不得不背井离乡，沿着大河一直往上游走。走呀走呀，实在走不动了，就选了这样一个地方扎下来。"^② 每次讲述完毕，老人们就会说：总有一天，我们是要回去的。当族中有人故去，族人就会将他放进悬崖上的棺材里，为死者唱送魂歌：

> 走了
>
> 走远了
>
> 越走越远了
>
> 向着太阳的方向
>
> 双脚踩着山
>
> 踩着水
>
> 踩着白的云
>
> 踩着来时的路
>
> 快跑
>
> 跑过猛虎
>
> 跑过雄鹰

---

① 肖江虹：《傩面》，安徽文艺出版社 2018 年版，第 16 页。
② 肖江虹：《傩面》，安徽文艺出版社 2018 年版，第 197 页。

快追

追逐狂风

追逐落日

最后在东边，更东边，在黄河的尽头，在有海的地方

重新生根，发芽，繁茂

不要哭哟，哭个屁啊

那里是老家，负责埋葬祖宗，负责安顿魂灵

走得专心点

不要往两边看

走得高兴点

不要淌狗尿

有一天，我们也会回来

跟着你的脚印

顺水而下①

　　送魂歌是西南移民文化中的一个重要形式，前面已提及各个迁徙民族、族群都有自己的送魂歌，这种专为逝者诵唱的歌谣具有多重功能：丧葬仪式的一部分；超度亡灵，帮助其返回祖地；向生者灌输、强化移民意识；传承祖先移民历史。总之，它以空间逆转的顺序讲述族群的迁徙历程。燕子峡一直传唱的这首送魂歌，实际上是在告知后人，他们的先祖来自"东方"，在黄河的尽头，有海的地方，这几个关键词大致圈定了祖地的范围，"有一天，我们也会回来"，那里是族群所有成员死后

_____

① 肖江虹：《傩面》，安徽文艺出版社 2018 年版，第 268—269 页。

魂魄终将归去的地方。祖地、送魂歌、丧葬仪式等关键意象为小说营造了浓浓的移民文化氛围，使小说具有一种特殊的文化气象。

需要指出的是，西南移民文学中挥散不去的乡愁，与一般文学中的乡愁有所不同。二者都是源于对某一固定的被称为"故乡"的存在物的远距离思念，不过后者是建立在写作者曾有过的在故乡的生活经历之上，而前者则纯粹属于在想象、意念中被建构起来的情感，也就是说，抒发乡愁的人在事实上从未有过在他（她）所思念之地的实际生活经历，更未曾到过该地，但是，他（她）却对这个地方生发出特殊的情感，同样会形成浓浓的乡愁。这种表面上看起来似乎不知何所而起的情感，实际上是有其独特而必然的形成机制的。首先，隐秘而强大的集体无意识的作用。荣格认为人的无意识有个体的和非个体（或超个体）两个层面，前者主要由冲动、愿望、模糊的知觉及经验构成，只能达到婴儿最早记忆的阶段；后者则包括生命体开始以前的全部时间，主要是祖先生命意识的残留，是先天性的，所有人类的无意识中均有这部分集体无意识内容。移民后代的意识深处潜埋着祖先离别故土、辗转迁徙的记忆，也继承了他们对家乡的刻骨思念。其次，原生文化环境对祖先移民历史的反复讲述、强化。迁徙民族千百年声口相传的迁徙史诗、神话、传说、歌谣，以及祭祀、丧葬等仪式，还有汉族移民家族中常见的族谱、家谱和历史讲述、祖先祭祀等形式，不仅形象地将祖先移民的历史传告后人，也营造出一种浓郁的思乡、盼归情感氛围。生长于这样的文化环境中，人的情感会在不知不觉中被乡愁所浸染。总之，西南移民文学中的乡愁抒发，并非源于写作者亲身经历、感受，而是在潜意识作用下，以血缘亲情为纽带，跨越晦暗不明的时空去感知祖先的迁徙历史，找寻与祖先情感对接的契合点，在情感体验上更内在、隐性，也更模糊含蓄，是被动的、想象的，因而西南文学中所表现出的回不去也解不开的乡愁尤显抽象朦胧，具有一种历史的沧桑质感。

第四节　民间立场：底层叙事与苦难意识

在政治语境中，"民间"是与"官方"相对应的一种存在形态，它受到的规约较少，能够在很大程度上保持生活的原生态状貌。陈思和在20世纪90年代就较为系统地提出"民间"概念并对之进行阐释和研究。他指出民间及生成于民间土壤中的文化形态具有如下特点：

一、它是在国家权力机关之外相对薄弱的领域产生，保持了相对自由活泼的形式，能够比较真实地表达出民间社会的面貌和下层人民的情绪世界；虽然在权力面前总是以弱势的形态出现，并且在一定限度内被迫接纳权力，并与之相互渗透，但它毕竟属于"被统治阶级"的范畴，并且有着自己独立的历史与传统。二、自由自在是其最基本的审美风格。民间的传统意味着原始生命力紧紧拥抱生活本身的过程，由此迸发出对生活的爱与憎，对生命欲望的追求，这是任何道德说教都无法规范，任何政治条律都无法约束，甚至连文明、进步、美这样一些抽象概念也无法涵盖的自由自在。三、它既然拥有民间宗教、哲学、文学艺术的传统背景，用政治术语说，民主性的精华和封建糟粕夹杂在一起，构成了藏污纳垢的形态。[①]

---

① 陈思和：《民间的沉浮》，《上海文学》1994年第1期。

　　不论是从历史还是现实维度来看，西南都堪称典型的民间社会，或者说其本质是民间化的。它长期被主流视为"蛮夷之地""化外之境"的历史身份，注定了与主流中心之间难以完全化解的隔膜和疏离；高原山地复合型农耕形态，决定了其乡土性、山野性本色；而少数族裔密集的分布状态，又使西南一直保有"异质"文化的色彩。以斯科特对东南亚山地社会的分析来看，"赞米亚"社会所表现的很多特性，在中国西南同样存在，这是由于两个区域在地域、文化上的亲缘性所决定的。中国西南山地与东南亚山地同属一个地理单元，在历史、文化渊源、民族传统等方面有千丝万缕的关系，至今仍有不少跨境而居的民族。像"赞米亚"山地社会突出的抗拒主流、追求自在的边缘文化心理，在古代西南同样长期存在，自1949年以后，受国家边疆、民族政策的感化，这种心理才逐渐消退，但历史记忆的无意识残留或多或少还会有所体现。以上历史、现实因素，决定了西南突出的"民间"特质。

　　这种典型的民间社会形态使西南文学获取的历史血脉与现实资源均与主流文学存在差异。从历史传统来看，与汉文学高大上的"经国之大业，不朽之盛事"的主流诉求传统不同，西南文学的底色和根基是神话、史诗、歌谣等丰富多样的民间文学形式，甚少受到国家意识形态的渗透，表现出民间文化的"山野"气和自在性；从现实土壤来说，既自由自在又藏污纳垢的民间生活成为文学创作的最主要、最丰富的源泉。

一、底层经验与叙事自觉

　　"底层"一词源自葛兰西的《狱中杂记》，有"下层阶级""下层集团"之意①。在 20 世纪八九十年代中国兴起的"底层文学"热中,"底层"成为一个颇受热议的概念。一般认为,"底层"是指"在精神与物质生活方面均处于社会较低层次的人物群体"②,国内社会学者具体界定了"底层"的范围所指:"生活处于贫困状态并缺乏就业保障的工人、农民和无业、失业、半失业者。"据此,中国"底层"应该包括以下几类人员——农民工、打工者、农民、城市低保户、下岗工人或者说失业人员等,这个群体也被称为弱势群体③。当代底层文学主要以农民工、打工者、下岗工人等都市中的弱势群体为主要表现对象,而对西南这样的边地来说,"底层"的范围有所扩展,它不仅包括上述群体,而且更指向在艰苦的山地环境中讨生活的山地居民、文化上处于弱势的少数族群,从而形成了极富地域特色的底层社会特性。

西南的生活现场决定了文学底层叙事的本色,一个显著特征是乡土类、少数民族类题材作品在数量上远远超过城市题材作品。本土评论家宋家宏曾批评云南边地文学存在的明显"偏斜":"多年来我们把云南文学仅仅定位于'边地与民族',在中国文学的大合唱中满足于中原文化派定给我们的边缘状态,云南作家似乎也只有拿出这类作品才能得到别人的首肯。写城市,写自己生活其间的城市,据说不是云南作家的长项,当然也就不是云南作家自己的事了。因此,有的作家宁可去写自己

---

① 参见 [意] 葛兰西:《狱中杂记》,陈学明主编:《二十世纪哲学经典文本(西方马克思主义卷)》,复旦大学出版社 1999 年版。

② 张卫中:《后悲剧时代的悲剧——新世纪底层小说中的悲剧性阐释》,见王肇基、肖向东主编:《底层文学论集》,人民日报出版社 2008 年版,第 25 页。

③ 陆学艺主编:《当代中国社会阶层研究报告》,社会科学文献出版社 2002 年版,第 9 页。

并不熟悉的边地民族生活，走搜寻奇风异俗之道，甚至编造'伪民俗'，也疏于有创作目的地用心灵去体验自己生活的城市，久而久之，对城市麻木了"，"在我的印象中，云南没有召开过一次关于云南城市文学的讨论会，所有讨论都属于边地、民族、红土等等。也没有对一些零星出现的城市文学做过研究分析，一些只能写城市文学的作家即使出现了，也自然地游离于文学圈外。"[①] 这种批评是立足于主流文学的大趋势而发出的，充满了对云南文学能突破禁锢、在城市文学领域也获得发展的期盼，用意固然是良好的，但这样的"偏斜"创作局面的出现，并非作家主体意愿选择的结果，而是由云南民间乡土社会特质、少数民族众多的客观大环境所决定的。

不仅云南如此，这一现象在整个西南山地区域都十分突出，文学创作表现出重自然、重乡土、重民族的鲜明倾向，底层叙事十分发达，与之相对应的现代性的、城市性的、商业性的创作题材则相对冷清寂寥，在西南文学中反倒属于"边缘"。这种不平衡状态是由西南地区突出的民间特性所决定的，与西南社会都市化程度低、乡村占比大的现实状况相符，大部分作家都有过乡村生活经历，或者说一直生活在农村。雷平阳曾说："我有过十八年的乡村生活经历，之后虽然没在乡下生活了，可几乎所有的亲人仍然生活在村庄里，'乡村经验'入诗，可以说是血液流传，阅历使然。"[②] 王华也自述道："我出生在一个小镇上，我父母都是农民，我自己也是一个农民。从小在那块土地上生长，这样的印象

---

① 宋家宏：《阐释与建构——云南当代文学专论》，云南人民出版社 2011 年版，第 45 页。

② 杨昭编：《温暖的钟声：雷平阳对话录》，中国青年出版社 2017 年版，第 7 页。

是刻骨铭心的，然后教书的时候也在一个镇上，接触的都是农民。后来去县城做记者，还是向下跑，还是接触农民。所以，现在叫我写都市，我反而写不来，因为我不了解都市人。而对于农民我是有感情的，写作后的思考也会更偏向于农民、农村的问题，这是一种无意识的倾向。"[1]这种与现代潮流几乎是背道而驰的写作取向，显示了西南客观的地理、人文环境对作家创作心理、审美品格的巨大形塑力，也使西南地域文学不论是外在还是内里都充满了"不合时宜"的"土"滋味和民族色彩，成为一大地域特色。

　　受西南民间化、乡土化、底层化的大环境影响，新文学史上出现第一代西南作家，在创作上就较为整齐地表现出对乡土叙事、底层叙事的偏向。蹇先艾主要关注贵州下层劳动人民的生存状况，山民、轿夫、小偷、失去儿子的母亲等是他小说中令人难忘的边民形象；马子华以遥远边地充满神秘色彩的彝族民众为主要叙写对象，反映佃农、奴隶、矿工、背夫等等被命运抛到最底层的群体，在封建领主制下过着牛马不如的生活；寿生深受胡适好评的"濡城"系列"方言小说"[2]，以作者家乡贵州务川县城所在地——都濡镇为原型，务川是全国仅有的两个仡佬族苗族自治县之一，地域民族特色十分浓郁，寿生在小说中集中描写了"濡城"中的乡民、土匪、兵丁、鸦片鬼等各色人等，再现了 20 世纪二三十年代，"在礼教、土匪、驻军的压迫之下"[3]，黔北山民的生存状态。

---

①　《仡佬族女作家王华：与人心走得更近》，《贵州日报》2015 年 2 月 6 日。
②　胡适：《管束》编辑后记，《独立评论》第一六七号。
③　胡适：《活信》编辑后记，《独立评论》第一四七号。

艾芜取材于西南民间生活的《南行记》堪称是底层叙事的范本。他以穷困潦倒的流浪者身份行走在西南大地上，所接触的都是 20 世纪 20 年代西南社会中形形色色的底层民众：被兵匪苛税压得喘不过气来的山野农民，为生活重压所逼而落草的土匪，都市中的乞丐、流浪汉、黄包车夫、脚夫、小贩、小伙计、幺厮①，山间道上的马帮、盗贼、行路者，隐居在滇西深山丛林中服饰、饮食、文化诸多殊异的少数民族……作者一方面对原始野性的西南大地充满好奇，另一方面对平凡的底层民众满怀悲悯之心，并对他们在严酷环境下所表现出的生命活力发出由衷的赞叹。在昆明投宿鸡毛店②时，对于同宿一晚、第二天因无钱支付费用而被店家赶出去的身患疥疮的汉子，"我"只能"默默地依窗站着，望着无边黑暗闪着小星点的秋空，追想那给店主人赶在街头的旧同伴，这一夜不知蹲在哪儿，含着眼泪，痛苦地搔着他身上发痒的疮疤呢！他的身世，我可不知道，只在夜里听见他一面瘙痒一面这样激愤地说过：'家乡活不下了，才到省城来的，哪知道省城还是活不下去了呢！'"③新的同宿者所发出的汗脚臭气令人作呕，而"我""在这一夜并不感到讨厌和憎恶，我只深切地体味到这脚臭的主人，有着辛苦的奔波，惨痛的劳碌和伤心的失望哩"。即使第二天醒来发现这人偷走了自己唯一的一双鞋，"我并没有起着怎样的痛恨和诅咒。因为连一双快要破烂的鞋子也要偷去，则那人的可怜处境，是不能不勾起我的加倍的同情的"④。而通过老头子、鬼东哥、野猫子等形象，艾芜极力去展现下层民众强悍的生

---

① 幺厮：对茶房伙计的称呼。

② 鸡毛店：一种很小的客店。

③ 艾芜：《南行记》，华夏出版社 2009 年版，第 13 页。

④ 艾芜：《南行记》，华夏出版社 2009 年版，第 14 页。

命活力和热情，为读者呈现为主流文化所鄙薄的边地下层生活景象。杨义指出："艾芜则以自有生命的意识平视南国和异域野性未驯的奇特男女，使之在蔑视现实的圣教伦理和官家法律中显示出一种大写的'人'的尊严。"[①]"以这样一个受社会簸弄，又不向社会屈服的顽强生命力去观照滇、缅边地和异邦的外化人生，必然发现一个奇特的、令人惊羡又令人悲愤的世界。"[②]

当代西南作家下意识地保持着这种民间底层创作姿态，不过，与主流文学中叙写底层时惯常的精英视角不同，西南作家大多是以一种民间视角平等地观照芸芸众生，感同身受地摹写他们的喜怒哀乐，将文学与生活间的距离缩至最小。雷平阳就是一个典型，对于创作目的，他宣称要"尽最大的力去发现生活之'小'"。所谓"小"，包含着排拒主流宏大叙事、专注于小人物和小事件的底层叙事追求。在他的诗歌、散文中出现的，都是边地普通寻常的芸芸众生，故乡辛劳朴实的父老乡亲、躲在玻璃后面数钱的打工妇女、杀狗的汉子、制作脸谱的大爷、基诺山上的猎人、爱伲山寨的巫师、深夜跑车的出租车司机、建筑工地上的工人、穿行于大山之中的乡下放映员……这些寻常卑微的生命，一直是他不离不弃的书写对象，他不仅从他们平凡的生活中去发现生活的诗意，文字中更充满着对这些卑微如草芥的生命状态的理解与敬重，甚至是真诚的歌咏。譬如《战栗》一诗："那个躲在玻璃后面数钱的人 / 她是我乡下的穷亲戚。她在工地 / 苦干了一年，月经提前中断 / 返乡的日子一

---

① 杨义：《杨义文存：中国现代小说史》第二卷，人民出版社 1998 年版，第488—489 页。

② 杨义：《杨义文存：中国现代小说史》第二卷，人民出版社 1998 年版，第488 页。

推再推／为了领取不多的薪水，她哭过多少次／哭着哭着，下垂的乳房／就变成了秋风中的玉米棒子／哭着哭着，就把城市泡在了泪水里／哭着哭着，就想死在包工头的怀中／哭着哭着啊，干起活计来／就更加卖力，忘了自己也有生命／你看，她现在的模样多么幸福／手有些战栗，心有些战栗／还以为这是恩赐，还以为别人／看不见她在数钱，她在战栗／嘘，好心人啊，请别惊动她／让她好好战栗，最好能让／安静的世界，只剩下她，在战栗"①。诗的前半段以写实手法描写一个妇女充满艰辛和泪水的打工生涯，并没跳出打工文学中常见的苦难、悲悯叙事窠臼，而下半段笔锋一转，用"战栗"这一特写镜头来表现她领到自己血汗钱时无比激动的心情，那一刻她甚至把吃的苦、流的泪都忘了，"还以为是恩赐"，把这个从乡村进入城市的打工妇女淳朴、单纯的一面呈现出来。雷平阳放弃任何社会、伦理层面的评判，只是着意于客观写实，为一个底层小人物搭建起独属于她的叙事空间。透过文字，读者能真实地感受到一个打工者生存的艰辛以及劳有所获时那份简单的幸福和满足。

底层视角、底层叙事不仅仅是对民间生活的现实再现，也理应包括对民间文化的观照。在主流视域中，民间文化常常与低级鄙俗、封建迷信等勾连一体，而按陈思和所言，民间社会有着自己独立的历史与传统，要真正了解民间，就必须对其民俗文化有客观、正确的认识。在那些为主流所不屑一顾的民间文化形态中，实际上潜藏着民间的生存智慧与审美追求。西南文学的底层叙事不仅指向对边缘弱势群体的关注，也包括对各种散落于民间的传统文化的传承性叙事。在这方面，肖江虹是一个积极的践行者。他的小说始终带有非常强烈的民间底层叙事特色，

---

① 雷平阳：《山水课》，作家出版社 2015 年版，第 18 页。

所写人物都是山地乡野之人，外出务工者、留守老人和儿童、唢呐手、木匠、铁匠、杀猪匠、说书人、道士等是他主要的描写对象，同时又积极从民间汲取文化资源和养分，将一些传承久远而又面临消亡的奇技淫巧与人物命运结合起来，形成了自己独具特色的底层叙事模式。作家出版社总编辑张陵这样评价肖江虹的创作："肖江虹具有鲜明的写作立场和态度，完全站在老百姓的立场上，站在生活中弱者这一头，同情他们，热爱他们，为他们说话，看到他们内心的强大，看到他们精神的价值。""他完全站在弱势者的立场上，触目惊心地描写农民的严峻生存状态，展示普通老百姓的生活命运。"①

在肖江虹的民俗描写中，既有在黔地民间常见的唢呐吹奏、木匠活、丧葬仪式等民间技艺或习俗，同时也写到了不少带着地域神秘色彩的民间传统，譬如养蛊、放蛊、悬棺、傩戏、制作傩面具等等。肖江虹并非仅仅简单将这些民俗传统作为叙事背景或是故事点缀，而是将其与人物的生命、精神世界贯连一体，极力呈现这些传承久远的古老民间技艺习俗中潜藏的文化密码。曾被吴天明导演改编为同名电影的小说《百鸟朝凤》，围绕贵州农村民间唢呐乐班的衰败际遇，全景式地描写了与唢呐这一传统民间乐器相关的各类民俗活动：拜师收徒、含水练习、吹奏训练、出活准备、"传声"②仪式，婚丧仪式上唢呐四台、八台以至"百鸟朝凤"的不同规格及要求，并且深入揭示了其中所蕴含的民俗文化内涵。作者把民俗文化聚焦于唢呐班班主焦三爷这一形象身上来进行表现：严苛的焦三爷收下了天资不高的天鸣为徒，看中的是他的善良和

---

①　张陵：《站到老百姓这一头》，见肖江虹：《百鸟朝凤》序，作家出版社 2012 年版。

②　传声：指唢呐班中上一任班主将位置传给下一任班主。

孝顺；在选择接班人这一意义重大的问题上，焦三爷出乎意料地选择了天鸣而不是唢呐班里吹得最好的蓝玉，他的理由是，"我们吹唢呐的，好算歹算也是一门匠活，既然是匠活，就得有把这个活传下去的责任，所以，我今天找的这个人，不是看他的唢呐吹得多好，而是他有没有把唢呐吹到骨头缝里，一个把唢呐吹进了骨头缝的人，就是拼了老命都会把这活保住往下传的。"他掏心掏肺地告诫天鸣说眼睛不要只盯着白花花的票子，要盯着手里那杆唢呐；唢呐不是吹给别人听的，是吹给自己听的。《百鸟朝凤》"乃大哀之乐，非德高者弗能受也"①，焦三爷严格地遵循唢呐班代代传下来的规矩，拒绝查姓族人加钱为他们族长的葬礼吹奏《百鸟朝凤》的请求，而在去过朝鲜，剿过匪，带领全庄人修路被石头压断过四根肋骨的老支书的葬礼上，又主动提出吹奏这支对唢呐匠来说至高无上的曲子……通过焦三爷这一民间匠人的形象，小说把唢呐以及附着于其上的民间传统文化演绎得丰富生动，呈现出底层文化包蕴的深厚内涵。

在荣获第七届鲁迅文学奖的中篇小说《傩面》中，肖江虹延续了对民间传统文化的深入关注。这一次，他将目光对准了在贵州广大民间有着悠久传统与深远影响的古老文化："傩"，竭力呈现这一有着生生不息生命力的民俗所蕴含的精神密码。与在《百鸟朝凤》中寄托对受现代化冲击而衰退的传统技艺的忧思不同，在《傩面》中，肖江虹试图以传统文化来对抗现代文明中腐化堕落的一面，以此来证明传统文化在现代社会存在的价值和意义，显示了作者逆流而行，寻找拯救、保存那些散落在民间的古老文化的努力。小说运用魔幻现实主义手法，在人与神之

---

① 肖江虹：《百鸟朝凤》，《人民文学》2009 年第 2 期。

间、虚幻与现实之间展开叙事，描写了"傩"在傩村人精神生活中所具有的无法替代的重要作用：神志不清的耄耋老者，一旦戴上傩面便如神附体，立马精神奕奕开腔唱傩戏；德平老祖辞世，葬礼中一个重要仪式是由傩师为其唱"离别傩"，从此灵魂远去，与人间再无半点瓜葛；在外打工的颜素容患了绝症回村，要请傩师为自己唱一出延寿傩，而要唱延寿傩，得先唱解结傩；在外游子返家，人们要跳归乡傩；收获庄稼时要唱谷神傩……总之，"傩"几乎渗透进了傩村人生活的方方面面，小说在一定程度上揭示了西南民间生活中充满宗教色彩的一副面相。

正如《百鸟朝凤》中的焦三爷代表了唢呐所含纳的文化伦理一般，肖江虹在《傩面》中也塑造了一个汇集傩文化精髓的象征性人物秦安顺，他会制作神奇的傩面具，是全村最优秀的傩师，能够与神灵进行沟通，他热心地通过傩戏为乡邻祈福辟邪、排忧解难。从象征层面看，固守传统文化的秦安顺与外出打工坠入风尘而感染绝症的颜素容，分别代表着日趋没落的乡野文明、充满诱惑与危机的现代都市文明，显现出某种在当代显得沉重的"回归"的意味。回家后的颜素容性格乖张，试图用冷酷的方式扼杀来自亲情的温暖，了无牵挂走向死亡，却是在秦安顺淡泊自然的生命态度、宗教式的悲悯，以及人性的温暖的感召下，慢慢战胜自己的心魔，向"从前的颜家姑娘"回归。这样的情节设置无疑显示了作者文化保守的一面，有值得商榷之处，但他试图从民间传统文化中找寻医治现代性创伤的药方，可谓用心良苦，其意义正如有学者所言："肖江虹的叙事不仅确证了传统巫术在精神救赎中的强大功能，同时也提出了一个命题，在物欲横流的社会，现代人对物质的拒绝，是一种死神追缉下的退守，更是一种求生欲望支配下的精神突围。"① 这种精神突围的有力支柱，在肖江虹看来，正是来源于古老的传统文化。

二、苦难意识与悲悯情怀

在当代底层文学中，苦难是其中绕不开的主题。精神与物质上的双重弱势地位，宿命般地注定了底层生存上的艰辛与痛楚，这在尤凤伟、陈应松、孙惠芬等一批底层文学代表作家的创作中有极突出的表现。在西南文学中，苦难叙事更是一种极为寻常普遍的文学现象。高原山地艰苦的生存环境，作为边地弱势群体的生存体验与历史记忆，以及无数移民后嗣意识深处先祖迁徙漂泊的记忆，无不紧紧地与苦难捆绑在一起。

文学中的苦难叙事一般可分为两个层面：一类是对生存苦难的描述，一类是对精神苦难的揭示。这两种模式在西南文学中都十分突出，前一种类型可从"昭通作家群"的创作中得到群体性的呈现，后一种以鬼子的创作最具代表性。

"昭通作家群"是当代西南文学中极具影响力的文学群体。昭通位于川滇黔三省交界处，在古代是西南通往巴蜀、中原的重要门户，山地特性十分突出，全区处于乌蒙山腹地的莽莽群山之中，平均海拔在1685米，高山深谷遍布，可耕种土地少且土壤大多贫瘠，主要以荞麦、土豆等高山粮食作物种植为主，是西南地区有名的贫困山区。可是就在这样贫瘠的土地上，却孕育出了当代一个重要的地方性文学群体，曾获得全国性文学奖项的雷平阳、夏天敏、胡性能、樊忠慰、孙世祥、王单

---

① 王迅：《2016年中篇小说创作概评》，《创作与评论》2017年第2期。

单等作家都是其中的成员。这一群体在写作风格、审美旨趣上各有特色，但"磅礴浩大的乌蒙山脉和滔滔不绝的金沙水拍"是他们"共同面对的文化背景和审美对象"，"'其民好学'的'朱提文化'精髓则是这个群体产生的精神动力"①，同时，恶劣的自然条件和山民同胞艰辛的生存现状，是他们无法回避的生活现场。受这种客观生存环境的制约和影响，"昭通作家群"的文学创作表现出鲜明的地域共性倾向，而苦难意识和悲剧氛围是一大特色。

"昭通作家群"中，若论对生活苦难揭示的深度和广度，夏天敏无疑最具代表性。夏天敏堪称是西南底层文学书写的佼佼者，高原山地上形形色色的普通农民、基层干部、外出务工者是他关注的主要对象，他尤其擅长描写乌蒙山区险峻的生存环境、人的生存现状和精神上的困顿无奈。"这高原上的荒野，啥也不出，只出些漫无际涯的卵石和黄黄的尘土"，"天旱、冷凉、多霜，这高原大山的顶部，种啥无啥，种啥啥不长，荞子耐寒，洋芋耐寒"，但"荞子、洋芋也难得有好的收成。叶片儿刚出齐，一场霜下来，荞子洋芋嫩绿的叶子，就成枯赤的叶片，手一捻，就成粉末顺手指流下来，连洋芋都没吃的了"②；有的地方条件更艰苦，"村子在悬崖上，土地在悬崖上，那些挂在陡峭的山坡悬崖上的土地，像地毯，像撕烂的被套，丝丝缕缕的，容不得牛犁，容不得马耕，只能靠人挥着短短的锄头劳作"③。在这样的环境里，一年到头的辛勤劳作连最起码的温饱都没有保障，冰雹、霜冻等自然灾害能在一夜之间将

---

① 李骞：《"昭通作家群"探析》，《云南民族大学学报（哲学社会科学版）》2011年第5期。

② 夏天敏：《好大一对羊》，云南人民出版社2006年版，第6—7页。

③ 夏天敏：《接吻长安街》，中国长安出版社2012年版，第43页。

人们的劳动成果化为乌有。短篇小说《土里的鱼》中的望云村，"一年有大半年都在下雪、下雾、下凌，松树长到一人高就打住了，像卖炊饼的武大郎永远的矮小着。荞子刚刚出叶，凌一下来，全糊了，天晴用手一捋，黑色的碎叶顺着指间碎碎淌下。全村人一年中的日子到底有多长时间饿肚子，谁也说不清。"①

严苛的生存现状把人盘剥得只剩下最基本的生存欲求，即马斯洛需求层次理论中的最初级的生理需求。望云村的狗剩老汉死了，两个儿媳依礼要在灵前放声大哭以示孝顺，"她们的哭有着太多太多的内容，有哭老汉的，有哭自己的，唯独没有哭生活的，生活太沉重太沉重了，生活已近麻木，哭也没啥意思了。"在葬礼上，村民们因为可以放开肚皮吃一顿饱饭而像过节般兴高采烈，饭还没熟，一个婆娘借口看饭熟没有偷偷捏了一团包谷饭，顾不上烫手就偷塞给自己的儿子小五子，旁边的娃娃看到了，"上来就抢。小五子自是不让，于是一群娃娃将他按在泥地上，他怕被抢到，就狠起劲一口含在嘴里，噎得眼睛直翻，脖子一哽一哽的，另一个娃子急傻眼，伸手去抠，正狼吞虎咽的小五子一嘴咬住他的手指，咬得他妈呃、娘呃乱叫。那儿娃子的妈跑来，伸手就给小五子一巴掌，打得小五子将那坨还没咽下去的饭团吐了出来"，旁边的母亲看到儿子被欺负，立刻扑过去，两个婆娘撕扯在一起，像泥母猪样在稀泥地里翻滚。狗剩老汉的孙子大娃正是长身体的时候，为了填饱肚子，他饥不择食，不仅偷吃棺材前的祭品，还打起了家里下蛋母鸡的主意："饿急了的大娃花了半天的时间吊着那只老母鸡，比现在城里的小伙子吊心爱的姑娘还耐心。出奇的耐心终于

---

① 夏天敏：《好大一对羊》，云南人民出版社 2006 年版，第 85 页。

有了出奇的结果，那只老母鸡才爬在地下就被他抱住，硬是将才屙出半截的鸡蛋从鸡屁股里抠出来吃了。"① 管子曾形象概括经济状况对伦理道德的决定性作用："仓廪实而知礼节，衣食足而知荣辱"，在连最起码的温饱问题都无法得到满足的环境中，人仅仅是为了活着而卑微地活着，生即意味着苦难，尊严、面子、道德等等在活下去的本能欲望面前变得毫无意义。

夏天敏并不仅仅是单纯地呈现乌蒙大地上令人震颤的苦难生存图景，他也直面在苦难挤压下人性的残陋和农村的现实问题。小说《土里的鱼》中的望云村村民，在严苛的自然环境面前表现出逆来顺受的麻木心态，对苦难一味被动忍受，碰到灾害只会把希望寄托在"上面"的救济及社会捐助上。夏天敏在描绘一幅幅苦难图景时，不动声色地批判了狭隘的小农思想导致的"等靠要"心理。在代表作《好大一对羊》里，夏天敏表现了农村扶贫工作中存在的形式主义是如何加剧山区群众的苦难的：地区刘副专员与德山老汉一家结成帮扶对子，刘副专员自己掏钱给德山老汉家买了一对贵重的外国绵羊，这对羊非但没给这个家庭带来好的转机，反而成为他们最大的负担，村里、乡里的干部为了讨好刘副专员，给德山老汉层层加压，让他务必把羊养好。一家人为了伺候好这对娇贵的外国羊，原本一贫如洗的家境雪上加霜，最后导致了小女儿死亡、一家人家破人亡的惨剧。夏天敏将写实、魔幻、黑色幽默诸多手法杂糅运用，将一个心酸、惨痛的悲剧故事讲述得跌宕起伏，给读者以心灵上的强烈冲击，同时对扶贫工作中脱离实际的现象进行了尖锐批判，使作品具有强烈的现实意义。

---

① 夏天敏：《好大一对羊》，云南人民出版社 2006 年版，第 85、81、91、107 页。

　　富有才华却不幸早夭的作家孙世祥，给世人留下了一部厚重的长篇小说《神史》，钱理群称"这样一本与我们这块土地和土地上的'沉默国民'有着血肉联系的书，是有着坚韧的生命力的；这样一本用自己的生命写下和赋予抚育他的大地一样真实、厚重的书，是经得起时间考验的"①。确实，《神史》是一部充满苦难和痛感的作品，它以家族史的形式，全景式地呈现了生活在滇东北大山深处的大山子民们艰辛的生存历程，西南农村令人震惊的贫困落后，完全维系在贫瘠土地上脆弱的生存状态，思想意识上的落后、愚昧和麻木，人性中被贫困所激发出的阴暗和丑陋……在这一幅幅充满血泪的图景背后，隐含着作者对文明和人性的探寻和拷问，沉重、悲怆而有力。

　　苦难不仅仅是可见、可感的实在生活图景，更会在无意识中内化为一种认知心理和美学品格渗透进整个文学创作活动之中。同样出身于昭通山区的雷平阳在创作上体现出鲜明的"昭通经验"，虽然他在文字层面直接摹写到的苦难场景并不多，但是地域环境造就的艰辛生存经验始终左右着他的情感取向，决定着其作品的整体审美风格。雷平阳曾不止一次宣称："我是个悲观主义者，在读《杜工部全集》的时候，我看到的最多的两个关键词就是'白发'和'白骨'。"这种悲观意识主要源自雷平阳自身的底层生活经历，在创作中驱动他自觉地去关注底层小人物的生存，对人世间的苦难充满了感同身受的同情和悲悯，正如论者指出的那样："他的诗歌是痛感永远大于快感的诗歌，是心性永远高于诗性的诗歌"，"仅是从他低温、坚硬、浑厚的语言风格上，我们也不难感觉到以苦寒而闻名遐迩的昭通经验和记忆对他的书写的持续

————————

① 钱理群：《这本书竟是如此沉重》，《读书》2006年第8期。

影响。"① 身世多舛的诗人樊忠慰擅长将苦难生活经验上升为抽象的精神感悟，以短诗《沙海》为代表的诗作常常道出一种极限生存体验："这无法游泳的海 / 只能以骆铃解渴 / 每一粒沙 / 都是渴死的水"②。《诗刊》常务副主编李小雨认为："读樊忠慰的诗，我总感到是对生命本质提升的极至，有一种向上飞的力量。那种与世隔绝的孤独使他忧于幻想，而饥饿和疾苦又给他带来身心的创伤，使他更能清楚地触摸到生命的颤力。"③

"昭通作家群"对苦难的集体性关注和书写仅仅是西南文学的一个缩影。山地环境的险恶、山地群体艰难的生存境况以及隐性的边缘群体充满苦难的历史记忆，混杂成西南作家普遍共有的地域性精神创伤，是他们的世界认知中无法回避的心理阴影。当然，在西南作家的苦难书写中，最具力量的不是那些从物质生活层面表现出的苦难，而是深入到小人物的精神世界，去发掘和呈现他们被主流所遮蔽和轻视的痛楚，在冷酷的现实中传递出人性的光芒。在这方面，鬼子是践行得最彻底的一个。

鬼子的小说具有极其鲜明的个人标签：关注生命苦难并进行抽丝剥茧般的追索和解剖。在当代文坛，鬼子属于为数不多的执着于摹写苦难的作家之一，但与莫言、余华等的苦难叙事稍有不同，鬼子的书写明显带有自己个体的经验体认以及来自边缘地带的文化"偏安"心理，自觉疏离于宏大叙事和国民心理挖掘，倾心于被边缘化的底层民众的苦难生

---

① 杨昭编：《温暖的钟声：雷平阳对话录》，中国青年出版社 2017 年版，第 10、11、16 页。

② 樊忠慰：《绿太阳》，云南人民出版社 2001 年版，第 21 页。

③ 转引自张文凌：《樊忠慰：用生命寂寞保卫文化贞操》，《中国青年报》2004 年 11 月 7 日。

命的摹写呈现，体现出丰沛的边地生活经验和底层苦难叙事姿态。洪治纲曾说："鬼子的写作充满了内在的灼痛感。这种灼痛来自民间，来自生活的本源，更来自鬼子自身对苦难记忆的反复咀嚼和不尽的体恤。它既游离于主流意识和公众价值形态，又游离于宏大叙事所辐射的历史厚度，但它更逼近生命的真实。"①

农民、农民工、小镇游民、拾荒者、打工青年、城镇中的平民等构成鬼子小说的主体，他们大多生活在体制之外，游离于社会边缘地带，沉默而卑微，他们生命中的伤与痛在鬼子冷酷而悲悯的直视下纤毫毕现。农民李四因为在城里工作的三个孩子忘了自己的六十岁生日，伤心、愤怒之下以"假死"来考验并惩罚他们，不想弄巧成拙，不仅害死了老伴，孩子也误认为他是想冒充他们死去父亲的无赖而对他百般羞辱，失去家庭、身份的李四只有走上绝路（《瓦城上空的麦田》）；中年丧妻的乡村教师陈村老实懦弱，深爱自己的儿女却不知道如何表达，在生活重压下"烂渔网似的收缩"②成一团，儿子晓雷对读书不屑一顾，背着父亲偷偷外出打工，在混乱污浊的环境里保持着山里人的淳朴、正直和仗义，并因之死于非命（《被雨淋湿的河》）；小作家苏通怀着出人头地的理想在良知与名利间挣扎，最后纵欲而死（《苏通之死》）；安分懦弱的小镇平民莫高粱被李所长征用去收费，因为自己的一点私心，将卖扫帚的老太婆关起来而导致其死亡，而自己也死于收费中的一场意外纷争（《大年夜》）。

与余华一样，鬼子的苦难叙事表现出对暴力、死亡的热衷和偏爱，

---

① 洪治纲：《宿命的体恤——鬼子小说论》，《南方文坛》1999 年第 4 期。

② 鬼子：《被雨淋湿的河》，江苏凤凰文艺出版社 2017 年版，第 94 页。

"鬼子的小说交织着苦难与暴力的双重叙事"①，"鬼子的意义在于将死亡与欲望作了九十年代当下文化意义上的连接，他是将死亡和意义混合在一起进行操作的作家。"② 究其缘由，这种创作倾向的形成，既是鬼子少数族裔潜意识、偏远贫困的生长环境以及个人经历中刻骨铭心的苦难记忆③ 自然发酵的结果，也是他在个体经验基础上升华出的对生命存在苦难本质的哲学体认。这种创作心理导引，使他的小说弥漫着一种阴暗、濡湿、肮脏、绝望的毁灭感和无意义感，在不动声色的冷峻叙事中引领读者直抵他努力搭建的真相彼岸：生命充满苦难，苦难是无法摆脱的宿命。他笔下那些社会底层小人物不乏生命的热度，也有对美好生活的向往，但却无法走出苦难的怪圈，最终坠入困顿的命运中，悲剧甚而是死亡是他们共同的结局。

当然，鬼子不仅仅关注小人物的悲剧命运，他有意在人物遭遇中植入各种时代的或文化的背景元素，使人物悲剧更具有冲击人心的力量和深远社会意义。《瓦城上空的麦田》以城乡文化冲突这一当代乡土小说中常见的命意为背景展开，以一个因过寿而起的悲剧，事实上宣告了传统农业伦理在现代文明秩序冲击下摇摇欲坠行将崩塌的命运。不管李四怎么费尽心机，他的三个脱离了农村环境进入城市生活的儿女事实上已在精神上与父亲也就是农业文明成功剥离，与父亲置身于不同轨道上的他们无法再达成和谐与一致，这是依然怀着深厚乡土情感的李四们真正的悲剧所在。《被雨淋湿的河》则以家庭伦理关系为基点展开：沉默、

---

① 李建平、黄伟林：《文学桂军论：经济欠发达地区一个重要作家群的崛起及意义》，中国社会科学出版社 2007 年版，第 112 页。

② 王干：《叙述之外的叙述——评鬼子的小说》，《南方文坛》1997 年第 6 期。

③ 参见鬼子：《一个俗人的记忆》，《作家》1996 年第 5 期。

懦弱、墨守成规的父亲陈村，不愿受现实规矩约束、热血仗义的儿子晓雷，他们注定在一种无法交流、隔膜中走向各自的悲剧。而更大的悲剧在于，陈村仅仅因为曾得到过教育局局长的帮助，而将晓雷以生命为代价收集到的局长及其亲属挪用全县教师工资为自己谋利的证据烧毁，使晓雷的死亡失去了价值和意义，而结尾处警察因晓雷多年前犯下的命案而前来抓捕他，这一意外彻底击垮了陈村，也令晓雷这个敢于愤杀克扣民工工资的采石场老板、在金钱面前拒绝下跪和被收买、敢于出头组织教师们去讨要被拖欠工资的"另类"打工青年，他在传统文本里本该得到张扬的人生意义在这里被模糊化、被消解了，更增加了悲剧的分量。

陈晓明称鬼子小说这种剔骨见血的苦难叙述方式为"直接现实主义"①。很明显，鬼子放弃了与生活的调情与苟且，拒绝与生活握手言欢，他企图透过那些焦灼、痛苦的生活现场，去探究生命存在的痛苦本源和苦难本质。"对于鬼子来说，苦难绝不是浮动在生命表层的，它不是欲望与现实之间不可调和的结果，而是尖锐地刻写在灵魂内部的生命感受。真正的苦难是无法言说的，无法倾诉的，它带着生命自身的原创性，有着强烈的宿命特质，唯一的方式只有自我咀嚼自我忍受。"②在某种程度上，他是将尼采、叔本华、萨特等已在哲学层面上阐释透彻的痛苦、苦难本质进行了文学性的转换，以一种椎心泣血的方式将之呈现出来。为了达到这种冲击人心的效果，他在写作中不惮于"剑走偏锋"——暴力、死亡成为他小说中开启苦难之门的两把钥匙，他小说中的很多人物要么是施暴者要么

---

① 陈晓明：《直接现实主义：广西三剑客的崛起》，《南方文坛》1998年第2期。

② 洪治纲：《宿命的体恤——鬼子小说论》，《南方文坛》1999年第4期。

是被虐者，死亡也是随时向他们张开的巨大洞穴。但是，鬼子并非追求一种文字施暴的快感，他溢恶式的暴力和死亡书写背后，投射着对无序现实的不安和反叛，潜隐着对生命的深切关怀和悲悯。正如有论者对《被雨淋湿的河》的评论："破碎、压抑、苦涩和绝望就是这部小说给我们提供的全部现实，它不是作家在叙事上的刻意营构，而是鬼子自身对无序现实的绝望式反映。它体现的是鬼子对普通平民生活际遇的悲悯，是一种无能为力而又无时不在牵挂的生存姿态。"[1] 对暴力、死亡、苦难的冰冷呈现与对底层小人物的生存和精神上的苦难的双重悲悯，使鬼子小说具有了巨大的叙事张力和人性力量。

　　向下的民间底层叙事姿态，充满苦难与悲悯的态度立场，并非西南作家刻意为之，而是由特定的地域心理及生活现场所决定的。远离中心、自居边缘的心理惯性，使得西南作家并不擅长于站在主流位置上进行宏大叙事，也没有自命为时代代言人的野心，他们更倾心于从身边充满烟火气息的边地生活中萃取素材，俯下身去倾听民间悲欣交集的真实声音；而西南边地沉重历史往事中的隐痛与晦暗，现实中与现代化有所脱节的山地民间生活的不易与艰辛，也使作家笔下的文字很自然地向叙写苦难、表达悲悯这一角度倾斜，正如雷平阳谈及"悲悯"时所说："'悲悯'出现在诗中，不是我有意植入，它随命而来，是天生的呼救，是绝命前的最后一次柔软。"[2] 这种普遍存在的自觉或是下意识的民间写作取向和人文关怀，使西南文学具有浓郁的乡土气息，发散着温暖动人的人性光辉。

---

[1]　洪治纲：《宿命的体恤——鬼子小说论》，《南方文坛》1999年第4期。

[2]　杨昭编：《温暖的钟声：雷平阳对话录》，中国青年出版社2017年版，第12页。

结　语

　　从空间视角对文学进行考察，既是当代文学研究的开拓与建构，同时也对传统文学时间性研究构成了某种挑战和解构，尤其是对远离主流圈的边缘空间而言更为明显。在空间视域观照下，许多原本为主流话语所遮蔽、排斥的"异质性"边缘书写得以浮出文学地表，显示出因地域环境、历史源流、文化特色等方面的基因而呈现出的个性化差异，而这正是边缘文学最本真的面目与独特价值所在。

　　随着全球化的快速发展，文化多样化已成为全球共识。然而在文学领域，事实上存在的文学多样化却迟迟未受到足够重视。自近代以来，中国现当代的主流文学实质上一直在自觉不自觉地追随西方，以西方文学评判标准为尺度，而这一"尺度"，按照埃里克·沃尔夫的说法即是"欧洲与没有历史的人民"，即它体现的是强烈的"欧洲中心观"——欧洲之外存在的纷繁多元的文学现象在这一观念里是"存在的缺席"①。同样的，在中国文学内部体系里，中原中心观或是汉文化中心观成为主导一切的观念，边缘区域、少数民族文学均以之为唯一标准尺度。不可否认，这一尺度有利于促进边缘文学向中心学习和靠拢，对写作水准和思

---

① 参见〔美〕埃里克·沃尔夫：《欧洲与没有历史的人民》，赵炳祥等译，上海人民出版社 2006 年版。

想深度的提升具有积极作用，并尽可能保持与主流文学甚至是世界文学的密切联系。然而，在这种较为单一的尺度下，也意味着部分个性化写作的放弃与丧失。孰得孰失，远非简单一两句话所能概括的。对这样的现象，不少学者已有所认识和反思："20世纪以来，中国现当代文学整体形态确立过程中，精英文学与主流文学扮演着主要角色。作为一个幅员辽阔的国家，民族文学的多样性被有效吸纳为构成这个整体形态的有用成分，但其独特价值往往被忽视。……中国文学的原创成分，在世界性尺度的比量下或多或少排斥了广大而多样的地理环境造就的丰富因素，或者说，我们更看重文学的思想层面，而将滋润这些思想的多样化文化土壤逐出了视野。"① 杨义是较早关注这一不合理现象并进行相关研究的当代学者，多年来他一直致力于将区域性、民族性等边缘文学正式纳入中国文学体系之中的理论倡导与研究践行，明确指出中国一百多年的文学史中存在的明显缺陷之一就是"相当程度地忽视了地域的问题、家族的问题"②，并有针对性地提出了"大文学史观"，主张"重绘中国文学地图"，考察多民族文学的"边缘活力"和中国文化生命力的"太极推移"，认为"边缘群体在大一统或各自为国的不同历史条件中的不曾中断的文化向心力和源源不绝的边缘活力，组成了中华民族共同体非常独特、高明、复杂的文化合力机制和动力学系统"③。这些新颖的文学史观，对传统的学术格局、学术思维产生了创造性和颠覆性的影响力，有力地促进当代文学研究的空间转向、边缘转向。

---

① 张永刚：《"西南边疆当代文学"研究的基本价值与理路》，《曲靖师范学院学报》2006年第5期。
② 杨义：《重绘中国文学地图通释》，当代中国出版社2007年版，第5页。
③ 杨义：《重绘中国文学地图通释》自序，当代中国出版社2007年版。

　　西南文学在这种话语释放中获得了新的言说机遇与空间。作为一种特定的地域文学指称，"西南文学"正式出现于 20 世纪中期共和国文学初期，即使是当时军旅文学中不可避免的强烈时代主旋律也掩盖不住其浓郁的边地风情和民族色彩——事实证明那正是西南军旅文学最具魅力之所在。学术界对西南文学开始的零星研究始于 20 世纪 80 年代，不过在很长一段时间内，研究者多是基于"点"与"面"之间关系的考虑，即把西南置于统一的文学视野来考察，并未真正认识并重视西南文学的个体差异，西南文学依然处于研究视域的边缘。造成这种局面的根本原因在于研究界延续的还是传统研究思维和方法，即以时间为节点对文学进行整体考察，以主流视点为识别文学优劣的唯一价值尺度。因而，像西南边地文学这种具有明显异质色彩的文学很难进入正统体系之中。直至 20 世纪 80 年代末 90 年代初，以解构主义、后殖民主义为显著标志的后现代思想在中国广泛传播，激发了边地、边缘自我主体意识的觉醒，而在后现代空间研究思想的烛照之下，地域文学研究渐成潮流。时代为长期被遮蔽的、处于失语状态的边缘文学创造了发声的机遇与条件。20 世纪 80 年代末首先出现的西部文学研究热潮，正式宣告了边缘文学、地域文学研究的崛起，西南文学研究也随之进入一个全新转折时期。

　　与 20 世纪末期红火的西部文学研究相比，对西南文学的关注与研究显得有些冷寂，主要由本土学者、作家发起的"大西南文学"相关研究活动，从效果来看，并未形成有声势的全国影响力，其意义主要还是在西南地区。并且，"大西南"这一命名包含着的区域联合的功利化因素，在范围界定以及一些基本地域问题的认识上等诸多方面尚需进一步探讨，但这毕竟是文学史上第一次如此近距离地从区域空间的视角来扫描、透析西南文学，具有积极的开拓意义，对西南文学研究提出了不少极具建设性的思路和观点。比如朱寿桐主张通过不同区域的比照来凸显西南文学的地域特性："这个广大的地域充满色彩、充满神秘、充满多民族的绚烂文化，它与西北的苍凉、与中原的肃穆、与东南的柔媚、与东北的遒劲、与中南的昌茂形成鲜明的对照，大西南充满着神奇与灵性，从文化生态、地域、气候，甚至经济、民族等诸多因素，我们可以发现，在整个大中华文学的伟大板块中，这是一个非常重要且无法替代的地块。如此巨大的地块容纳如此多姿多彩的民族文学和文化，正是大西南文学丰富壮丽特性的精彩体现。"[①] 白浩等进一步提出大西南文学的美学精神主要有三个方面："一是风格多元的绚丽化，二是多民族融合的多民族化，三是万物有灵式的神秘文化"。[②] 除了汇聚于"大西南文学"旗帜下的研究外，还有不少学者关注倾力于西南文学某一领域的探究，最为集中的就是少数民族文学领域。像李骞一直着力于西南彝族文学研究，尤其是对大凉山彝族诗人群的研究成果丰硕；马绍玺主要关注作为弱势群体的少数民族诗歌创作的"他者"表达与文化焦虑；张永刚致力于西南边疆少数民族文学的后现代研究，探寻全球化语境下西南文学中少数民族主体意识的自觉与书写……

以上研究开启了西南文学研究的全新视域。本书在这些成果基础上尝试进一步掘进，主要有以下几个方面的深入与突破：

首先，明确界定"西南"的范围指向。目前学界对"西南"的认

---

① 朱寿桐：《简论大西南文学及其离散形态研究的学术意义》，《文艺争鸣》2016年第7期。

② 白浩、李婷：《西部文学的主体危机与大西南文学的美学自立》，《西北民族大学学报（哲学社会科学版）》2016年第1期。

识要么模糊概指，要么以国家行政区划为依据，均不能令人信服地体现出"西南"的独立个性。本书综合地理、历史、文化等因素，具体以"高原山地"为外在地貌特征，以"边缘""他者"化的历史记忆为内在线索，以多形态、多民族的"混血"文化为根本，具体识别"西南"的空间范畴。

其次，概括西南文学的本质特性。以文化为根本，提出西南文学在本质上是主流历史所建构的"他者文学"；区别于主流平原文学、西部游牧文学、沿海海洋文学的"山地文学"；以汉文明为主体，同时受到印度古文明、东南亚文明、青藏高原藏地文明的浸染，而内部又始终保持着多元少数民族文化的"混血文学"。

第三，归纳西南文学的主要表征。西南特殊的地理、历史、文化形塑了西南文学的独特形态，在创作倾向上主要表现为鲜明的自然属性、斑驳多元的民族文化特质，在文化心理上主要表现为边缘身份的自我认同、山地文化心理、少数族群的文化自觉与文化离散意识、移民社会宿命般的漂泊感与原乡情结。

恩格斯在《在马克思墓前的讲话》中指出："人们首先必须吃、喝、住、穿，然后才能从事政治、科学、艺术、宗教等等；所以，直接的物质的生活资料的生产，从而一个民族或一个时代的一定的经济发展阶段，便构成基础，人们的国家设施、法的观点、艺术以至宗教观念，就是从这个基础上发展起来的，因而，也必须由这个基础来解释……"[①]西南文学所表现出的鲜明特质，是以该地域特定的山地自然生态为基础而建构的，与在这样生境中形成的观念意识、审美心理及历史文化形态

---

① 《马克思恩格斯选集》第3卷，人民出版社2012年版，第1002页。

等紧密勾连、交融一体。因而要准确解读西南文学的个性化叙事，就必须从这一基础出发。

当然，强调西南文学的地域特色，并不意味着无视、规避其与主流文学及其他地域文学之间的关联。相反，对文学地域性的研究，必须以强调中国文化、文学的一体性为前提，西南文学是中国文学统一体中不可分割的构成单元，它与主流之间始终保持着一致性，特别是在现当代，西南文学积极参与到各个时期的文学书写之中。从蹇先艾、马子华、寿生、李寒谷等西南现代文学先驱对五四精神的自觉传播，一直到当代众多西南作家对时代主旋律的表达，可以清晰地看到西南作家对主流的紧紧追随。有学者曾这样评说广西的文学成就："我们几乎难以置信：短短十余年间，地处边陲的广西竟涌现出那么多重要的作家，不仅阵容整齐，风格独具，而且后劲十足，咄咄逼人。远离中心的广西，它的文学竟然是先锋的。20 世纪末 21 世纪初，这个也许在经济上还不发达的地域，在文学上常常是率领潮流的。一批年轻作家所创作的作品，经常成为当代文学的话题。来自远方的声音，常常大面积地覆盖了当下的中国文学，这是一个奇观。""广西文学的另一奇观就是：它为中国的电影提供了上等的文学资源。中国当下走红的电影《英雄》《十面埋伏》《理发师》《寻枪》《幸福时光》《姐姐词典》等，居然都是来自于广西作家的文学作品。它们为广西作家在更为广阔的领域里获得了更为响亮的知名度。"① 这段不无优越感的中心视角评述，呈现了边缘文学与时俱进甚而引领时尚的另一面。

历史过往与现实环境赋予身处边缘的西南作家以双重挑战：一方面

---

① 曹文轩：《"先锋"与"艺术"的广西文学》，《北京日报》2006 年 6 月 13 日。

要扎根地域文化土壤，书写独特的山地生存经验与文化谱系，同时也要紧密追赶时代潮流，谋求与世界同声共语。毕竟，不论是少数族裔作家还是边缘区域作家，他们"心灵深处的共同理想并不是远离主流文化，形成自己的文学'中心'，而是要在主流文化中心获得自己应有的平等位置"①。这种近乎是本能的目标价值诉求，使得主流文化、文学中心对于边缘群体具有强大的向心力，而地域差异、文化背景隔阂又决定了他们只可能无限接近中心而无法完全融入其中，因而，身为弱势力量的他们始终宿命般处于一种不停歇的"在路上"状态。后现代在宣告对中心进行解构的同时，实际上也彻底暴露了这种无法逆转的关系实质。所以，对西南文学的地域特性探究，并非是一种"反主流"的话语诉求，与之相反，对西南文学地域个性的捕捉与描述是以主流文学评判体系为基准的，论述中涉及的作家作品，均为在这个体系中获得认可的优秀代表，也就是最为接近主流的典型。在共性之中呈现出个性差异，才是西南文学地域特性得以成立并独具价值之所在，也是本书论述上的重要逻辑起点。

1988 年，费孝通在香港中文大学主办的"泰纳演讲"上，创造性地提出并系统阐释了"中华民族多元一体"的理念，从民族学视角揭示了中华民族内部构成的丰富多元，这也正是华夏文化极具魅力的特色之一。建立在这种多元文化土壤上的中国文学，也应当而且必然是众声喧哗、异彩纷呈的。尊重文学的民族、地域差异与个性，认识到空间自然、人文生态对文学具有的强大形塑作用，是当代文学研究的

---

① 张永刚：《当代西南边疆少数民族文学的主体倾向》，《文学评论》2012 年第2 期。

新"拐点"。同时，置身边地、边缘的作家也必须认识到，后现代对"中心—边缘"的解构，并非意味着对主流的背离，而是突破二者之间原本牢不可破的界限，达成一种交融、和谐的共生境界。西南文学作为中国文学的分支之一，其地域个性只有在中国文学甚至是世界文学的整体性观照之下才能显示其存在意义，正如刘大先在分析西南边疆少数民族文学时所指出，当代西南边疆少数民族文学创作所要表达的是整个中国文化传统，而不仅仅是自己的本民族文化。唯有如此，某种少数民族文学才会具有时代意义。"当它们构成了大传统之下的小传统，就像河流中的暗涌，是边缘的、力量微小的，它要随着主流一起奔腾才会永不止息"①。

---

① 刘大先:《中国现当代少数民族文学的语言与表述问题》,《中国社会科学院研究生院学报》2008 年第 5 期。

参考文献

著作类

阿城：《遍地风流》，作家出版社 1998 年版。

阿库乌雾：《密西西比河的倾诉》，作家出版社 2008 年版。

阿库乌雾：《混血时代》，作家出版社 2015 年版。

阿库乌雾：《凯欧蒂神迹》，民族出版社 2015 年版。

［美］爱德华·W.萨义德：《东方学》，王宇根译，生活·读书·新知三联书店 2019 年版。

［美］爱德华·W.萨义德：《知识分子论》，单德兴译，生活·读书·新知三联书店 2007 年版。

［美］埃德加·斯诺：《马帮旅行》，李希文等译，云南人民出版社 2002 年版。

［美］埃里克·沃尔夫：《欧洲与没有历史的人民》，赵炳祥等译，上海人民出版社 2006 年版。

艾芜：《漂泊杂记》，河北教育出版社 1994 年版。

艾芜：《南行记》，华夏出版社 2009 年版。

［英］安东尼·斯密斯：《民族主义：理论，意识形态，历史》，叶江译，上海人民出版社 2006 年版。

［俄］巴赫金：《巴赫金全集》，白春仁、顾亚铃等译，河北教育出版社 1998 年版。

［英］巴特·穆尔－吉尔伯特等编撰：《后殖民批评》，杨乃乔等译，北京大学出版社 2001 年版。

（东汉）班固：《汉书·地理志》下，浙江古籍出版社 2000 年版。

北京大学哲学系美学教研室编：《西方美学家论美和美感》，商务印书馆 1980 年版。

［美］本尼迪克特·安德森：《想象的共同体：民族主义的起源与散布》，吴叡人译，上海人民出版社 2016 年版。

［法］伯希和：《郑和下西洋考　交广印度两道考》，冯承钧译，上海世纪出版股份有限公司、上海古籍出版社 2014 年版。

［英］C·W·沃特森：《多元文化主义》，叶兴艺译，吉林人民出版社 2005 年版。

苍铭：《云南边地移民史》，民族出版社 2004 年版。

陈祖君：《汉语文学期刊影响下的中国当代少数民族文学》，中国社会科学出版社 2009 年版。

陈学明主编：《二十世纪哲学经典文本（西方马克思主义卷）》，复旦大学出版社 1999 年版。

程虹：《寻归荒野》，生活·读书·新知三联书店 2011 年版。

程千帆：《文论十笺》，武汉大学出版社 2008 年版。

辞海编辑委员会：《辞海》（缩印本），上海辞书出版社 1988 年版。

存文学：《碧罗雪山》，十月文艺出版社 2009 年版。

存文学：《牧羊天》，新世纪出版社 2013 年版。

存文学：《望天树》，中国青年出版社 2017 年版。

［法］丹纳：《艺术哲学》，傅雷译，河南人民出版社 1998 年版。

丁帆等著：《中国乡土小说史》，北京大学出版社 2007 年版。

丁帆主编：《中国西部现代文学史》，人民文学出版社 2004 年版。

［美］厄休拉·K·海斯：《地方意识与星球意识》，李贵苍等译，中国社会科学出版社 2015 年版。

［美］Edward W·Soja：《第三空间——去往洛杉矶和其他真实和想象地方的旅程》，陆扬等译，上海教育出版社 2005 年版。

范俊军编译：《联合国教科文组织关于保护语言与文化多样性文件汇编》，民族出版社 2006 年版。

范稳：《水乳大地》，人民文学出版社 2004 年版。

范稳：《悲悯大地》，人民文学出版社 2006 年版。

范稳：《大地雅歌》，北京十月文艺出版社 2010 年版。

方国瑜：《中国西南历史地理考释》，中华书局 1987 年版。

方铁主编：《西南通史》，中州古籍出版社 2003 年版。

费孝通：《论人类学与文化自觉》，华夏出版社 2004 年版。

费孝通：《乡土中国》，上海人民出版社 2007 年版。

冯承钧：《元代白话碑》，商务印书馆 1931 年版。

丰家骅：《杨慎评传》，南京大学出版社 1998 年版。

冯雷：《理解空间：20 世纪空间观念的激变》，中央编译出版社 2017 年版。

（明）冯梦龙编著：《喻世明言》，陈熙中校注，中华书局 2014 年版。

冯牧：《沿着澜沧江的激流——我与云南》，云南教育出版社 2000 年版。

冯牧：《冯牧文集》，解放军出版社 2002 年版。

傅光宇：《云南民族文学与东南亚》，云南大学出版社1999年版。

［奥］弗洛伊德：《梦的解析》，丹宁译，国际文化出版公司1998年版。

哥布：《母语》，云南民族出版社1992年版。

哥布：《布谷声声》，云南人民出版社2015年版。

哥布：《元阳故事》，云南民族出版社2017年版。

葛剑雄主编：《中国移民史》，福建人民出版社1997年版。

《古本小说集成》编委会：《古本小说集成》，上海古籍出版社1994年版。

［俄］顾彼得：《被遗忘的王国》，李茂春译，云南人民出版社1992年版。

［法］H.孟德拉斯：《农民的终结》，李培林译，社会科学文献出版社2010年版。

［德］海德格尔：《荷尔德林诗的阐释》，孙周兴译，商务印书馆2000年版。

［德］海德格尔：《海德格尔文集：从思想的经验而来》，孙周兴等译，商务印书馆2018年版。

（明）何景明著，饶龙隼选注：《何景明诗选》，人民文学出版社2009年版。

［德］黑格尔：《美学》（第三卷下册），朱光潜译，商务印书馆1981年版。

洪子诚：《中国当代文学史》（修订版），北京大学出版社2007年版。

黄健：《文学与人生八讲》，商务印书馆2015年版。

黄万华主编：《多元文化语境中的华文文学：第十三届世界华文文

学国际学术研讨会论文集》，山东文艺出版社 2004 年版。

〔英〕J.G. 弗雷泽：《金枝：巫术与宗教之研究》，王培基等译，商务印书馆 2012 年版。

吉狄马加：《吉狄马加诗选》，四川文艺出版社 1992 年版。

吉狄马加：《身份》，江苏文艺出版社 2013 年版。

吉狄马加：《吉狄马加自选诗》，云南人民出版社 2017 年版。

〔德〕伽达默尔：《美的现实性》，张志扬等译，读书·生活·新知三联书店 1991 年版。

蹇先艾：《蹇先艾短篇小说选》，人民文学出版社 1981 年版。

蹇先艾：《蹇先艾文集》，贵州人民出版社 2003 年版。

靳明全主编：《区域文化与文学》，中国社会科学出版社 2003 年版。

〔美〕卡尔·波特：《彩云之南》，马宏伟、吕长清译，四川文艺出版社 2013 年版。

〔德〕卡尔·马克思：《资本论》，人民出版社 2004 年版。

〔美〕康拉德·菲利普·科塔克：《文化人类学——欣赏文化差异》，周云水译，中国人民大学出版社 2012 年版。

（清）磊砢山人：《蟫史》，人民文学出版社 2006 年版。

雷磊：《杨慎诗学研究》，中国社会科学出版社 2006 年版。

雷平阳：《我的云南血统》，云南大学出版社 2008 年版。

雷平阳：《云南记》，长江文艺出版社 2009 年版。

雷平阳：《山水课》，作家出版社 2015 年版。

雷平阳主编：《边疆》第二卷，长江文艺出版社 2017 年版。

李近春：《李近春纳西学论集》，民族出版社 2008 年版。

李骞主编：《李乔作品评论集》，云南人民出版社 2017 年版。

李骞主编:《晓雪作品评论集》,云南人民出版社 2017 年版。

李建平、黄伟林:《文学桂军论:经济欠发达地区一个重要作家群的崛起及意义》,中国社会科学出版社 2007 年版。

李子贤等著:《多元文化与民族文学——中国西南少数民族文学的比较研究》,云南人民出版社、云南大学出版社 2013 年版。

梁启超:《饮冰室文集》,中华书局 1989 年版。

梁启超:《梁启超全集》,北京出版社 1999 年版。

林超民主编:《滇云文化》,内蒙古教育出版社 2006 年版。

林義光:《诗经通解》,中西书局 2012 年版。

《梁书》,中华书局 1973 年版。

刘青汉主编:《生态文学》,人民出版社 2012 年版。

刘师培:《刘师培学术论著》,浙江人民出版社 1998 年版。

(南朝梁)刘勰著,赵仲邑译注:《文心雕龙译注》,漓江出版社 1982 年版。

(后晋)刘昫撰:《旧唐书》,中华书局 1975 年版。

刘兆吉:《西南采风录》,商务印书馆 1946 年版。

龙殿宝等:《仡佬族文学史》,广西教育出版社 1993 年版。

[德]路德维希·费尔巴哈:《费尔巴哈哲学著作选集》,荣震华、李金山译,商务印书馆 1984 年版。

陆学艺主编:《当代中国社会阶层研究报告》,社会科学文献出版社 2002 年版。

鲁迅:《中国小说史略》,上海古籍出版社 1998 年版。

鲁迅:《鲁迅全集》,中国文联出版社 2013 年版。

[美]罗兰·罗伯森:《全球化:社会理论和全球文化》,梁光严译,

上海人民出版社 2000 年版。

罗庆春：《灵与灵的对话——中国少数民族汉语诗论》，天马图书有限公司 2001 年版。

罗钢、刘象愚主编：《文化研究读本》，中国社会科学出版社 2003 年版。

俄伍拉且：《诗歌图腾》，四川民族出版社 1997 年版。

俄伍拉且：《俄伍拉且诗歌选》，四川民族出版社 2004 年版。

《马克思恩格斯选集》，人民出版社 1972 年版。

马绍玺：《在他者的视域中——全球化时代的少数民族诗歌》，社会科学文献出版社 2007 年版。

马绍玺主编：《小凉山诗人诗选》，长江文艺出版社 2014 年版。

马子华：《他的子民们》，云南人民出版社 2015 年版。

［英］迈克·克朗：《文化地理学》，杨淑华等译，南京大学出版社 2005 年版。

茅盾：《茅盾全集》第 21 卷，人民文学出版社 1991 年版。

梅新林：《中国古代文学地理形态与演变》，复旦大学出版社 2006 年版。

［法］米歇尔·福柯：《知识考古学》，谢强、马月译，生活·读书·新知三联书店 1998 年版。

纳张元：《彝山纪事》，中国文联出版社 2015 年版。

聂勒：《心灵牧歌》，云南美术出版社 2004 年版。

［加］诺思洛普·弗莱：《诺思洛普·弗莱文论选集》，中国社会科学出版社 1997 年版。

［加］诺思罗普·弗莱：《批评的解剖》，陈慧等译，百花文艺出版

社 2006 年版。

欧昆渤:《滇云文化》,辽宁教育出版社 1998 年版。

普飞:《红腰带》,云南人民出版社 2008 年版。

［俄］普列汉诺夫:《普列汉诺夫美学论文集》,曹葆华译,人民文学出版社 1983 年版。

［英］齐格蒙特·鲍曼:《全球化——人类的后果》,郭国良、徐建华译,商务印书馆 2001 年版。

邱运华主编:《文学批评方法与案例》(第二版),北京大学出版社 2006 年版。

瞿霭堂、劲松:《汉藏语言研究的理论和方法》,中国藏学出版社 2000 年版。

［瑞士］荣格:《荣格文集》,冯川、苏克译,改革出版社 1997 年版。

［瑞士］卡尔·古斯塔夫·荣格:《心理学与文学》,冯川、苏克译,译林出版社 2011 年版。

冉正万:《洗骨记》,花城出版社 2010 年版。

冉正万:《银鱼来》,重庆出版社 2012 年版。

冉正万:《天眼》,花城出版社 2015 年版。

(清)阮元校刻:《十三经注疏》(三),中华书局 2009 年版。

［美］塞缪尔·亨廷顿:《文明的冲突与世界秩序的重建》(修订版),周琪等译,新华出版社 2010 年版。

沈从文:《沈从文文集》,花城出版社 1984 年版。

［美］史蒂文·塞德曼编:《后现代转向》,吴世雄等译,辽宁教育出版社 2001 年版。

石硕:《藏彝走廊:文明起源与民族源流》,四川人民出版社 2009

年版。

施惟达、段炳昌等编著：《云南民族文化概说》，云南大学出版社 2004 年版。

施蛰存：《施蛰存散文》，浙江文艺出版社 1999 年版。

［法］斯达尔夫人：《论文学》，徐继曾译，人民文学出版社 1986 年版。

（汉）司马迁：《史记》第四册，中华书局 2011 年版。

宋家宏：《阐释与建构——云南当代文学专论》，云南人民出版社 2011 年版。

孙全胜：《列斐伏尔"空间生产"的理论形态研究》，中国社会科学出版社 2017 年版。

［美］谭恩美：《沉没之鱼》，蔡骏译，北京出版社 2005 年版。

汤世杰：《灵息吹拂》，中国社会出版社 2007 年版。

汤世杰：《在高黎贡在》，人民文学出版社 2007 年版。

陶立璠：《民俗学概论》，中央民族学院出版社 1987 年版。

童恩正：《中国西南民族考古论文集》，文物出版社 1990 年版。

童恩正：《古代的巴蜀》，重庆出版社 2004 年版。

汪辟疆：《汪辟疆说近代诗》，上海古籍出版社 2001 年版。

王单单：《山冈诗稿》，中国青年出版社 2015 年版。

王恩涌编著：《文化地理学导论（人·地·文化）》，高等教育出版社 1989 年版。

王光东：《民间的意义》，吉林出版集团有限责任公司 2009 年版。

王光东主编：《中国现当代乡土文学研究》，东方出版中心 2011 年版。

《中国现代美学名家文丛（王国维卷）》，浙江大学出版社2009年版。

王华：《儸赐》，安徽文艺出版社2018年版。

汪晖：《汪晖自选集》，广西师范大学出版社1997年版。

王坤红：《原始之镜——怒江大峡谷笔记》，云南人民出版社2001年版。

王明珂：《华夏边缘：历史记忆与族群认同》，社会科学出版社2006年版。

王铭铭、舒瑜编：《文化复合性：西南地区的仪式、人物与交换》，北京联合出版公司2015年版。

王铭铭：《中间圈："藏彝走廊"与人类学的再构思》，社会科学文献出版社2008年版。

王晓卫主编：《贵州文学六百年》，贵州教育出版社2014年版。

王肇基、肖向东主编：《底层文学论集——中国新文学学会第23届年会暨底层创作与和谐社会学术研讨会论文集》，人民日报出版社2008年版。

王筑生主编：《人类学与西南民族》，云南大学出版社1998年版。

韦其麟：《百鸟衣》，人民文学出版社1959年版。

［美］威廉·A.哈维兰：《文化人类学》（第10版），瞿铁鹏、张钰译，上海社会科学院出版社2006年版。

（清）吴跰人：《吴跰人全集》第八卷，北方文艺出版社1998年版。

夏天敏：《好大一对羊》，云南人民出版社2006年版。

夏天敏：《接吻长安街》，中国长安出版社2012年版。

夏铸九、王志弘编译：《空间的文化形式与社会理论读本》，台湾明文书局1993年版。

肖江虹：《百鸟朝凤》，作家出版社 2012 年版。

肖江虹：《傩面》，安徽文艺出版社 2018 年版。

（明）徐弘祖撰，朱惠荣校注：《徐霞客游记校注》（上、下），中华书局 2017 年版。

徐嘉瑞：《大理古代文化史稿》，中华书局 1978 年版。

徐颖果主编：《离散族裔文学批评读本——理论研究与文本分析》，南开大学出版社 2012 年版。

许倬云：《我者与他者：中国历史上的内外分际》，生活·读书·新知三联书店 2015 年版。

杨福泉：《玉龙情殇——纳西族的殉情研究》，云南人民出版社 2008 年版。

王文才选注：《杨慎诗选》，四川人民出版社 1981 年版。

秦栋编注：《杨慎戍滇诗集》，云南民族出版社 2012 年版。

杨辛、甘霖：《美学原理》，北京大学出版社 2003 年版。

杨义：《杨义文存》，人民出版社 1998 年版。

杨义：《文学地理学会通》，中国社会科学出版社 2013 年版。

杨义：《重绘中国文学地图通释》，当代中国出版社 2007 年版。

杨昭编：《温暖的钟声：雷平阳对话录》，中国青年出版社 2017 年版。

姚荷生：《水摆夷风土记》，云南人民出版社 2003 年版。

叶南客：《边际人》，上海人民出版社 1996 年版。

［日］野田研一、结城正美编：《越境之地：环境文学论序说》，于海鹏等译，中国社会科学出版社 2014 年版。

以群：《文学的基本原理》下，上海文艺出版社 1980 年版。

［波兰］罗曼·英加登：《对文学的艺术作品的认识》，陈燕谷译，中国文联出版公司 1988 年版。

尤中编著：《西南民族史论集》，云南民族出版社 1982 年版。

于坚：《于坚的诗》，人民文学出版社 2000 年版。

于坚：《于坚集》，云南人民出版社 2004 年版。

于坚：《众神之河》，太白文艺出版社 2009 年版。

于坚：《大地随笔》，陕西师范大学出版社 2010 年版。

乐黛云、张辉主编：《文化传递与文学形象》，北京大学出版社 1999 年版。

［美］约瑟夫·洛克：《中国西南古纳西王国》，刘宗岳译，云南美术出版社 1999 年版。

曾大兴：《文学地理学概论》，商务印书馆 2017 年版。

翟晶：《边缘世界——霍米·巴巴后殖民理论研究》，文化艺术出版社 2013 年版。

［美］詹姆士·斯科特：《逃避统治的艺术：东南亚高地的无政府主义历史》，王晓毅译，生活·读书·新知三联书店 2016 年版。

［英］詹姆斯·希尔顿：《消失的地平线》，大陆桥翻译社译，上海社会科学院出版社 2003 年版。

张昆华：《云南的云》，上海文艺出版社 2009 年版。

张昆华：《不愿文面的女人》，文汇出版社 2013 年版。

赵平略译注：《贵州古代纪游诗文译注》，贵州人民出版社 2006 年版。

赵一凡等主编：《西方文论关键词》，外语教学与研究出版社 2006 年版。

章太炎：《章太炎全集》第四册，上海人民出版社 1985 年版。

周俊、张维编：《海子、骆一禾作品集》，南京出版社 1991 年版。

周作秋编：《周民震、韦其麟、莎红研究合集》，漓江出版社 1984 年版。

朱光潜：《文艺心理学》，安徽教育出版社 2006 年版。

朱寿桐、白浩主编：《大西南文学论坛》（第 1 辑），中国文联出版社 2016 年版。

朱向前主编：《中国军旅文学五十年》，解放军文艺出版社 2007 年版。

（春秋）左丘明：《左传全鉴》，蔡践解译，中国纺织出版社 2016 年版。

期刊类

艾克拜尔·吾拉木：《母语创作能显示一个民族的智慧和美》，《民族文学》2008 年第 S1 期。

巴莫曲布嫫：《论彝族诗人阿库乌雾的"边界写作"》，《民族文学》2004 年第 10 期。

白浩：《西部文学想象中的理论后殖民与主体重铸》，《长江学术》2007 年第 3 期。

曹文轩：《"先锋"与"艺术"的广西文学》，《北京日报》2006 年 6 月 13 日。

陈思和：《民间的沉浮》，《上海文学》1994 年第 1 期。

陈思和等：《漫谈大山里的文学——纳张元作品研讨纪实》，《当代作家评论》2001 年第 3 期。

陈晓明：《直接现实主义：广西三剑客的崛起》，《南方文坛》1998

年第 2 期。

陈永香:《论彝族的火崇拜》,《楚雄师范学院学报》2002 年第 2 期。

戴绍康:《在故乡的密林中》,《山花》1984 年第 2 期。

丁林棚:《加拿大地域主义文学批评的历史、形式与视角》,《华东大学学报》2010 年第 3 期。

费孝通:《中华民族的多元一体格局》,《北京大学学报（哲学社会科学版）》1989 年第 4 期。

哥布:《我为什么如此痴迷哈尼文》,《今日民族》2005 年第 7 期。

鬼子:《一个俗人的记忆》,《作家》1996 年第 5 期。

洪治纲:《宿命的体恤——鬼子小说论》,《南方文坛》1999 年第 4 期。

蒋寅:《清代诗学与地域文学传统的建构》,《中国社会科学》2003 年第 5 期。

孔祥庚:《一步千年——八个"直过民族"的伟大跨越》,《边疆文学》2020 年第 12 期。

雷平阳:《创作手记:我为何写作此诗》,《诗刊》2005 年第 20 期。

李国太:《文化交融时代双语写作的诗学特征——当代彝族诗人阿库乌雾母语诗学刍议》,《中央民族大学学报》2018 年第 1 期。

李骞:《"昭通作家群"探析》,《云南民族大学学报》2011 年第 5 期。

李骞:《文化的地理写作——论当代大凉山彝族诗群》,《民族文学研究》2011 年第 6 期。

李绍明:《关于凉山彝族来源问题》,《思想战线》1978 年第 5 期。

联合国教科文组织濒危语言问题特别专家组:《语言活力与语言濒

危》，范俊军、宫齐、胡鸿雁译，《民族语文》2006 年第 3 期。

梁冬丽：《明清小说的西南时空书写》，《广西社会科学》2016 年第 4 期。

梁庭望：《中华文化板块结构和多民族文学史观》，《民族文学研究》2008 年第 3 期。

刘大先：《边缘的崛起：族裔批评、生态女性主义、口头诗学对于少数民族文学研究的意义》，《民族文学》2006 年第 4 期。

刘大先：《中国现当代少数民族文学的语言与表述问题》，《中国社会科学院研究生院学报》2008 年第 5 期。

刘大先：《从民族和边地发现新的活力》，《人民日报》2016 年 7 月 29 日。

马为华：《论沈从文"乡下人"心态的二重性》，《陕西师范大学学报》1999 年第 4 期。

孟繁华：《生存困境与精神困境——评赵剑平长篇小说〈困豹〉》，《小说评论》2007 年第 1 期。

纳日碧力戈、龙宇晓：《迈向中国山地民族研究的新天地》，《中国山地民族研究集刊》2013 年卷总第 1 期。

钱理群：《这本书竟是如此沉重》，《读书》2006 年第 8 期。

冉隆中：《梯田上的写作者》，《文学自由谈》2009 年第 4 期。

生安锋：《后殖民主义的"流亡诗学"》，《外语教学》2004 年第 5 期。

许桂灵、司徒尚纪：《试论梁启超对西方近代地理学在中国传播的贡献》，《北京大学学报》2006 年第 4 期。

王干：《叙述之外的叙述——评鬼子的小说》，《南方文坛》1997 年第 6 期。

王华:《我要回到篝火旁》,《文艺报》2008 年 9 月 23 日。

王敏之:《评说壮族诗人韦其麟的创作道路》,《广西师范学院学报(哲学社会科学版)》2005 年第 1 期。

王明珂:《历史事实、历史记忆与历史心性》,《历史研究》2001 年第 5 期。

王铭铭:《三圈说——另一种世界观,另一种社会科学》,《西北民族研究》2013 年第 1 期。

王文光、翟国强:《中国西南旧石器文化在中华文化形成中的地位》,《云南民族大学学报(哲学社会科学版)》2004 年第 6 期。

王宪昭:《我国少数民族神话中的同源共祖现象探微》,《长江大学学报(社会科学版)》2007 年第 6 期。

谢冕:《晓雪的风格》,《民族文学研究》1996 年第 2 期。

严家炎:《〈20 世纪中国文学与区域文化丛书〉总序》,《创作与评论》1995 年第 1 期。

杨义:《中华民族文学发展的动力系统与"边缘活力"》,《百色学院学报》2008 年第 5 期。

杨义:《中华民族文化发展与西南少数民族》,《民族文学研究》2012 年第 1 期。

姚曼:《王华:文学就是作家的胸怀》,《贵州都市报》2009 年 6 月 3 日。

叶橹:《苍山云霞 洱海风帆——论晓雪的诗》,《文学评论》1985 年第 2 期。

张永刚:《"西南边疆当代文学"研究的基本价值与理路》,《曲靖师范学院学报》2006 年第 5 期。

张永刚：《当代西南边疆少数民族文学的主体倾向》，《文学评论》2012年第2期。

张泽洪：《多元文化背景下的云南道教——以南诏大理时期为中心》，《贵州民族研究》2006年第5期。

张文凌：《樊忠慰：用生命寂寞保卫文化贞操》，《中国青年报》2004年11月7日。

曾大兴：《建设与"文学史学"双峰并峙的"文学地理学"》，《中国社会科学报》2011年4月19日。

钟健芬：《文学地理学的几个主要问题——曾大兴访谈录》，《世界文学评论（高教版）》2015年第1期。

钟祥浩：《加强人山关系地域系统为核心的山地科学研究》，《山地学报》2011年第1期。

周良沛：《云彩深处的歌声》，《诗刊》1957年第2期。

朱寿桐：《简论大西南文学及其离散形态研究的学术意义》，《文艺争鸣》2016年第7期。

柯轲：《"西南诗群"诗歌创作研究》，云南民族大学硕士学位论文，2015年。

王晓文：《中国现代边地小说研究》，山东师范大学博士学位论文，2009年。

责任编辑：宰艳红
封面设计：吴燕妮

图书在版编目（CIP）数据

空间与言说：西南文学的地域镜像/农为平 著. —北京：人民出版社，
  2021.12
ISBN 978－7－01－023629－2

Ⅰ.①空…　Ⅱ.①农…　Ⅲ.①地方文学史-文学史研究-西南地区
Ⅳ.①I209.97

中国版本图书馆 CIP 数据核字（2021）第 153659 号

空间与言说：西南文学的地域镜像
KONGJIAN YU YANSHUO：XINAN WENXUE DE DIYU JINGXIANG

农为平　著

人民出版社 出版发行
（100706　北京市东城区隆福寺街 99 号）

北京建宏印刷有限公司印刷　新华书店经销

2021 年 12 月第 1 版　2021 年 12 月北京第 1 次印刷
开本：710 毫米×1000 毫米 1/16　印张：23.5
字数：280 千字

ISBN 978－7－01－023629－2　定价：80.00 元

邮购地址 100706　北京市东城区隆福寺街 99 号
人民东方图书销售中心　电话（010）65250042　65289539